译文纪实

FIRST LIGHT
the Search for the Edge of the Universe

Richard Preston

[美] 理查德·普雷斯顿 著   姚向辉 译

初光
探寻宇宙的边缘

 上海译文出版社

献给
我的引导星，
米歇尔·帕勒姆·普雷斯顿

以信念与力量，去追寻自己的光

——《初光》推荐序

星空是目力的极限。

自人类文明诞生之初，人们就试图借助星空认识我们所处的世界。而要捕捉那些闪烁的星光，只靠肉眼远远不够。天文学家所用的设备直接决定了他们的眼界和成就。如果没有合适的设备，他们就自己发明创造。

17世纪初，意大利帕多瓦大学的数学教师伽利略听说，有荷兰工匠用透镜组合出能看到遥远物体的装置，便自行发明了望远镜。这彻底改变了人们对星空的认识。半个世纪后，英国剑桥大学的年轻研究员牛顿也尝试自行制作望远镜。他为了避免折射式望远镜的设计缺陷，采用反射镜聚集光线。这个开创性的设计为大型望远镜的建造指明了方向。

18世纪中叶，旅居英国的德国乐师威廉·赫歇尔凭兴趣自学掌握了望远镜的制造技术，成为当时最好的望远镜制作者。他用自制的望远镜发现了天王星，成为18世纪最出色的观测天文学家。1785年，赫歇尔在英国国王乔治三世的资助下建造了当时世界上最大的天文设备——一架1.2米口径的巨大望远镜。赫歇尔用这架望远镜记录下数以千计的星云和星团。直到今天，这些天体仍是重要的研究目标。赫歇尔创下的最大望远镜纪录直到1845年才被打破。爱尔兰的罗斯勋爵利用他继承的财富完成了一架口径 1.8 米的巨型望远镜。透过这架望远镜，人们第一次看到遥远星系旋涡般的结构。

20 世纪初，年轻的美国天文学家海尔意识到大型设备对天文研究的重要性。他从父亲的富豪朋友圈找来多笔大额赞助，先后筹建了叶凯士天文台和威尔逊山天文台。他用当时世界上能买到的最好的设备装备这两个天文台。他的目标是建造世界上最大的望远镜。1917年口径 2.5 米的胡克望远镜在威尔逊山落成，美国从此拥有了世界上口径最大的望远镜。埃德温·哈勃就是用它测量出星系的距离，发现河外星系和宇宙膨胀，成为 20 世纪的明星天文学家。

不过海尔并没有就此止步，他在威尔逊山南边观测条件更好的帕洛玛山上买下地皮，计划建造更大更好的望远镜。但他没能亲眼见证那个荣耀时刻的到来，1938 年便与世长辞。在二战硝烟散尽的 1948年，5 米口径的海尔望远镜终于克服重重困难在帕洛玛山落成。它接替胡克望远镜将世界最大望远镜的荣誉保持了近半个世纪。同一年，世界上最大的施密特望远镜（口径 48 英寸，约合 1.22 米）也在帕洛玛山落成。施密特望远镜能够看到大范围天区，帮助天文学家遴选有价值的观测目标。海尔望远镜虽然视场小，但能够看得更深更远，揭示出前所未见的天体细节。这两架望远镜相互配合，深刻影响了 20世纪后半叶的天文学发展。

《初光》围绕海尔望远镜和帕洛玛天文台讲述了天文学家们的故事。普雷斯顿以他敏锐的观察力记录下天文研究者们最真实的一面，并以细腻的笔触生动地再现了他们的日常工作与生活。其中有令人动容的人生经历，鲜活的日常对白，激动人心的天文发现，穿插优美生动的科学背景介绍。所有这些元素交织成一部引人入胜的纪实作品。这是一部"非虚构"作品。普雷斯顿讲述的不只是故事，更是历史。书中的情节、对话甚至人物的想法都经过当事人的确认。在许多关于科学家的故事与报道中，人物的语言和想法大都依赖于书写者的理解和转述，不那么令人信服。而在《初光》中，每一个人物都真实立体，让我不时想起我所认识的同行。捧着它就仿佛进入海尔望远镜那令人屏息的高大穹顶中，见证天文学家们忙碌而充实的夜间生活，倾听他们的交谈和抱怨，得以分享他们的失落与喜悦。

《初光》首次出版于 1987 年，那时海尔望远镜还是世界上最大的望远镜。书中内容主要围绕两个研究团队展开。一个是用海尔望远镜寻找高红移类星体的冈恩等人，另一个是用 18 英寸小施密特望远镜寻找彗星和小行星的休梅克夫妇。他们被采访的时候还未取得人生中最重要的成就。但他们都有着明确的目标和实现目标所需的精湛技艺，正在顶级天文设备的加持下向着目标迈进。

1993 年 3 月 24 日休梅克夫妇在帕洛玛天文台发现的第九颗彗星"休梅克-利维 9 号彗星"于 1994 年 7 月与木星直接相撞。这是人类有史以来首次直接观测到的太阳系内的天体撞击事件，为他们赢得了广泛的国际声誉。可惜 1997 年 7 月 18 日尤金·休梅克在澳大利亚出车祸身亡。卡罗琳·休梅克后来继续其彗星搜索工作，截至 2021 年 8 月 13 日去世时，她一共发现了三十二颗彗星，如愿成为历史上发现彗星最多的人。

冈恩（吉姆）自 1990 年代开始主持斯隆数字巡天（Sloan Digital Sky Survey）计划，用一架 2.5 米口径的望远镜扫描北半球的星空。在他的领导下这个项目成为历史上最成功的巡天项目，直到今天仍在继续。该项目拍摄了数亿个天体的图像以及数百万天体的光谱，并向全世界公开。这直接改变了天文学家的工作方式，天文学从此进入大数据时代。越来越多的天文学家不再需要申请大型望远镜的观测时间，不用亲自处理原始图像数据，只要动动鼠标就可以找到任意天区的彩色图像，只要输入检索条件就可以获得天体的最新数据。天文学家们终于摆脱了黑暗冰冷的主焦笼，可以在办公室的计算机前专心思考宇宙的谜题。

很多时候，我们都是在人们出名后才开始追溯他们如何脱颖而出。档案是选择性书写的，回忆也会被情感加工润色。我们很难获得一个客观的视角去还原真实的历史。《初光》作为屈指可数的描写天文学家的非虚构作品，为我们忠实地记录下这些天文学家的成长环境、工作氛围与精神面貌。从中我们真切地感受到，正是几代人孜孜不倦的努力成就了帕洛玛天文台的传奇。这个传奇开始于一个世纪前海尔决定建造 5 米口径望远镜之时。它的设计、建造、运行维护乃至升级更新都是通往天文发现的必经之路。

今天的天文学家们建造了比海尔望远镜更为复杂强大的设备来研究宇宙。1990 年，2.4 米口径的哈勃望远镜携带着冈恩设计的相机升空，为人类捕捉大气层外的锐利星光。1993 年，夏威夷的凯克望远镜（10.4 米口径）落成，以拼接镜面技术实现了对海尔望远镜的全面超越。2021 年 12 月 25 日，6.5 米口径的詹姆斯·韦布望远镜发射升空，接替哈勃望远镜成为新一代空间望远镜旗舰。中国自己的第一架空间光学望远镜 CSST 也将于 2024 年前后发射……所有这些成本高昂的望远镜都是为了让人类对星空了解更多。

现有理论推测，在大爆炸之后两亿年，宇宙中第一代恒星诞生。那里便是我们可观测宇宙的边缘。那些最初的光能帮助我们获得关于宇宙起源和演化的知识。虽然人类目前还探测不到来自那里的微弱光线，但天文学家们从来都没有停止过对它的探索。《初光》记录的便是其中一小部分人的努力。希望你也能从中获得信念与力量，去追寻自己的光。

余恒（北京师范大学天文系副教授）

目　录

这是飞蛾对星辰的向往，

这是黑夜对黎明的企盼，

这是从我们可怜的尘寰

将一片赤诚倾注远方。

——雪莱①

① 引自雪莱《致》，吴饴译，略有改动。——译者

前言 致读者与教师

《初光》背后的故事

《初光》是一部非虚构作品，这个真实故事讲述了天文学家如何寻找来自宇宙边缘的光。它告诉我们，在现实中科学研究是如何完成的，而科学比大多数人想象的要更加奇异和人性化。原书已经绝版，很难找到；读者现在看到的是经过修订和补充的新版。出于一些原因，《初光》被誉为某种程度的另类科普经典。我的意图并不是让人们把这本书当作科普作品来读，但书就像孩子，有它自己选择朋友的方式。

故事的核心是 200 英寸口径的海尔望远镜，也就是俗称的"大眼睛"。这台望远镜是个奇迹。它坐落于加利福尼亚南部帕洛玛山顶上的一个圆顶中，此处离圣地亚哥不远。望远镜修建于 1930 年代，无疑是大萧条时期的杰作。这是一台巨型望远镜，是地球上最沉重的在运行望远镜。海尔望远镜有七层楼高，滑动起来却异常轻松，在飞马牌望远镜润滑油的帮助下，你用手就能推动它。它的主镜是一面反射镜，直径 200 英寸，也就是 16 英尺 8 英寸①。海尔望远镜的反射镜花费了十四年熔铸和打磨。在制作的最后阶段，光学大师们直接用大拇指抛光玻璃。他们制作的反射镜无比光滑，即便把它放大到整个美国的大小，镜面上最高的凸起也不会超过 4 英寸②。

建造这台望远镜的设想来自天文学家乔治·埃勒里·海尔，他患有会让他产生幻觉的一种精神疾病。情况不好的时候，会有个精灵似的小人坐在海尔的肩膀上，咬着他的耳朵说话，向他提出形形色色的建议。矮精灵怎么都不肯闭嘴。过了一段时间，海尔觉得矮精灵都快把他逼疯了。在我的想象中，矮精灵对着海尔的耳朵说的话大概是这样的："海尔，你必须建造一台望远镜去终结所有的望远镜。"不管这个想法是不是以这种方式进入他的脑海，海尔的望远镜都是人类精神最伟大的成就之一。只需要看它一眼，你对我们这个物种的好感就会增加一点点。人类还是能做好一两件事情的嘛。

《初光》的主角是詹姆斯·E. 冈恩，很多专业人员认为他是我们这个时代最优秀的天文学家。无论他有什么身份，吉姆（詹姆斯）·冈恩首先是个天才，就这么简单。他也是所谓的发明家。换句话说，他会自己制作科学仪器。但和其他的发明家不一样，他的发明是用废旧零件搭建的——冈恩是个吝啬鬼，但他是个非常聪明的吝啬鬼。一些零件是他和同事们在垃圾堆里找到的。在洛杉矶（这座城市曾经是冈恩的行动基地，现在他就职于新泽西的普林斯顿大学）周边的拾荒之旅中，冈恩和他的手下找到了国防军事承包商的垃圾堆。这些垃圾堆堪比富矿脉。假如你知道自己在找什么，你也许会在几块发霉的披萨饼之间发现价值 5 万美元的传感器正泡在立顿杯装汤里。把器材上的汤汁清理干净，传感器也许还能正常工作，就算不能，你至少也能拆

---

① 折合 5.08 米。——译者
② 折合 10.16 厘米。——译者

开回收零件。冈恩也从邮购目录里和剩余物资商店处搞零件。他从路口药店、沃尔沃斯百货和里昂比恩户外店找零件。他哄骗宇航局给他买不起的航天物资。然后把这些东西用线缆和螺栓装备起来，就变成了极其灵敏的科研设备，他把设备连接在海尔望远镜上，用它们观察宇宙的边缘，发现人类从未见过的事物。冈恩发现了人类肉眼无法看见的光。初光（First Light）是个科技术语，指的是打开新望远镜的遮光罩，让星光第一次落在反射镜和传感器上。这时候你才会知道设备能不能正常运行。冈恩制作的东西通常不会一次成功——不，仔细想来，从来没有一次就成功过。

在写作《初光》的过程中，我爬遍了海尔望远镜的每一个角落，我找到了许多房间、楼梯、甬道和漏油的废弃机器。我叼着笔记本在望远镜内部爬来爬去，笔记本上不但能看见我的牙印，还有飞马牌望远镜润滑油留下的油渍。有时月亮落下后，我不得不借着星光写字，甚至在一片漆黑中凭借触觉写字。我不喜欢用磁带录音机，更喜欢在老式的记者笔记本上用草书记笔记（我写得非常快）。磁带录音机似乎总会在最不该坏的时候出问题，而且也无法捕捉场景中视觉和感官的重要细节。最后我买了个高科技的暗室手电筒，为我做笔记提供照明——光线必须非常黯淡，否则就会打扰天文学家的工作。这是你用钱能买到的最暗的手电筒，我必须把它放在离纸张 1 英寸的地方才能看见我在写什么，但天文学家还是抱怨说它"弄瞎"了他们，我只好关掉。一天夜里，我在彻底的黑暗和严寒中仅凭触觉写字，不小心把笔记本拿倒了。结果我朝着反方向翻页，不知不觉间在原先的笔记上写字。于是，我的那个笔记本里有两套笔记，一套叠在另一套上面，方向相反，上下颠倒。到现在我也认不出那本笔记上都写了什么。

后来，天文学家们似乎忘记了我的存在，我变得就像置身于黑猩猩之间的简·古道尔。我能够观察他们但又不造成干扰，他们吃奥利奥饼干，看电视屏幕上的星系，浑然不觉还有个记者缩在角落里涂涂写写。

我惊讶地看到科学研究竟然如此混乱、有趣和激情洋溢。在教科书里，科学事实被描述得仿佛是某种实在，就像你在路上捡到的硬币。但最前沿的科学研究，由敏锐的头脑深入大自然所进行的探求，并不是不证自明的事实。它的主题是神秘和未知，它需要承担巨大的风险，会让你浪费生命、遭遇困难和面对失败。它就像尝试破解一个可畏的保险箱，上帝亲自设计了上面复杂而玄妙的锁件。上帝有很多保险箱，其中有一些比其他的更难破解。疑问有可能太难回答，保险箱有可能太难破解，你有可能把一辈子都花在转动旋钮上，一直到死的时候箱门还牢牢锁着。因此，科学的秘诀就是执着。有时候你会听见微弱的咔嗒一声，你终于拉开箱门，走了进去。

在写作的最后阶段中，我对《初光》进行了严格的事实核查。我妻子曾经是《纽约客》的事实核查人员，她教我如何用彩色铅笔核对稿件。于是我在底稿上画满了五颜六色的底线和标记，勾出已经核查过和有待核查的段落。我重新采访书中提到的每一个人，花了3 000多块电话费。我不断修改文字，在电话拷问书中角色的过程中差不多重写了一遍书稿。《初光》里没有任何内容是"捏造"的，连天文学家们的想法都不是。假如我描述了天文学家脑海里转过什么念头，那都是因为我问过他当时在想什么。事后我还和当事人核查过，确保我描述的他的想法的内容与结构符合他的记忆，是他能够认可的。

天文学家们并不总是赞同我的写作风格。马尔滕·施密特，一位极其杰出的天文学家，曾担任美国天文学学会的主席，大体而言他挺喜欢这本书，但反对我声称他的爱好是看美式摔跤的深夜电视节目。（科学家不认为他们的生活有趣到值得如此详细描述的地步，但我不敢苟同。）有一天，马尔滕·施密特、吉姆·冈恩和另一位天文学家唐纳德（唐）·施耐德开车去帕洛玛山，他们聊起了《初光》的缺点。（我是事后听说的。）施密特脱口而出："真不知道理查德·普雷斯顿从哪儿听说了那些疯话，说什么我喜欢看电视上的摔跤节目！我不记得我跟他说过！他引用的原话肯定是他捏造的！最可怕的是他把我写得像是对胡克·霍根①无所不知！"

他的两位同事忍住大笑，说他们记得他亲口对我说他对胡克·霍根有多么了解。他们说我引用的原话忠实于事实。

写初稿的时候，我打算扩充一下唐纳德·施耐德的童年经历，于是打电话给唐在内布拉斯加的母亲，了解他的童年情况。她和我聊了很久，向我提供了丰富的优质素材，你能想象每个人的母亲都会这么做。最后她对我说："不知道能不能请你帮个小忙。说起来有点难为情，但我希望你能在书里提一句，唐真的应该结婚了。也许会有个好姑娘在书里读到他，意识到他是个多么优秀的男人。"

我心想，好啊，有什么不行的呢？妈妈在这种事上永远是正确的。于是我在书里加了一段，说唐·施耐德还是单身，很想结婚。

---

① 美式摔跤界最著名的英雄式人物之一。——译者

唐·施耐德读到《初光》的时候，发现我把他渴望结婚的想法公之于众，简直气疯了。写作这本书的过程中，我和他成了朋友，但这没有减轻他的恼怒。他对我说："落在一个作家手里，简直太恐怖了。"

然后，出乎意料的事情发生了。唐收到一封来自荷兰的仰慕者来信，那位女士在《初光》里读到了他。她没见过唐，但她的兄弟是一位认识唐的天文学家，她从他那里了解到唐的情况。唐写信给这位年轻女士。她回信。两人书信来往了一年多，普通信件逐渐升温成情书——这是一段靠信件维系的罗曼史，就像维多利亚时代那样。一天，唐跳上飞机去了荷兰，然后向她求婚。现在两人的婚姻很幸福，他们生活在宾夕法尼亚州，有两个孩子。

《初光》里有两位科学家最终成名，但不是因为这本书。他们是尤金（吉恩）·休梅克和卡罗琳·休梅克夫妇，在帕洛玛天文台用一台小口径望远镜寻找有可能撞击地球的彗星和小行星。这些天体几乎不可见。它们黑如煤块，大如珠穆朗玛峰，不知道会从什么地方冒出来，从四面八方飞向地球。假如有这么一个天体撞上地球，整颗行星上的生命都会被烧成灰烬，使地球陷入浩劫，相比之下热核战争不过是一场周末野炊。幸运的是这种事不常发生，但确实有可能会发生：休梅克夫妇的人生之所以会彻底改变，是因为卡罗琳与同事大卫·H. 利维和菲利普·本霍雅发现一连串不寻常的彗星穿过太空，它们看上去就像"一串珍珠"。这些彗星先环绕木星运行，然后于1994年的夏天一颗接一颗地撞击木星，引发了一连串剧烈的爆炸。这一组天体被称为休梅克-利维彗星，它们撞击木星的时候，明亮的闪光在整个地球上都能观测到。CNN新闻直播了撞击在木星表面留下一串棕色的伤痕。这一系列撞击是人类有历史记录以来太阳系内最壮观的天文现象。休梅克夫妇变得世界闻名，开始了一场全球巡回演讲，到现在还没结束。正如吉恩后来对我说的："我们的生活变得混乱不堪。不过我猜这种事只会发生一次。"

发明家詹姆斯·E. 冈恩呢？他还在普林斯顿大学，启动了现代天文学史上最野心勃勃的项目之一，所谓的斯隆数字巡天计划。这个项目耗资4 000万美元（冈恩的小发明终于没那么便宜了），目标是利用冈恩在《初光》所述故事中开创的所有技术，绘制一张彩色的三维电子宇宙地图。大体而言，冈恩和他的团队正在建造一台巨大的彩色扫描仪来扫描天穹。这台扫描仪将安装在新墨西哥州一座山峰上的望远镜中。假如事情顺利，我们得到的结果将好比一张世界地图，而以前的一切相比之下不过是僧侣手绘的草图。这张地图将包含一百万个类星体和一亿个星系，展现出整个宇宙的三维结构，很可能还会揭示没人想到过的新型天体。

非虚构写作有个特点，书里的人物会在一本书结束后继续发展。这有可能让作者感到不安。我一向嫉妒小说家，因为他们能够保持对人物角色的控制。假如有必要，他们可以通过杀死角色或送角色去西藏来摆脱角色。非虚构作品的作者就无法享受这种快乐了。你不可能控制你的人物，因此你也不能左右情节。这会让你产生一种作品失控的不快。不过话虽如此，非虚构叙事的秘诀之一就在于这种不可预测，因为不可预测赋予了作品令人信服的现实感，让你体验到生活带来的无序惊奇。我总是感到难以结束一部非虚构作品的写作，我更愿意让故事继续下去，因为似乎永远有更多的东西可写，每次来到一本书的结尾，你总会觉得故事永远不会结束。书必须收尾，但故事会像河流似的向前而去，遇到其他生命的其他故事，它们会接触，会一起奔涌，共同汇入历史的源头。

理查德·普雷斯顿，1996

第一部
"大眼睛"

闹钟叫醒了帕洛玛天文台的高级夜班助理胡安·卡拉斯科，阳光从黑色窗帘的裂缝中照进卧室。他起床，拉开窗帘，窗帘发出窸窸窣窣的声音。窗帘用得太久，上面布满了纵横交错的破口，他用有尼龙线加固的透明胶带重新贴上，帕洛玛天文台的天文学家们称这种胶带为帕洛玛胶，因为他们用它修补几乎所有破损的东西。他对自己说，你应该去搞点新胶带来贴窗帘。最好是黑色的，能够挡住阳光，这样他就能睡得更好了。他找到眼镜戴上，视线越过长满熊果树的山脊，落在从山脊另一侧冒出来的云团顶端，那些云仿佛撕烂的棉花，这是个好兆头。预示着今晚的天空会放晴。胡安穿过卧室，经过妻子莉莉和他的合影，那是吉兰神父为他们主持婚礼那天拍的，他悠闲地冲了个澡。

从淋浴房出来，他对着镜子刮胡子，他用一次性剃须刀刮掉脸上的泡沫，棕色的眼睛底下露出宽阔的颧骨。他花了好一会儿刮脸。事实上，他认为他永远也无法找到使用一次性剃须刀的手感。他以前是理发师。为客人服务的时候，他学会了非常小心地用直柄剃刀给客人刮脸，现在使用一次性剃须刀时他忍不住会过度谨慎。他从没划破过客人的脸，他在理发师学校用酒鬼练手，哪怕他们忽然软瘫下去或胡乱挣扎，他也没有失过手。客人血淋淋地在理发椅上咆哮会伤害他的自尊心，因此他绝对不会让手失去控制。要是海尔望远镜出了毛病，天文学家们抱怨起来会比病恹恹的酒鬼更加难听，因此他竭尽全力不让自己在操作时失手。他在两鬓已开始斑白的头发上涂了点发蜡，将头发从左侧分缝。

胡安穿好衣服，出门试了试天气。他在后院的野苹果树丛前站了一会儿。透过光秃秃的树枝，他看见北部 40 英里外的圣哈辛托山上有昨夜的积雪，积雪在斜阳下闪闪发亮。雾气覆盖了从圣哈辛托到他之间的土地，头顶上的天空有些朦胧，但没有云，颜色就像雪佛兰老爷车的蓝色。

莉莉在厨房里看圣地亚哥晚间新闻。胡安走进厨房，她调低音量。他自己去倒了一杯咖啡，妻子把晚餐端上桌，问他今晚要和谁一起工作。

胡安·卡拉斯科提到他的夜班助理工作时总是一本正经。他说今晚和他工作的是马尔滕·施密特博士、唐纳德·施耐德博士和詹姆斯·E. 冈恩教授。他告诉莉莉，几位天文学家的设备出了问题，他们在做一个以前没尝试过的新实验。

莉莉注意到胡安的担忧。她曾经对我说："有时候我会想，胡安是不是讨厌犯错。"胡安还是个年轻的父亲时，总是用枕头垫着女儿抱来抱去，他就是那么担心会碰伤她们。这个男人曾经认为你碰一碰婴儿就有可能弄伤他们，他就是为了操控大型望远镜而生的。

胡安调大电视的音量，听今晚的天气预报。夜间会起雾，风从海上来。这是个好兆头，他开始觉得今晚肯定会晴空万里，适合观测银河。下午 5 时 45 分，他戴上安全帽，拿起手电筒。他说："Bueno, ya me voy。"——"好了，我走了。"

"Que te vaya bien，"妻子说，和他吻别，"一路平安。"

胡安走的这条路横跨帕洛玛山的一个山肩，帕洛玛山是一道长长的豚脊丘，高 5 600 英尺，位于加利福尼亚南部的沿海山脉之中，差不多就在洛杉矶和圣地亚哥两地的中间。他闻着烧木头的烟味，烟味中混合了一丝太平洋海雾的腥味，他走过一片杉树林，几座小小的灰泥房屋几乎隐藏在树林里，它们是帕洛玛天文台其他驻山人员的住所。道路拐弯，穿过一片棕色蕨类植物，通向一个象牙色的圆顶。雪松、白杉、瓦尔帕莱索橡树和掉光了树叶的黑橡树覆盖着帕洛玛山，树木间铺着草甸。阳光充足的干燥山坡上长着美国稠李、蓝鼠李、野丁香和结有毒豆子的野咖啡树，另外还有一种叶子带刺的蓬乱矮栎，学名叫卡拉斯科——正是胡安的姓氏。帕洛玛在西班牙语中是"鸽子窝"的意思，山上每逢秋季和春季确实有很多迁徙的候鸟。但现在是3月初，夜晚的山上没有鸟儿歌唱，因为这里海拔超过5 000英尺，南加州的春天来得很晚，不过蟾蜍已经从冬眠中醒来，在寒冷的夜风中喊着"坚持、坚持"，那声音断断续续、犹犹豫豫，听上去像是在受苦。

望向西方，胡安见到月亮已经落山。这个月没有月亮的夜晚已经到来，天文学家称之为"黑暗时辰"。他们认为春季的黑暗时辰是观测星系的最佳时间，因为银河在春季紧贴地平线，不会干扰他们直窥深空的视野。银河高悬天顶的时候，会阻挡望远镜观测宇宙深处的视线。但是每逢春季，到了黑暗时辰（也就是没有月亮的夜晚），你不但能让望远镜越过银河直指河外空间，而且不会有月光干扰天空中的黑暗。胡安拐过一个弯，走近了圆顶，他看见一道雾堤悬在西面的山梁上。他认为起雾是个好兆头，只要雾气别盖住帕洛玛山就行。城市的灯光给天空中涂上了一抹蛋黄色。假如今晚的浓雾能沉入山谷，就会挡住周围城市的灯光，让山顶之上的天空变得澄澈而墨黑：非常适合观测星系。太阳已经落到雾堤背后，胡安很喜欢渐逝暮光的色泽：白中发蓝，说明空气中没有尘埃。他知道太阳的具体位置——丝毫不差地知道。他确定太阳再过六分钟就会下山。帕洛玛山很快就会越过晨昏线进入地影，宇宙的景象即将开始展现。

圆顶看上去很像好莱坞想象中的玛雅神庙。胡安将钥匙插入高大的保险门，维修人员使用的小门向内打开。他进去后，门砰的一声关上，响声在不锈钢支柱之间回荡。室内黑洞洞的。他打开手电筒，爬上长长的一段楼梯。他推开一扇门，走进圆顶的主楼层，此处位于口径 200 英寸的海尔望远镜的底部。他闻到油漆和脱硫油的气味，他按住安全帽的帽檐，抬头向上看。他发现圆顶的天窗关着，海尔望远镜指向正上方，处于正常的待机位置。海尔望远镜有七层楼那么高，在大多数人眼中完全不像一台望远镜：它是一个由支柱和梁柱构成的管状框架。海尔望远镜通体涂成战舰灰色，看上去更像某种可怖的武器，而不是一台反射式望远镜，用来拍摄已逝时光投来的图像。即便看了这么多年，仰望这台仪器依然会让你感到有点畏惧；你永远不可能一点都不畏惧。

一名工程师在望远镜底下走来走去，整个人被团团蒸汽笼罩，他向吉姆·冈恩的照相机注满液氮，为今晚的拍摄做好准备。胡安打开他的储物柜。他呼吸时在寒冷中哈出白气。他取出一个纸板箱，里面塞满了他的装备。他关上储物柜，抱着纸箱小心翼翼地穿过楼面，留意脚下一摊摊的透明润滑油，大多数夜晚，望远镜都会稍微渗漏一些润滑油。箱子上写着 "LA VICTORIA MARINATED JALAPEÑOS"（胜利牌腌辣椒），是他从垃圾箱里捡来的；尽管他用透明胶带（帕洛玛胶）在箱子上缠了又缠，延长了它的使用寿命，但箱子还是被顶得圆滚滚软乎乎的。

纸箱里装着胡安的笔记本，是海尔望远镜无数次故障的复杂难懂的诊断记录。海尔望远镜从 1928 年到 1949 年耗费了二十一年建造。它拥有数千个部件：马达和继电器、齿轮和转轮、管道和泵，都是 1930 年代制造的。有些部件的制造公司已经破产或被吞并。有些部件已经难以寻觅。有些部件已经没人能搞懂。胡安·卡拉斯科认为他仅仅是一个组织中的一个小零件，这个组织在他看来似乎超越了帕洛玛山，超越了美国，甚至超越了整个世界。他怀疑自己对这个组织来说并不怎么重要。尽管他在过去十五年里爬遍了这台望远镜的每一个角落，用墩布擦拭零件，钻进望远镜内部的密室，但他依然觉得"大眼睛"在某些方面是一台神秘莫测的仪器。他觉得，即便他和那些天文学家不复存在，其他人也会为海尔望远镜找到用武之地。胡安喜欢说："人可有可无，望远镜则不是。"他走进嵌在圆顶墙壁里的一个小房间（名叫数据室），感到有点紧张。他在数据室里看见了马尔滕·施密特。施密特是个高大的天文学家，长着一头花白的卷发。施密特笑着和他打招呼："胡安，晚上好。"

"马尔滕，山谷里雾很大。"

"啊哈，"马尔滕·施密特说，"很好。"

"我猜今晚会是个晴天，"胡安走到房间的另一头，对一位留胡子戴眼镜的天文学家说，"詹姆斯·E. 冈恩教授，今晚咱们能看到星系吗？"

冈恩笑了笑，说："胡安老弟，我也不知道。"

数据室里还有两个人。一位是年轻的金发天文学家，他留着胡子，名叫唐纳德·施耐德。他面对电脑终端坐着，身旁是帕萨迪纳喷气推进实验室的程序员芭芭拉·齐默尔曼。她四十多岁，棕色头发，宽脸膛，双手片刻不停地在键盘上飞舞。她正在输入一个没测试过的电脑程序：爵士乐软件。她头也不抬地打招呼道："你好，胡安。"

"你好，你好。"胡安说。

胡安把安全帽和纸箱放在架子上，坐进一把旋转椅。控制面板从三个方向包围了他，上面满是开关和显示屏。他拨动一个开关，一组维克斯泵开始呜呜运转，把飞马牌望远镜润滑油压进海尔望远镜的马蹄形轴承。他检查反射镜的温度——正常。今晚掌握"大眼睛"控制系统的这个人，曾经在得克萨斯的圣安东尼奥和佩科斯当过理发师，他并不是天文学家，因为只要一个人头脑正常，就不会允许天文学家去碰全世界最强大的望远镜之一的控制系统。

当天下午早些时候，再过几个小时，詹姆斯·E. 冈恩团队的项目——搜寻已知宇宙的边缘——就要进入新阶段了，此刻这位杰出的天文学家坐在所谓电子车间的工作台前，车间位于海尔望远镜圆顶底部的某个楼层。吉姆·冈恩正在用烙铁点焊一个小小的蓝色金属盒。一缕青烟从盒子里冒了出来。他使劲眨眼，从口袋里掏出手帕，打了个喷嚏。他擤完鼻子，把手帕扔在工作台上。他说："我好像得了东海岸的感冒。"他合上盒子的翻盖。他说："不知道你会管这个小装置叫什么。它还没名字。"

小盒子只有一包香烟那么大，拥挤得像是老鼠窝，里面塞满了零件：有电阻、电容和几枚半导体芯片，全都是冈恩从电子商店的垃圾筒里捡回来的。在冈恩的宇宙中，这样的东西被称为自制装置①。盒子外部只有一个拨动开关。冈恩说话时喜欢强调一些特定的词语，他说："无论你管这东西叫什么，它都能帮我们从海尔望远镜的照相机中获取数据，所用的方式对寻找类星体特别有效。我们想固定望远镜的角度，让星空随着地球自转经过镜头。这样会产生天空的连续画面，就像一张超级长的胶片。但不幸的是，望远镜上的照相机不是为了做这种事而设计的。"

在绝大多数情况下天文学家已经不再通过望远镜观测了。他们看的是电视显像屏，屏幕上显示夜空的图像。现在几乎所有的专业望远镜都连着照相机，而这些照相机几乎都使用电子传感器。操纵现代望远镜所需的系统类似操纵间谍卫星的系统。两者都需要巨大的反射镜；都需要一台电子照相机，把大量的微弱光线聚焦在一小块高度敏感的硅基感应芯片上；也都需要电脑程序和机器人的知识。区别在

---

① 原文为 Kludge，在电子和电脑业中指用各种不成套的元件搭配成的装置，通常是为了临时性解决问题。——译者

于，天文学家把他们的传感器指向地球之外。

过去这三天，吉姆·冈恩每晚只睡一两个小时，这让他觉得很沮丧，因为他觉得他睡得太多了，原因可能是他有点发烧。他说："我再也没法一天工作二十四小时了。我真的老了。"此刻他还有另一个难题，那就是他必须应付一名记者。冈恩工作的时候，我忙着做笔记。

冈恩时年四十七岁，身高略低于中等高度。他有一把大胡子和两道浓眉。他有个显眼的大额头，棕发在头顶变得稀疏，棕色的眼睛充满活力。他声名显赫，受到全世界的敬仰，获得的奖项和奖杯多得他数不过来也记不清楚。他是普林斯顿大学的教授。那天晚上他穿一件有一两个蛀洞的棕色针织毛衣和加油站员工那种油腻腻的棕色长裤。裤子的几个口袋经常用来装不该被塞进口袋的东西，因此不是被撕破了就是沿着裤缝磨穿了。他的工具箱放在地上，箱子上标着"J. 冈恩"。这是个西尔斯百货的工匠牌工具箱，里面塞满了胶带、线缆、电子芯片、螺丝、螺母、各种小玩意儿和形形色色的钳子。工作台上有一副金边眼镜，鼻托上缠着几圈电工胶带。他说电工胶带让眼镜在鼻子上戴得更舒服。

海尔望远镜和帕洛玛天文台的另外三台正在运作的望远镜都属于加州理工学院，也就是俗称的 Caltech。加州理工是一所小型私立大学，位于加利福尼亚的帕萨迪纳。吉姆·冈恩和他的同侪在加州理工的地下室和实验室经常被叫作水管工。他们的另一个称号是帕洛玛发明家。实际上，他们是职业天文学家，只是凑巧不得不搭建自己的仪器。冈恩是一个天文学家团队的水管工，这个团队正在尝试绘制宇宙边缘的地图。这样的伟业需要团队合作，当然也需要水管工。团队的另外两名成员是领导团队的马尔滕·施密特和施密特的助手唐纳德·施耐德。团队还得到了各个方面的工程师和程序员的帮助，其中包括芭芭拉·齐默尔曼。

冈恩已经对这份工作产生了挫折感。三年以来，团队一直在寻找一种特定类型的罕见类星体，但目前还没发现这一类型的任何类星体。类星体是在宇宙深处闪闪发亮的光点，你可以称之为宇宙的灯塔。团队希望能找到几颗最遥远的类星体并确定它们的位置。他们认为通过完成这个任务，就有可能摸清一个原本隐蔽的界线的轮廓，那是可光学探索的宇宙的外部极限。为了这次特别的尝试，团队申请到3月份海尔望远镜四个夜晚的使用权，到时候月亮会早早落山，银河紧贴地平线，望远镜能够直视深空。

团队决定改造望远镜的照相机，让它能够扫描整个天空，从而加快搜寻类星体的速度。道理与摇动摄影机拍摄全景相同，区别仅仅在于他们要摇动望远镜扫描宇宙。海尔望远镜的照相机是一套电子成像系统，设计用途是拍摄快照，而不是动态画面。这台照相机充满了程控装置，由一台电脑控制，电脑安装在望远镜底下的一个楼层上，需要为了这次实验而重装。类星体团队招募了一位名叫理查德·卢西尼奥的工程师来拆开电脑并重接线缆。然而就在月亏前的一天，理查德·卢西尼奥去了医院。用他的原话说："我的胃里长了个怪东西，直到今天我也不知道究竟是什么。"两位消化内科医生也不知道，他们研究卢西尼奥的内脏，思考该怎么动手术。而另一方面，海尔望远镜的那台电脑依然无法使用。类星体团队得到了使用海尔望远镜的机会，他们不希望仅仅因为电脑工程师有可能会死就丢掉这个机会。冈恩别无选择，只好尝试用烙铁来拯救这次实验。

冈恩住在新泽西的普林斯顿。他在天亮前坐出租车来到纽瓦克机场，飞到洛杉矶，在机场租辆车，直接开到加州理工。来到大学，他取上标着"J.冈恩"的工具箱，向东开，然后向南拐上 210 号州际公路。他来到海尔望远镜所在的圆顶，在里面连住三天，直到造出那台自制装置。

冈恩把玩着这台自制装置，欣赏他的手艺。它能帮助望远镜的照相机与电脑对话。他说："你没法设计这么一个装置。你必须看看手头有什么，然后造一个出来。"冈恩认为他可以把它像帽贝似的贴在照相机上，拨一下自制装置上的"扫描"开关（他在开关旁边写了"扫描"一词，用来提醒他哪个方向是打开），自制装置就能把海尔望远镜变成一台运动图像扫描仪。

他拿起一个像是信号枪的东西，说："这是个 800 度的吹风机。"他把那东西对准手背，扣下扳机，看能不能正常运转。它发出呼呼的声音，我闻到了烧头发的气味。他说："嗯！能用。"他把吹风机对准从自制装置里引出的一根缠着收缩薄膜的线缆，薄膜遇热裹紧了线缆。冈恩拿起电烙铁、一卷接线图纸和自制装置，跑出房间。天文学家把连续数夜使用望远镜观测称为一次"运行"①，这个说法不是在打比方。冈恩坐电梯上了一层楼。走出电梯，他来到海尔圆顶的主楼层，这里矗立着全世界最大的在运行望远镜。

海尔望远镜的规模与一座小型办公楼相当，它沐浴在钠光灯下，光线照得圆顶内的金属部件闪闪发亮。不知是出于偶然还是存心，海尔圆顶与罗马万神殿的尺寸几乎完全相同。吉姆·冈恩和平时一样，花了几秒钟扫视望远镜。他必须承认，每次仰望乔治·埃勒里·海尔建造的最后一台望远镜，他都无法消除内心的惊诧感觉。冈恩这么评价它："那可不仅仅是有点难以置信。"然后，冈恩匆忙穿过楼面，跑上一组楼梯，钻进悬在望远镜底部的钢丝网笼子。这个观测笼位于主反射镜的正下方，这块凹面镜由派热克斯玻璃②制成，直径 200 英寸（16 英尺 8 英寸），上表面覆盖着铝制的反射膜。反射镜正中央有个

①　Run，也有跑的意思。——译者
②　抗热性能极佳的一种玻璃，由康宁公司于 1915 年研发成功。——译者

孔。凹面镜通过镜筒望向天空，夜晚的星光照得它熠熠生辉，就像井底的一汪静水。

反射镜下的观测笼里，冈恩把接线图摊在地面上。他拿起手电筒，但手电筒似乎点不亮。他怒喝："该死！"用手电筒砸笼子。灯泡有了一点亮光。他用手电筒照向四周。观测笼的地面上乱七八糟地扔着内六角扳手、鳄嘴钳、螺丝刀和好几卷胶带。一台照相机插在望远镜底部的插槽上，就像炮筒里的一发炮弹，他把手电筒指向照相机。他说："那是'四管猎枪'，已经就位一年多了。""四管猎枪"是海尔望远镜的主照相机，建造它的正是吉姆·冈恩。

冈恩用双膝夹住手电筒，指向上方，希望能照亮他建造的照相机，同时向上伸出双手，抓住一捆松垂的线缆。他掏出口袋里的瑞士军刀，割开一根线缆的外皮。"该死！"他气呼呼地说。他剥掉线缆的塑料皮。"给我过来！"他说，拉出一把五颜六色的线缆。他拿起烙铁，把从自制装置里引出来的各种线缆焊在"四管猎枪"的神经系统上。他突然说："从 1 到 10 的量表上，这场危机也就是 20 吧。"他把烙铁按在一根线缆上，一缕青烟冒了出来。他又说："我碰到过比 20 还高的情况。20 还算是幸福的呢。"

这台照相机被称为"四管猎枪"，是个白色圆筒，长 5 英尺，直径 2.5 英尺，重达 1 500 磅。它插在海尔望远镜的底部，从反射镜中央的孔里探出脑袋。尽管这台照相机堪称巨大（对照相机而言），但从远处望去，它并不比固定在海尔底部的一个铆钉大到哪儿去。冈恩在加州理工一个雅号"垃圾场"的地下室里从零开始建造了这台照相机，他从学校的一些工程师和技术人员那里得到了大量帮助和许多旧部件，那些人凑巧也是回收利用垃圾这门秘技的个中高手，他们合起来有个响亮的名号："垃圾场"法师团。从某些方面来说，"四管猎枪"类似于航天器上的一个科研负载包，其中有形形色色的石英透镜和反射镜，密如森林的黄金连接件和镀金部件，以及最先进的成像感应器。从另一些方面来说，它也像一个乱得让人无法容忍的自制装置，其中有彼此纠缠的不锈钢管线、冗余的线缆、以超低折扣（一折或更低）购买的破烂电机、电影放映机里的传送带、一把掰断的剃刀刀片、Ensolite泡沫棉、钢琴线、润滑脂、胶水和汗液化成的晶体粉末。

一台性能领先的科学仪器通常只在科研最前沿保持数年的先进地位，然后就会出现更好的新仪器，但海尔望远镜已经在深空中开辟了四十多年的前路，主要原因正是帕洛玛天文台的各种小发明。海尔已经不是地球上最大的望远镜了，加州理工最近在夏威夷的莫纳克亚山上建造了更大的凯克望远镜，它的反射镜用小块玻璃镜片组成，等效于一台直径400英寸的望远镜。然而海尔望远镜依然是世界级的。它有一整套敏感度极高的设备，"四管猎枪"就是其中之一。这些设备，再加上反射镜本身的口径，使得海尔成为全世界最优秀的望远镜之一。海尔望远镜是大萧条时期的工程杰作，就好比1930年代的阿波罗登月计划。海尔望远镜，这个焊接而成的庞然巨物，灰色而超然，巨大而敏捷，看上去坚不可摧而决不妥协，能够让我们看到银河外的辉煌宇宙，它在所有望远镜之中屹立于无畏级设计的顶点。以后再也不会有海尔这样的望远镜了，首先是因为现在无论花多少钱也造不出海尔望远镜，其次是因为望远镜设计的理念已经改变。新一代的地基望远镜正在建造，组件中有悬挂在空中框架里的大块反射镜，整体构造更像飞机，而不是轮船。另外还有哈勃空间望远镜，它外形像个罐子，从亚特兰蒂斯号航天飞机的货舱中抛入距地面300英里的太空轨道。但海尔望远镜暂时还是全世界的重量级冠军，很可能一直到21世纪初还会被视为全世界最伟大的天文望远镜之一。

海尔是一台多用途望远镜。除了直径200英寸的主反射镜，它还有共计十一块较小的反射镜，这些反射镜能够移动位置和改变角度，

THE TWO HVNDRED INCH ~
TELESCOPE · LOOKING · NORTHWEST

《海尔望远镜》由拉塞尔·W. 波特于 1939 年绘制，当时望远镜尚未完工。尽管波特只能想象望远镜建成后的模样，但他确实捕捉到了海尔望远镜的恢弘气势。图中由钢梁构成的开放结构是望远镜的镜筒。主焦笼位于画面左上角，望远镜的顶端，天文学家可以坐在那里，直视镜面。反射镜位于镜筒底部，画面右下角。弯曲的马蹄形支架靠近画面右上角，处于夜空的映衬之下，天窗打开时能从外部看见。（照片由帕洛玛天文台/加州理工提供。）

将光线反射和凝聚到望远镜内部或附近可供放置设备的各个点上。海尔就像光线的精炼厂。它能采集巨量的星光，把它们倾注进一块极小的区域。"四管猎枪"插入望远镜后，星光会落在海尔的主反射镜上，然后弹射向望远镜顶部一块较小的二级反射镜（直径 4 英尺）。光线随后再向下弹射进入位于直径 200 英寸反射镜中央开孔中的"四管猎枪"。到星光进入"四管猎枪"的时候，光束的直径已经从 200 英寸聚焦到 14 英寸。这道星光进入"四管猎枪"上的一个窗口，在照相机内部进一步聚焦，反射于一块块镜面之间。星光最后落在四块被称为 CCD 的电子芯片上，每块芯片只有儿童的指甲盖那么大。就这样，照在海尔望远镜主反射镜上的 209 平方英尺星光经过精炼，落在表面积加起来只相当于一张邮票的四块芯片之上。

"四管猎枪"是吉姆·冈恩最喜欢的玩具。它能同时拍摄四张天空的照片。这些照片可以一条边贴一条边地连接起来，合成一整张四版面的马赛克拼图。"四管猎枪"拍摄了新生恒星在茧状星云中点亮，拍摄了老年碳星如何喷射氢泡，拍摄了恒星爆炸死亡后吹出的层层气体。这台照相机拍摄了矮星系和星暴星系，拍摄了镶嵌着仿佛肉瘤的恒星团的椭圆星系。它揭示出赛弗特星系[①]爆炸般明亮的星系核，窥视了它们仿佛类星体、镶嵌着昏暗尘丝的中心。它拍摄了星系碰撞的快照，两个星系相向舞动、彼此融合时如何抛射由恒星组成的细丝。"四管猎枪"曝光了超巨型的吞食星系，它们把其他星系当作午餐。"四管猎枪"展示了无数星系如蜂群般彼此盘旋，捕捉到引力透镜的作用，那是时空结构中的扭曲，将类星体的光分解成两个、三个甚至四个来自时间起点的幻影。

---

① 一类旋涡星系或者不规则星系，拥有非常亮的星系核，得名于 1940 年代深入研究这类星系的天文学家卡尔·基南·赛弗特。——译者

冈恩在观测笼里飞快地转来转去，在庞大的海尔望远镜之下，他变成了一个小小的人影，正在和彼此纠缠的无数线缆搏斗。他看不清自己在干什么，因为他遗传了父亲的近视眼。"我既看不清近处，也看不见远处。"他这么解释他为什么会拥有海量的伍尔沃斯眼镜，这些眼镜放大倍数不同，从普林斯顿到加州理工再到帕洛玛山到处都有，这样每次他需要眼镜，只要一伸手就肯定能拿到一副，但这会儿他忘了在海尔望远镜里留下一副。他按下一个开关。

"唐斯。"他对着内线电话叫道。他在呼叫天文学家同事唐·施耐德。

"你好。"一个像被静电干扰的声音说。

"借我一双年轻人的眼睛。"冈恩说。

圆顶墙上的一扇门突然打开，唐·施耐德跑进主楼层，爬上楼梯钻进观测笼。除了金发和大胡子，唐还有一张狭长的脸和一双目光灼灼、不停转动的蓝眼睛。他紧张兮兮地拉下头上的羊毛帽，说："今晚会天下大乱。"他站得离冈恩那些彼此纠缠的线缆很远。

"别慌。"冈恩说。

"真是灾难，"施耐德说，"看起来今晚要起雾。"他告诉冈恩，电脑系统最近很不正常。

"对，"冈恩说，"不过问题不大。叫芭芭拉写点代码，打上补丁。"冈恩抓着一把线缆递给他。"帮我拿着。"他说。线缆在颤抖；冈恩因为睡眠不足而颤抖。

施耐德看见冈恩在颤抖，笑着说："你是不是喝酒了？"

"绝对没有。我他妈半小时才焊了三根线。"

两个人埋头盯着线缆。他们发疯般地忙活。寒冷的空气中能看见他们呼出的白气和松香燃烧的青烟。不远处忽然有个闪光灯亮了一下。唐·施耐德扭头望去。来了一群学生，在老师的带领下感受美国科学的进步。孩子们站在玻璃墙的另一侧,那是供访客使用的观景廊,沿着圆顶的一侧延伸。玻璃墙的功能是防止人体加热的暖空气淹没圆顶,暖空气会导致反射镜变形,使得星辰失焦。暖空气还会涌出圆顶夜间打开的观测天窗,导致星辰闪烁。天文学家讨厌闪烁的星辰,因为闪烁会让星辰偏离焦点。幸运的是玻璃墙还能防止访客听见脏话,这种噪音经常会从海尔望远镜底部的观测笼里飘出来。

"太阳会准时落山的。"施耐德说。

冈恩发出尖利的怪笑声。

他们终于把自制装置和"四管猎枪"用线缆连接在了一起。冈恩用脚趾在观测笼的地面上扫来扫去,找到了一卷透明封箱带,就是有尼龙丝加固的那种胶带,所谓的帕洛玛胶。冈恩用小刀割了一截胶带,把自制装置牢牢地粘在照相机的侧面。"把这个地方粘在一起的,"他说,"就是帕洛玛胶。"

望远镜旁的数据室里,马尔滕·施密特弓着背坐在一张橡木桌前,一盏台灯投下的灯光照亮了他。他是这次实验中的资深天文学家。项目负责人[①]。老板。他向我解释道:"你看到了,詹姆斯处于受控的恐慌发作之中。这并不罕见。"施密特是个内向的人,瘦削而高大。他一生中在"大眼睛"上度过了大约五百个夜晚。按照他的形容,他在这次实验中的角色有点像棒球队经理。他的明星投手冈恩似乎遇到了麻烦。一整个下午,冈恩风风火火地跑来跑去,说:"别担心,马尔滕,我们就快准备好了。"但马尔滕开始怀疑他是不是应该取消今晚的实验,用海尔望远镜去做其他事情。寻找类星体的工作有

---

① Principal Investigator,欧美科研项目中,由申请机构认定的有一定权力和责任指导基金所支持的项目或计划的个人。——译者

可能会因此延迟六个月，或者一年，没人说得准。施密特已经习惯了延迟。过去的这二十二年，他一直在寻找类星体。

吉姆·冈恩和唐·施耐德走进数据室。马尔滕·施密特对他们说："我看咱们还是去吃饭吧。"他又对冈恩说："詹姆斯，你一起吗？"

"一起，马上。"冈恩穿过房间，在芭芭拉·齐默尔曼旁边的电脑终端前坐下。她正在疯狂地写代码，希望能让冈恩的自制装置运行起来。

马尔滕·施密特和唐·施耐德坐电梯到地面层，走出圆顶，沐浴在夕阳之中。他们顺着一条小径向前走，雪松和枯萎的蕨类植物间点缀着积雪。他们只字不提类星体。马尔滕对唐说："你看见我的零号手电筒了吗？从1950年一直用到现在。Eveready牌的。这下好像被我弄丢了。"远处有一只公鸡在打鸣。

他们来到修道院所在的洼地，来帕洛玛山做客的天文学家在这座建筑物里吃饭和白天睡觉。修道院有灰泥外墙和山墙屋顶，像个有点衰败的避暑胜地。餐厅里只有一张长桌，施密特和施耐德在长桌前坐下。另外几位天文学家已经到了，他们在天文台的其他望远镜上工作。桌上有一堆牛排。天文学家总是需要吃丰盛的晚餐，因为圆顶内不能供暖，夜间冷得可怕，天文学家和体温过低之间唯一的屏障就是肚子里的几块肋眼牛排和手里的一包奥利奥饼干。天文学家在瓷器的叮当碰撞中低声交谈。

"我们想让'四管猎枪'以可控的速度读出数据。"唐·施耐德说。

"多大的速度？"一位天文学家问。

"每小时140百万字节。"施耐德说。

"太惊人了。"那位天文学家说。

"我们一个晚上应该能装满十二卷磁带。"施耐德又说。

长桌的一头坐着一男一女，他们听别人交谈，但不怎么参与。卡罗琳·休梅克有一双棕色的眼睛，灰发剪成刘海，穿栗色运动衫和蓝色牛仔裤。她丈夫尤金·休梅克脸膛宽阔，头发花白，小胡子剪得整整齐齐。这对夫妻看上去很体面。要是不知道他们花了大量时间在澳大利亚内陆地区巡游，寻找小行星和彗星留下的受侵蚀的巨型陨石坑，你很容易以为两个人只是一对普通的祖父母。吉恩（尤金）说："我们的望远镜有各种各样的问题。"他指的是帕洛玛天文台的18英寸口径施密特望远镜，它安装在海尔望远镜以南300码的一个小圆顶内。

　　"毕竟是一台老望远镜了。"卡罗琳怀着感情说道。

　　"有个导向电机拖累了我们，"吉恩说，"我觉得电机的电刷接触不良。"他和卡罗琳来帕洛玛山是为了寻找小行星和彗星。

　　卡罗琳说："吉恩每次都要钻到望远镜底下去手动启动电机，否则照片就会被涂脏。"

　　"我的动作必须够快，"吉恩说，"我必须在转动轴周围抓住它，然后让它转起来。"

　　吉姆·冈恩和芭芭拉·齐默尔曼走进餐厅。他们坐下，向其他人点头打招呼，冈恩用叉子叉了一块牛排放进盘子。

　　"还不止这个呢，"吉恩·休梅克继续道，"主齿轮上好像有点背隙。望远镜的视野到处乱跳。我们没法对准任何一颗恒星。"

　　吉姆·冈恩说："吉恩，听上去似乎是齿轮磨损了。"

　　"没错。"吉恩说。

　　"问题肯定出在这儿，"吉姆说，"齿轮需要压上重量。"

　　"没错。"吉恩说。

　　"去找根绳子和一截木料，"吉姆说，"你把木料系在望远镜上，然后在上面挂一块铅。"

所有人放声大笑，吉恩·休梅克也不例外。他明白冈恩说得很有道理，他提醒自己，下次他和卡罗琳来帕洛玛山的时候要带上几块铅。

在天文学家中有个说法：五十亿人关心地球表面，还有一万人关心除此之外的一切。这些人从事的据说是世界上最古老的科学。天文学家在一颗铁质与硅酸盐的小球上从事他们的研究，这颗小球围绕一颗 G2 级恒星运转，而这颗恒星悬浮于银河系的猎户臂之中。银河系是个旋涡星系，含有大约一千亿颗恒星。即便银河系还有其他名称，目前天文学家也还不知道。天文学家在 20 世纪取得了一些进展，他们知道银河系是所谓本星系群（Local Group）的一员。本星系群是由几十个星系组成的一个星系团，其中包括仙女座星系和大小麦哲伦星系，这些星系加起来也不过是本超星系团（Local Supercluster）外围一小团很不起眼的星系，而本超星系团是由数以千计的许多星系构成的星系云。假如银河系是一片树叶，那么超星系团就有一棵树那么大。本超星系团的尺寸占可观测宇宙的一百万分之一，就像森林中树木丛生那样，可观测宇宙也充满了超星系团。在天文学家的宇宙中（在天文学家看来，宇宙就是他们的），有一些被称为类星体的天体在更遥远的地方绽放出明亮的光辉，它们的辐射功率超过了天文学家在地球附近任何一处观测到的能量等级。天文学家不怎么了解类星体，不知道它们究竟是什么以及如何燃烧，但有许多类星体明亮得用普通的业余望远镜就能看见。

马尔滕·施密特没怎么碰他的晚餐。他似乎心事重重。空气中弥漫着咖啡的香味。

芭芭拉·齐默尔曼对马尔滕·施密特说："我觉得我们让吉姆的小盒子运行起来了。"

马尔滕用手指轻叩桌面，转向吉姆："很好，詹姆斯，接下来呢?"

"继续干活呗。"冈恩说，他和齐默尔曼突然起身，走出餐厅。

施密特大笑，对着他们的背影喊道："我不是说现在!"

黄昏时分，环绕海尔圆顶的鹰架上，胡安·卡拉斯科和唐·施耐德望着逐渐升起的雾气，雾气似乎正在附近的山谷中蓄积。唐扭动脖子，望向天空。他说："胡安，你觉得天气会怎么样?"

胡安指向西方，说："能看见金星。"

"你大概觉得这是个好兆头。"

"嗯，没错。"胡安说。

"雾真的越来越大了。"唐说着环顾四周。胡安看刻度。"湿度还凑合。"

"那要看你信不信仪器了。"

胡安拍了拍墙壁，摸上面的露水。"麻烦。"他说。

"上面肯定有些什么高空结构。感觉模模糊糊的。"唐说。

"高雾度①有利于视宁度。"

"胡安，你有没有考虑过竞选政治职务?"

他们沿着鹰架顺时针前进，绕到圆顶的北侧。雾已经淹没了洛杉矶盆地，但留下圣加百列山光秃秃地屹立在地平线上。蟾蜍叫得越来越响，欢迎浓雾的降临。除了海尔望远镜，帕洛玛山上另外还有三台望远镜在运行，胡安和唐转圈的时候，能够看见每一台望远镜的圆顶，依次分别是：48英寸的施密特望远镜，用来绘制天图；18英寸

---

① 雾度（haze）指偏离入射光 2.5°角以上的透射光强占总透射光强的百分数。——译者

的施密特望远镜，最近主要由休梅克夫妇和其他行星天文学家使用，搜寻有可能撞击地球的小行星；60英寸的奥斯卡·梅耶望远镜，这台多用途仪器由热狗大亨的家族捐赠，因为奥斯卡·梅耶喜欢星星。

胡安对雾气做出了结论，他说："我认为咱们不会遇到问题。"唐点点头，回到室内，按下圆顶内墙上的一个红色按钮。圆顶的天窗开始移动，它们像眼皮似的打开，把望远镜暴露在宇宙之下。头顶上先是出现了刀锋般的一道线，它逐渐扩大，变成点缀着黄昏群星的一块新月形天空。海尔望远镜成了夜空映衬下的暗影之网。

夜班助理的工作是为天文学家操纵望远镜。设立这个职位不但能提高效率，而且可以防止天文学家破坏望远镜。只要给天文学家半个机会，他们就能以难以想象的方式毁掉一台望远镜。因此，帕洛玛天文台的夜班助理在许多事项上都被赋予高于天文学家的权限，尤其是决定是否打开和关闭海尔圆顶——这是个非常重要的决定。举例来说，一位职业天文学家出于对光线的渴望，有可能在寒冷而潮湿的天气里打开圆顶。这会导致反射镜上结露。露水和镜面上的灰尘混合，有可能会产生酸性的泥浆，从而腐蚀玻璃，在短短几小时内毁掉反射镜。海尔望远镜的反射镜有一个客厅那么大，重达14.5吨。从1934年第一次熔铸失败到1949年玻璃的最终修磨，制作共耗时十五年；玻璃先磨成凹盘形状，然后仔细打磨整个表面，误差度不超过百万分之四英寸。百万分之四英寸相当于你手上这页纸厚度的千分之一。

数据室里，吉姆·冈恩正在电脑上输入指令。马尔滕·施密特坐在工作台前。施密特说："我看不出他们能不能搞定所有东西。我不像吉姆那样精通技术。"因为德国口音，他把"技术"里的k音发成柔和的ch。1950年款的Eveready手电筒刚刚不明不白地丢失了，马尔滕·施密特只是有点难过，这件小事揭示了他对电子设备的感情本质。但他很清楚他想看到天空中的什么东西——类星体，他也知道谁能帮他看到它们——吉姆·冈恩。马尔滕向后一靠，跷起一条腿；他身高6.4英尺，两条腿在台子底下搁得不怎么舒服。他说："这次运行做的是根本性的新研究。我们想找红移极高的类星体。今晚是我们第一次尝试用'四管猎枪'拍摄。这是我们迄今为止尝试过的最困难的——"

"吉姆，要是你那么做，"——芭芭拉·齐默尔曼的嗓门盖过了其他人的声音——"就会清除内存的。"

"所以到底运不运行？"冈恩问。

"我不知道，"她说，"妈的，上吧。"

噼里啪啦地敲键盘，然后："哦，天哪，这是怎么了？"

停顿片刻过后，马尔滕·施密特继续道："这些红移极高的类星体的统计资料非常少。我们对它们的特性知道得很少。说实话，我们其实并不了解类星体。它们存在时的命运完全是理论推测。"他起身，整理桌上的几摞文件。他说着话，在小小的房间里走来走去。他说，有一些类星体，它们发出的光向光谱红色一侧强烈偏移，是光学望远镜能够解析的最遥远的天体——换言之，它们存在于宇宙的边缘。类星体很不容易找到。他的团队以前也搜寻过红移极高的类星体，但没有发现过哪怕一个这种天体。他说："这令人费解。我们知道它们确实存在，但为什么就是发现不了呢？不，我并不担心，这很可能是个统计学问题。也许红移极高的类星体并不像我们原本设想的那么多。但是，假如你知道一个东西是存在的，但怎么找都找不到，那你肯定会担心你是不是做错了什么。"

类星体是宇宙中最明亮的天体。尽管它们发光的地方距离地球非常遥远（远远地超出了银河系），但它们的亮度极高，在望远镜中出现时是一个个恒星般的光点。然而类星体不是恒星，而是少量的物体。类星体的核心很可能不比太阳系更大。能让类星体如此发光的能量还是个谜团。类星体的"燃烧"不是化学或核能意义上的燃烧。无论类星体的能量来源是什么，都不会是让太阳发光的热核聚变。

大部分天文学家认为类星体离本超星系团（我们所在的这片树林）非常遥远。根据以发现者埃德温·哈勃命名的哈勃定律，星系正在彼此远离。宇宙作为一个整体，处于膨胀的状态中。在宇宙时间的进程中人类文明的历史加起来仅仅是频闪灯的一个闪烁瞬间，因此天空中的物体看上去一动不动，就像频闪时被灯光照亮的景象，但实际上，宇宙正在跳一场盛大的舞蹈。有些星系绕轴自旋，有些星系彼此旋转。两个星系有可能像双人舞似的接触片刻，也有可能一个星系撞进另一个星系，同时撕碎彼此。与此同时，由于宇宙正在膨胀，星系之间总体而言也在缓缓地拉开距离。天文学家只能通过测量来辨别这样的运动。光谱学能把光分解为组成它的各个波长，它不但揭示出旋涡星系在旋转，还发现我们的星系正在远离几乎所有其他星系，以及所有星系都在互相远离。（除了一些星系，它们因相互作用力结合成星系团。）星系正在散开，就像人群离开体育场那样。宇宙的这种普遍膨胀被称为哈勃流（Hubble flow）。哈勃流裹挟着星系飞驰，结果是从地球的角度观察，大多数星系发出的光的频率都在光谱上朝着较低的红端移动了一段距离。这个现象被称为红移，出于相同的原理，火车远离你时汽笛声会变得低沉。根据哈勃定律，星系离我们越远，远离我们的速度也越快，因此星系发出的光的频率降低得就越多，红移也就越大。类星体是宇宙中红移最大的天体，对大多数天文学家而言，这意味着类星体是能通过望远镜观测到的最遥远的天体。它们的栖息之地是可光学探索的宇宙的外围地带：宇宙的边缘。

在探讨类星体的时候，红移这个词会误导读者，因为高度红移的类星体的颜色并不完全是红色。类星体会同时发射出多种多样的缤纷"颜色"，从伽马射线、X射线、紫外线、蓝色、绿色、黄色、红色到红外线和微波，有些类星体甚至会发射无线电波，它们全都是光的不同形式，区别仅仅在于波长。通过检验类星体的光来判断红移，这项技术曾经难以实现。马尔滕·施密特在1963年发明了这项技术。在分析类星体的光谱时，施密特发现类星体并不是人们所认为的近距离恒星，而是奇异的怪物，这些物体镶嵌在天空的背景幕布上，在近邻星系以外遥远得难以想象的地方。简而言之就是他证明了，看起来像是后院里萤火虫的东西，实际上是快要没入地平线的灯塔。

望远镜对准类星体的时候，见到的不仅是宇宙的边缘，也是时间的起点。光由光子构成，它既是波又是粒子，两者无法分割。光以每秒186 282英里的速度穿过太空，但在宇宙尺度中，这只是蜗牛爬行的速度。任何东西的速度都不可能超过光子。一颗光子需要大约五万年才能径向横穿银河系。假如一颗恒星在银河系的另一端爆发，天文学家要到五万年后才会知道。

事件在它发出的光子抵达探测器（例如摄影胶片或人眼视网膜）之前，是不可能被看见或知晓的。1光年是光子在一年中所经过的距离，刚好是6万亿英里左右。一个事件在离观察者数十亿光年外发生，产生的光子需要数十亿年才能飞到观察者那里。望远镜拍摄深空照片的时候，拍到的是过去的影像，影像显示了发生在宇宙历史不同时期的各种事件，具体时期取决于各个事件与地球之间的距离。

天文学家将天文学的深度观测称为时间回溯。望向远处相当于望向过去，因为天文望远镜的反射镜捕捉到的是以前的光。我们可以把宇宙想象成一系列以地球为中心的同心圆壳层，它们是时间回溯的壳层。离地球最近的壳层包含着在时空中离我们最近的星系的图像。远一些的壳层包含着遥远星系的图像，它们存在于我们的时代之前。再向外则是早期宇宙的壳层。落在反射镜上的一些光子几乎和宇宙本身一样古老。类星体是一些灿烂的光点，它们似乎从各个方向包围地球，在时间的深处闪耀。在类星体之外，可观测宇宙有一视界（horizon），你可以把它想象成一个壳层的内壁。这个视界是时间回溯的极限，也是万物之始的图像。反射镜凝视宇宙边缘的时候，同时也在凝视万物之始。天空的尽头埋藏着一切的起点。

你可以把天空想象成一本万年历，里面写着无数个故事，它们一个叠一个，一直追溯到时间的起点。望远镜望向地球之外，回溯时间，一页一页地撕掉万年历；它对准历书最底下的页面，放大和修正微小而模糊的字母。你也可以把天空想象成一本书，纸页装订成一个个章节，合起来讲述一个故事。望远镜窥探天空的时候，就是从最后一章到第一章倒着阅读这个故事。反射镜搜集遥远的类星体发出的光，它搜集到的那些光子在宇宙诞生以来的大部分时间里无拘无束地穿行于太空之中，此刻终于落在反射镜上。高度红移的类星体发出的光属于宇宙之书的第一章，来自创世之书中的某个段落。

最遥远的类星体发出的光离开类星体时，宇宙的年龄还只有现在的十分之一，当时的宇宙正在迅速而猛烈地演化，很可能还在形成星系的过程中。我们无法确定这个时期的具体时间，因为我们无法确定宇宙的年龄。宇宙的年龄很可能在一百亿到两百亿年之间，也就是说，类星体最早出现的时间应该在九十亿到一百八十亿年前。类星体发出的光还在前往地球的途中时，类星体就已经消亡了。高度红移的类星体是图像化石，它发出的光是一个已经死去的天体留下的痕迹。类星体在宇宙历史中闪耀（正在被我们见到，也将会被我们见到）的时刻远远早于太阳、地球甚至银河本身的诞生，那时候宇宙还很年轻，与现在的模样迥然不同。

绘制天空结构图的难题困扰着现代天文学家。用强大的天文望远镜拍摄照片，得到的是把天空投影在遍布光点的二维平面上。这些光点有一些可能是小行星，很多是恒星，更多的是星系，还有一些也许是彗星，只有极少数是类星体。类星体在照片里很像黯淡的蓝色或黄色恒星。乍看之下，类星体与恒星过于相似，很难从银河系前景浩若烟海的恒星中分辨出来。马尔滕·施密特在他职业生涯的大部分时间中，一步步走向外层空间和回溯时间，他的目标是绘制一张类星体的深度天图，从而理解它们作为一类天体随着时间的演化。摆在他面前的是一系列彼此相关的疑问。类星体什么时候诞生？它们这类天体又何时灭绝？它们存在的时候，亮度和数量是如何变化的？他想知道类星体的群体表现。他想知道类星体在宇宙时间的尺度中从生到死的过程，他想了解这个物种的自然史。

类星体似乎只存在于极为遥远的地方，在我们的附近极为罕见，举例来说，本超星系团内连一颗类星体都没有。与本超星系团相邻的其他超星系团内同样没有类星体，但是向远处望去，视线穿过二三十个超星系团，你就会开始观察到类星体。望远镜在太空中窥探得越远（在时间中回溯得也越深），找到的类星体就越多。这意味着类星体曾经绽放光芒，然后逐渐熄灭，现在已经成了黑暗或黯淡的天体。假如类星体到今天依然存在，它们会散落于邻近的星系之中。用反射镜聚集类星体发出的光就是在重建过去，因为类星体残留到今天的所有光学痕迹就是由远古光束承载的记忆。类星体的领地开始于距我们20亿光年之处，也就是说它的消亡早于我们二十亿年，而马尔滕·施密特想知道这个领地结束于何处，也就是说，类星体诞生于何时。

施密特和其他天文学家发现，随着他们望向宇宙的更远处和过去的更深处，类星体的数量会陡然增加，然后在一段时间后下降，就好像类星体的领地还有一个外表面。在极端遥远的距离上，类星体极为罕见。天文学家的视线穿过类星体的幕布，发现它们背后似乎只有黑暗。他们抵达光学已知宇宙的边缘，碰到了某种膜层。在这层膜的另一侧，除了大爆炸的无线电噪音外，他们看不到任何波长的光。天文学家来到了一个黑暗时代。类星体的领地之外是黑暗的早期宇宙，其中没有发出任何可探测的光。天文学家称之为红移截断，它是类星体的视界。类星体时代之前的早期宇宙似乎是包裹着类星体的一个黯淡壳层，存在于红移截断之外。红移截断对应着类星体最初出现的时刻。类星体是如何以及何时出现的，这依然是个未解之谜。类星体的出现似乎没有任何先兆或信号。马尔滕说："我怀疑类星体的出现也许标志着星系的诞生。"时间最早的类星体似乎与充斥早期宇宙的氢云凝聚成由恒星构成的星系这种剧烈变化有关联，这一时期的宇宙曾经紧密而动荡，经历着猛烈和迅速的演变。马尔滕·施密特认为，假如他的团队能绘制出类星体在时间中的涨落图，就有可能一窥宇宙造物的构造。

理论物理学家在研讨会上滔滔不绝地讲述早期宇宙的性质，马尔滕觉得这些言论都很可笑。"这些理论家，"——他微微一笑——"这些理论家太聪明了。每次我们发现了点什么，他们就能找到四种方法来解释。"就类星体而言，红移截断的图谱都还没绘制出来，理论物理学家就已经找到至少四种方法来解释它。马尔滕说："在所有的这些讨论中，你会发现你需要实打实的数据。这个红移的类星体有多少颗？那个红移的有多少颗？一个特定光度的类星体有多少颗？看起来必须有人去做苦工。"

探索宇宙边缘是个累人的活，但必须有人去做。必须有人去探究。必须有人把相当可观的数年科研生涯投入这个目标：绘制最早的类星体的领域天图。这是一场赌博，但目前还没有显露出能取得巨大回报的迹象，而施密特和他的团队已经往这台老虎机里塞了大量硬币。施密特猜测，他还要再劳碌好几年才有可能看到红移截断的结构——前提是这个结构真的存在。天文学家懂得不要指望心想事成的道理。他说："这项工作是为了搜集事实。你当然不可能解决这个研究领域的所有问题。有时候你得到的答案回答了你意料之外的问题。"

埃德温·哈勃已经证明，一个星系的红移取决于它与地球的距离：一个星系的红移越大，它离地球就越远。天文学家感到遗憾的是，他们还无法把红移大小与绝对距离联系起来。因此他们无法准确说出某个星系或类星体与地球的距离，只能提供一个相对的范围。但马尔滕·施密特认为，尽管他无法知道类星体与我们的确切距离，但假如他能搜集一组红移值最高的类星体数据，把红移值绘制成一张图，就有可能了解类星体诞生的一些知识。他想看一看红移截断点附近的类星体在时间中的分布情况。

他请冈恩改造"四管猎枪"，让照相机有能力以长条形扫描天空。先搜集如织锦般的一块星空，然后在织锦中寻找类星体，这应该是搜寻大量类星体的好办法。条带状的天空会记录在磁带上。等他们完成多次扫描，积累了足够数量的磁带后，团队的图像处理专家唐·施耐德会开始分析磁带，寻找属于类星体的光斑。他们当然也可以操纵海尔望远镜扫过天空，但更容易的做法是停止望远镜的运转，让地球自转带着天空经过望远镜的镜口。这项技术名叫中天扫描（transit）。想让望远镜做中天扫描，你只需要关闭望远镜的驱动电机，卡住轴承，让星空在地球自转时经过镜口。马尔滕认为他可以让地球帮忙，而不是用望远镜扫描天空。

数据室里的电话响了。

唐·施耐德拿起听筒。"'大眼睛'，"他说，停顿片刻，又说，"这简直难以置信。'大眼睛'的业余爱好者之夜——"

"唐斯，别这么说！"冈恩吼道。

唐拉长听筒的连线，走到冈恩听不到的地方。他压低声音说："我们已经忙了三天，但就是没法让实验运转起来。昨天运气不错，刚好碰到下雪，反正也没法干活。"

项目负责人马尔滕·施密特穿过房间，站在吉姆·冈恩的背后，看他噼里啪啦地敲键盘。

吉姆嘟囔道："马尔滕，我不知道今晚会发生什么。"

"你一上来就这么说，真是太刺激了。"马尔滕愉快地说。

"胡安，我们需要快转。"吉姆说。他想迅速移动望远镜（也就是快转），指向一颗明亮的恒星，以此校准感应器。

夜班助理拨动开关。什么都没有发生。

马尔滕问："胡安，有什么问题吗？"

"没问题。"胡安说着跑出了房间。

马尔滕大笑。"望远镜锈住了！"

胡安回来了。有人把扶梯留在了望远镜底下；只要不推走扶梯，望远镜就会拒绝移动。胡安拨动一个个开关，快速转动望远镜，对准一颗明亮的恒星。吉姆·冈恩用电脑键盘向"四管猎枪"发出指令：曝光。

"四管猎枪"在电脑屏幕上回应：收到。但什么都没有发生。

冈恩望向主显示屏，照相机拍到的画面会显示在上面。"黑的！"他叫道，"我连一颗星都没看见！"所有人同时开口。

"'四管猎枪'很不高兴。"

"有东西挡住镜头了。"

"也许咱们指着天花板呢。"

片刻停顿，然后："不，问题不在这儿！"

"好的，圆顶对着什么方向？"

"我们面向东方。"

"反射镜打开了？"

"反射镜打开了。"

"好的，但我没看见任何星！"冈恩抱怨道，"我的计算器呢？"他在一摞文件里乱翻。

马尔滕前后踱步。他开始用口哨吹《胡桃夹子》里的《玩具兵进行曲》，这是真正的摸黑吹口哨——给自己打气。

胡安说："反射镜是打开的。圆顶也是打开的。星星就在天上——"

"但我们没见到光！"吉姆·冈恩抱怨道。

"一点都没有？"马尔滕问。

"完全没有。"

这时他们明白了："四管猎枪"死机了。

一小时后，数据室的电话响了。是吉姆·冈恩的妻子吉尔·克纳普从新泽西打来的。她是一名射电天文学家。

"你好，亲爱的，"吉姆停顿片刻后说，"这下算是有光了。"

马尔滕·施密特大笑，然后对其他人说："感觉就像从头开始当伽利略。首先你必须让光照进镜筒。"

吉姆和吉尔小声交谈。她问吉姆感觉如何。他说他感觉挺好。她问吉姆有没有睡觉。他说当然没睡。吉尔·克纳普是苏格兰人，曾经这么形容一次观测前的疯狂时间："我们天文学家都有一种感觉，那就是上镜的时间极为宝贵。你会觉得自己拥有特权。对于我们这个物种来说，能够看一眼……"她停下来，寻找合适的字眼，"看一眼外面的东西，这种感觉太奇妙了。"

团队继续忙碌。吉姆·冈恩不停地差遣唐·施耐德去望远镜那儿做各种事情，这样那样地拨动自制装置上的开关。与此同时，芭芭拉·齐默尔曼写完了她的爵士乐程序，启程前往帕萨迪纳，她已经做完了她能做的所有事情。冈恩端详着显示屏上的几个白色斑点（星星），说："咱们来对准狗东西的焦点。"夜晚变得稍冷了一点，海尔望远镜缩小了半毫米，因此群星失去了焦点。胡安·卡拉斯科拨动一个个开关，说："对好了。"胡安把一个带有旋钮的盒子递给唐，那是控制器。唐转动控制器上的几个旋钮，"大眼睛"顶部的次级反射镜移动了几百分之一英寸，电机轻轻转动，响声在圆顶内回荡。他们测试了不同的焦点。

"向北十。"吉姆对胡安说。

"好了。"夜班助理回应。

"再向北十。"

"好了。"

"向北二十。"

"给你了。"

显示屏上的群星终于变得清晰。"好极了！"胡安叫道。

"对焦关闭了？"唐问胡安。

"关闭了。"胡安说。

吉姆·冈恩转向马尔滕·施密特，说："望远镜是你的了。"

"我们该做什么？"马尔滕叫道。

"可以试一试中天扫描。"

"真的？"马尔滕转向胡安，"关闭泵、灯光、一切。"

胡安说："泵关闭了。"油泵关闭，圆顶变得悄无声息，望远镜停止运动，锁定在轴承上。"关灯。"胡安说。圆顶里变得一片漆黑。

"跟踪关闭了？"马尔滕问。

"没错。"胡安说。

"得有人去按吉姆那个盒子上的开关。"唐提醒其他人。胡安跑出数据室，马尔滕紧随其后。胡安把扶梯推到望远镜底下，马尔滕顺着台阶跑进观测笼，手电筒的灯光上下晃动。缀满星辰的一块绸布铺展在头顶上——那是圆顶的天窗，朝着北方打开。马尔滕把自制装置上的开关拨到"扫描"上。他爬下台阶，胡安推走扶梯。数据室里，吉姆·冈恩按下键盘上的一个按键，显示屏变暗了。片刻之后，显示屏上充满了星系。无数星系从下而上滚过屏幕。

"哇!"施密特说，呼吸变得粗重，用铅笔拍打掌心。

"咱们看见什么了?"唐·施耐德喊道。

"有个星系。"胡安说。

"看那颗飞过去的恒星。"唐说。

"詹姆斯! 我的天!"马尔滕说，"哇! 快看哪! 不可思议! 咱们做到了!"

冈恩微笑。这是冈恩特有的咧嘴微笑。

他们看了一会儿天空移动，然后决定关闭系统。这只是一次测试。"可以停止扫描天空了。"施密特说。

冈恩按下一个按键，屏幕上的星系停止滚动。

"我觉得我挺混蛋的。"马尔滕说，其他人大笑。他又说："你都没法想象，为了申请天空来做这个研究，我们要提交多少份环境影响报告书。"

几位天文学家决定再试一次。冈恩按下按键，星系又开始向上滚过显示屏。难以置信的表情在冈恩的脸上扩散。他不敢相信他的自制装置居然在正常工作。

地球自转使得夜空像是在转动，带着天体自下而上快速滚过显示屏，这是因为海尔望远镜的视野仅限于一小块天空。视频监视器显示的是天空的运动，就仿佛天空从屏幕底部向顶部移动：烟云般的无数星系从屏幕最底下冒了出来。一小段时间后，星系抵达屏幕顶部，一个接一个地消失，犹如啤酒里浮起来的小气泡。楼下有一台电脑接收视频信号，记录在飞转的磁带上。

"这次试运行能算是正式的了?"马尔滕问。他不该问的——屏幕忽然变得一片空白。"四管猎枪"又坏了。冈恩和施耐德敲打键盘，施耐德踱来踱去吹口哨。半小时后，"四管猎枪"又活了过来，星系再次向上滚过屏幕。望远镜对着北方，瞄准北斗下方的旋转天空。模糊的星系散落在屏幕上，每屏通常有二三十个星系，它们有的像棉绒，有的像焰火轮，有的像珍珠、鸡蛋或硬币。有些星系比较近，看上去很大，但大多数都很小，就像洒在黑天鹅绒上的糖果碎片。偶尔有一颗银河系内的前景星从屏幕上掠过，留下明亮而持久的轨迹。见到这样的景象，你会明显感觉到天空的深度。除非对准银河系的银道面，否则一台大型天文望远镜无论指向哪个方位，见到的星系都会远远多于前景星。拿一个做汉堡的小圆面包，从里面捡出一粒小小的黑色草籽——罂粟籽①——把这粒草籽举到一臂之外，它刚好能盖住海尔望远镜使用"四管猎枪"时的视野面积。"四管猎枪"在天空中这么小的一些区域内拍摄快照，照片中有多达两千个星系。这说明天空基本上还没有得到探索。天文学家已经算是详细地探索过了距银河系2亿光年范围内的宇宙。再往远处，一切都变得模糊不清，而可知宇宙边缘的测绘结果恐怕还不如把美洲画成格陵兰以西一个小岛的僧侣地图。

一对旋臂扭曲的变形星系掠过屏幕。它们似乎肿胀起来，彼此纠缠，抛出恒星组成的一条条卷须。

"哇！"马尔滕说，"抛射中的星系。"

过了一会儿，一条线划过屏幕。

"那是什么？"胡安·卡拉斯科问。

"超人飞过去了。"唐·施耐德说。

"是一颗流星。"吉姆·冈恩说。

---

① 一些欧美国家将罂粟籽用作一种食品原材料。——译者

项目负责人从口袋里掏出计算器。他估算那条线穿过屏幕的宽度和角度，说应该不是流星。他按了一会儿计算器上的按键，说那似乎是个圆滚滚的模糊天体，沿经过地球两极的低轨道运行，因此应该是颗军事卫星，很可能是间谍卫星。

唐说肯定有人在监视我们。他掏出一袋趣多多饼干分给大家。他拿着一把饼干坐进椅子，像是在享受电视之夜。他嚼着饼干说："哥们，这可真不赖。"数据室里有好几个显示屏，其中之一是主显示屏，它是一台放在桌上的大电视。"四管猎枪"的四部照相机都在拍摄长条形的天空，但所有屏幕上的画面都一样，是四个长条形视野中的一个。

马尔滕用铅笔敲了敲主显示屏。他说："那是星系，那是星系，那是星系，那是恒星。这些天体以星系为主。"他说，比较模糊的天体中有一些是巨大的椭圆星系，位于海尔望远镜集光能力的极限附近。它们是图像化石——那些星系发出的光在五十多亿年前开始奔向银河系，当时地球都还没有凝聚成形。电话响了。马尔滕接听。"'大眼睛'，"他说，"O, hallo。"是他妻子科莉打来的。他们用荷兰语低声交谈。他说："Ja?... Dat het gaat regenen? O。"他转向其他天文学家。"她说有一个高压区正在太平洋上形成。我们还能有一两天的好天气，然后就要下雨了。"

吉姆·冈恩摘掉眼镜，用指节按摩眼睛，然后默默地盯着屏幕。对冈恩来说，只有被救护车拉出圆顶，他才会放弃能够观测星系的一个夜晚。唐·施耐德每隔一小时左右下楼一趟，从电脑上取下写满星系数据的磁带。随着时间的推移，磁带逐渐装满了数据室里的一个纸箱。

胡安·卡拉斯科在他的控制台前，看着星系向上滚过监视器。他凑近项目负责人，说："马尔滕，你得到了一个完美的夜晚。"

马尔滕得意地笑了。

唐扭头对胡安说："胡安，你喜欢这种晚上吗？"

"嗯，当然。只需要看着，什么都不用做。"

"白天比晚上难熬，"唐说，"胡安，今天下午你应该来的。你注意到我的发际线又后退了吗？"他从额头上撩起一把头发，胡安大笑。"这几个白天可真是害惨了我。"唐说。显示屏上的什么东西吸引了他的注意力。他说："有个不高兴的星系。"

马尔滕摘掉眼镜，眯着眼睛看屏幕。"对。样子很奇怪，唐，我同意。"

"它在生孩子。"

"哈！生了个类星体！"

晚些时候，霰弹般的许多星系划过屏幕。"哇，"唐说，"一个又大又散的星系团。有些富集的星系团里包含了上千个星系。"

"这部电影应该拍成彩色的。"马尔滕说。

"不行，必须是黑白的，"唐说，"我是保守派。马尔滕，你看那儿。管它叫星系都勉强。"

"确实。这个天体是什么？"马尔滕说，指着一对模糊的小点。

"我猜是个有朋友的星系。"唐说。电话又响了。唐抬起脚上的运动鞋蹬地面，他的椅子向后滑向房间对面的电话。"'大眼睛'，"他对着听筒说，"你好，约翰！对！我们在扫描中天！我知道。我知道——我有所怀疑，我是第一个愿意承认我怀疑的人。"

施密特用饼干敲了敲显示屏。画面里出现了一大群星系。他凑近夜班助理，说："胡安，这下你开眼界了。三个大椭圆星系——一个旋涡；又是三个椭圆——一个不规则。"更多的星系出现在画面中。"你看看，还没结束呢！"

胡安指着一个星系说："马尔滕，这个旋涡很奇怪。"

"对，一个棒旋星系。好极了。"马尔滕站起来，在数据室里踱了一会儿。他忽然转向屏幕，指着拥抱在一起的两个盘星系说："呵！它们在碰撞。"

"你听见这帮人嚷嚷了吗?"唐提高声音对电话说，"刚看见两个相互作用的星系经过。""四管猎枪"拍到了一对星系在公然作案，它们互相旋转，喷射出恒星。这场狂欢会持续一亿年之久。唐打完电话，几位天文学家默默地看着显示屏，这些星系的影像埋藏在回溯时间之中，话题大概就是这么被引向了时间旅行。唐问马尔滕："《星际迷航》有一集说的是柯克船长回到1930年代的纽约，你看过吗?"

"噢，是有黑帮的那一集吗?"马尔滕说，"我喜欢黑帮的那一集!"

"不，你说的是《分我一杯羹》①。柯克和斯波克降落在一个全都是芝加哥黑帮的星球上。"

"对!"马尔滕说，"一身黑帮打扮的斯波克!"

"对，他们叫他斯波科，"唐说，"不过我说的其实是《永恒边缘的城市》②。他们必须去调查时间扰动。柯克跑进一个甜甜圈。"

"啊——我怎么不记得了?"马尔滕回忆道。

"结果柯克回到了大萧条时期的纽约，"唐说，"碰到一个大美女——"

"对!"马尔滕说。

"琼·柯林斯!"

"对!"

"柯克爱上了她——谁会不爱她呢?但柯克发现她是和平主义运

---

① 《星际迷航》原初系列第2季第17集。——译者
② 《星际迷航》原初系列第1季第28集。——译者

动的领袖，打算阻止美国参加第二次世界大战。然后柯克发现她会被车撞死。他可以救她，但必须让她去死。"

吉姆·冈恩往后一靠，闭上眼睛。

晚些时候，唐·施耐德说："我觉得这部电影需要配乐。"

夜班助理表示赞同。胡安·卡拉斯科走到房间的另一头，打开立体声收录机。但他收到的不是音乐，而是新闻："金价今天跳升至每盎司 35 美元，交易陷入狂热。"

播音员开始播报本地新闻。他显然在念刚出炉的稿件，他继续道："圣地亚哥的一名男子今天被控——哦。嗯——性罪名。"

天文学家惊呆了。"胡安！这是什么玩意儿？"

"我也不知道。"

胡安转动旋钮，调到洛杉矶 KFAC 电台，小泽征尔指挥的维瓦尔第《四季》随即响起。《春》给流过屏幕的星系增添了一丝优雅，小提琴像鸟儿似的彼此呼应。斑驳的光点充满了屏幕，犹如风中的雪花。突然，至少两百个星系散落在屏幕上。一个不为人知的无名超星系团的核心从海尔望远镜的视野中疾驰而过。

乔治·埃勒里·海尔是一位研究太阳的天文学家，他为此发明了许多构思巧妙的机器。他还有从富豪那里榨取资金的天赋，他将资金用于建造望远镜。他的想象力极为强大，不但征服了自己，也征服了周围的所有人；他在讲演和文章中谈论口径更大的望远镜，把商人、政客和科学家拖进他对巨型玻璃镜的预言之中。首先建成的是 40 英寸口径的叶凯士望远镜，它位于威斯康星州的威廉姆斯湾，完工于 1897 年，这是一台用透镜聚集光线的折射式望远镜，资金由芝加哥实业家和股票增发专家查尔斯·叶凯士提供。它在当时是全世界口径最大的望远镜。海尔的下一台望远镜是 60 英寸口径的反射式望远镜，它完工于 1908 年，位于威尔逊山的顶上，俯瞰帕萨迪纳市。海尔的父亲为反射镜提供了资金，望远镜的其余部分由安德鲁·卡内基出资。接下来的一段时间内，它是全世界最大的望远镜。第三台是威尔逊山上的 100 英寸口径胡克望远镜，它同样曾是全世界最大的望远镜，资金主要由洛杉矶五金大王约翰·胡克提供。海尔成为威尔逊山天文台的台长，办公室位于帕萨迪纳的圣芭芭拉街。

为了建造他的望远镜，海尔付出的代价是神经官能症。他是新英格兰家族背景的受害者，在这种文化中，就像光无法分成一种波和一种粒子一样，精神疾病和肉体疾病也无法彼此分清。海尔戴着椭圆镜片的眼镜，散发出少年般的热诚活力，女性觉得他很有魅力。他喜欢沿着陡峭的之字形山路小跑数英里登上威尔逊山，能随口引用意大利诗歌。倘若被他烧得过热的想象力控制住了，海尔有个特别的习惯，会从身体中央向外僵硬地举起双臂，两眼凝视远方。他体型纤细，似乎永远动个不停，只有被捆在床上的时候除外，而这种时刻并不罕见。他受到剧烈头痛、虚脱、失眠、耳鸣、脚麻和消化不良的折磨，他还总是觉得自己的头脑在眩晕中失去控制。他在后来的人生里给这堆乱七八糟的症状起过许多名称。他称之为"美国病"，因为他认为美国人有一种天生的倾向，会让插上翅膀的野心逼疯自己。他也称之为"头昏症"。海尔四十二岁的一天夜里，他在卧室里坐着，忍受头昏症的发作，一个小人忽然在他面前显形。这是矮精灵的第一次出现。矮精灵给了海尔一些如何经营生活的建议。海尔接受建议，对矮精灵说谢谢，矮精灵随即消失。在接下来的几个月，矮精灵又开始出现，海尔终于担心起来。海尔会先听见某种耳鸣，那是矮精灵现身的前兆，然后矮精灵现身，提供一些建议。海尔自然不愿向亲友提到矮精灵，尽管矮精灵开始在白天跟着他活动。到了晚上，海尔会在噩梦的诅咒下满卧室乱转，按照他的一位朋友的说法："在他受到煎熬的半梦半醒状态中，他会尝试攀爬墙上的画框。"矮精灵有可能督促海尔向心理医生寻求帮助。总而言之，海尔每隔一段时间就会买一张前往东海岸的火车票，住进缅因州的一家疗养院，一住就是几个月。他在疗养院会锯开几十吨的木头劈成柴，从中寻求平静。他买了一辆三轮摩托，一天他骑着摩托穿过帕萨迪纳，看见两个骑着摩托的人。他朝他们喊道："来比一场？"然后把油门拧到头。这时他听见了警笛声——他没注意到那两个人是警察。他企图用头昏症为自己开脱，但警察逮捕了这位威尔逊山天文台的台长。1922 年，海尔的神经官能症变得极为严重，他的医生担心病情会发展到精神崩溃。他们说服他为了健康而出国旅行。他选择去埃及。

他带着妻子和孩子们乘一艘三角帆船逆尼罗河而上，来到卢克索不远处的陵墓谷，霍华德·卡特不久前刚刚开启图坦卡蒙的陵墓。海尔参观发掘现场，看着考古学家从墓室中一车接一车地推出金灿灿的宝物。图坦卡蒙是埃赫那吞法老的儿子，埃赫那吞法老曾试图在埃及全境建立对太阳神阿吞的崇拜。海尔的传记作者海伦·莱特在《探索宇宙的人》一书中写道，她认为目睹图坦卡蒙陵墓的景象在海尔心中激起了一些反应，这些反应与医生建议海尔出国旅行时的意图恰恰相反。死亡、永恒和尼罗河的阳光在海尔的大脑里发酵，到最后他只能坐在游艇的阴凉角落里，望着河岸边的黄色峭壁，在海尔眼中，按照他在一封信里的说法，这些峭壁"开满了门洞，它们通往被劫掠的陵墓"。过后不久，海尔辞去了威尔逊山天文台台长的职务。

海尔返回美国后，过上了在帕萨迪纳家中的半隐居生活，继续他对太阳的研究。他建立了一个私人的太阳研究实验室，所用土地曾经是亨利·亨廷顿庄园的一部分，他在建筑物里镶满了镜子。建筑物的大门用木料和石块雕成，拱门上刻着象形文字和阳光四射的图案，这个图案是从底比斯的一座陵墓中复制来的；建筑物有个地下室，海尔在那里将一束阳光引入仪器，这就是他希望度过余生的地方。但他无法把一块反射镜赶出他的脑海，自从第一次世界大战结束，他的想象力就围绕这块反射镜运转。海尔没有中止他和朋友及同事的来往，也没有切断他和威尔逊山天文台的联系。他接受了一个自相矛盾的头衔：荣誉台长，这代表着他的太阳研究实验室像是有某种力场，它发射出的能量束穿过整个帕萨迪纳市，照进圣芭芭拉街上的威尔逊山天文台总部。事实上，1930 年代初，海尔在天文台一直有着巨大的影响力。但反过来，海尔很可能也受到了矮精灵的影响。海尔的传记作者海伦·莱特从李兰德·亨尼卡特医生那里得知了矮精灵的存在，后者是海尔的朋友，他曾经怀着同情心听海尔描述他的矮精灵。莱特没有具体说明矮精灵究竟给了海尔什么样的建议，只说矮精灵"几乎成了他的福神"。猜测一下的话，矮精灵也许想到了一台 200 英寸口径的望远镜，因此 20 世纪最伟大科学仪器之一的兴建有可能部分出自矮精灵的建议。

海尔觉得他健康得足以面对接触人类所带来的严酷考验时，会在太阳研究实验室的图书室里接待访客。图书室里，海尔安稳地坐在扶手椅上，这把椅子连着书托和写字架，旁边的壁炉上有一幅阿吞驾驶战车冲进太阳的浅浮雕，他会用语言和文字描述一块巨大的反射镜，直到所有人都头昏脑涨。当时，威尔逊山上那台 100 英寸口径的胡克望远镜是全世界最大的天文望远镜。海尔指出，一块直径 200 英寸的反射镜的表面积是 100 英寸反射镜的 4 倍，集光能力也是 4 倍。1928年他在《哈泼斯杂志》上撰文写道："星光落在地球表面每 1 平方英里的土地上，我们目前能做到的顶多只是搜集落在直径 100 英寸的一小块区域内的光线，把它们集中起来。"这番话引起了洛克菲勒基金会理事会的共鸣，基金会咨询小约翰·D. 洛克菲勒后，决定向海尔提供资金，建造一台口径 200 英寸的天文望远镜。

海尔自然而然地希望资金能交给威尔逊山天文台使用，但威尔逊山天文台的资金来自安德鲁·卡内基捐资成立的华盛顿卡内基研究所。洛克菲勒基金会的理事们不愿意把洛克菲勒的钱给卡内基资助的天文台。由此而来的磋商险些害得海尔卧床不起，但他还是想方设法谈成了一个折中方案。洛克菲勒基金会向帕萨迪纳的加州理工学院提供 600 万美元，而海尔敦促加州理工和威尔逊山天文台签订协议，让双方合作建造和运营这台望远镜。

资金就位之后，海尔建立了多个委员会来规划这台望远镜的方案。威尔逊山天文台的天文学家约翰·安德森被任命为项目的执行官。他们测试了加州南部山区的多个地点，以确定天空是否足够黑暗、视宁度是否足够好。视宁度衡量的是大气中的湍流情况。通过大型望远镜观测，星辰会显得摆动和颤抖，我们在散热器周围也会见到类似的情形。糟糕的视宁度会导致星辰闪烁。海尔希望找到一座星辰能够不闪烁的山峰。1934 年春，海尔和安德森驾驶一辆皮尔斯箭头①旅行轿车，沿着蜿蜒的土路开上了帕洛玛山。（两年前，爱因斯坦第一次访问帕萨迪纳的时候，威尔逊山天文台为了用豪华轿车款待爱因斯坦，烧了一小笔钱购买这辆车。）海尔和安德森从这座绵长山脉的一头开到另一头，比较各个选址地点，最后选中了海拔5 600英尺处的一块蕨类草场。这片草场开车能到，又远离城市灯光，同时草场的地形使得它上方的气流变得平静，因此一年中有许多个夜晚能让星辰成为稳定的光点。这个选址还有水源，它紧邻朝向北方的一条溪谷，马贼泉从橡树下涓涓淌出，这些橡树早在艾萨克·牛顿出生前一个世纪就在那里生长了。露伊斯诺印第安人称此处为Poharup——落水之音。

设计望远镜的重大任务交给了约翰·安德森和一个由天文学家与工程师组成的委员会。他们测试和放弃了许多种望远镜装置的设计方案，最后终于选定了现在被称为轭与马蹄式装置的方案。望远镜的镜筒在一个叉状结构的两臂之间摆动，这个叉状结构状如音叉，被称为轭。镜筒自东向西跟踪群星时，音叉会围绕柄部自转，轭的双臂随之转动。镜筒的巨大重量压在轭上，因此轭的两端由一个巨大的马蹄形轴承提供支撑；轴承呈C字形，底部涂着一层飞马牌望远镜润滑油，可缓慢滑动。镜筒是由工字梁搭成的支架结构，长55英尺，由结构工程师马克·塞吕里耶设计。他的设计被称为塞吕里耶桁架。桁架会在应力下弯曲，就像桥梁一样。镜筒的两端都可自由下垂，最大形变为0.25英寸，但无论望远镜对准哪个方位，镜筒都能确保最重要的两块反射镜（直径16英尺的主反射镜和4英尺的副镜）彼此完全平行，误差不超过0.01英寸，从而把星辰固定在焦点上。马克·塞吕里耶告诉我："我接到了一个没人认为能实现的任务。我的满足感就

———————————

① 美国汽车制造商，1865年成立，1938年结束营业，以豪华轿车而闻名。——译者

来自这儿。"

1936年夏，工作人员在蕨类草场上用炸药和人工挖出了一圈地洞。加州理工的学生用双手和手推车清理洞里的石块。圆顶由委员会设计。圆顶的部分装饰派艺术细节可能出自艺术家、探险家和业余望远镜制作者拉塞尔·波特之手，但也可能同样是委员会的心血结晶。波特注意到圆顶的直径和高度与罗马万神殿相差不到2英尺。没有证据表明这是出于委员会的意图。

费城南部的西屋电气与制造公司铸造和加工了镜筒、轭和马蹄形轴承。工人威廉·拉德利在费城南部把最后一颗铆钉钉进了塞吕里耶桁架，包括阿尔伯特·爱因斯坦在内的显要亲临现场观礼。镜筒、轭和马蹄形轴承用铁链固定在一艘货轮的甲板上，经巴拿马运河送往加利福尼亚。这些组件被运到山上的圆顶内，在高级工程师拜伦·希尔的指挥下组装起来，拜伦·希尔后来成为天文台的设施主管。我在加州图奥勒米县一座山顶上的双倍大移动屋里找到了他和他健康欠佳的妻子。他每天上午在庭院里喂鸟和喝咖啡，不怎么花时间去赞赏自己为拓展人类视野做出的贡献。拜伦·希尔说："我每天都会变老一点点，所以我反对那么做。"在他担任天文台设施主管的那段时间里，天文学家有时候把帕洛玛山称为拜伦山。他们认为他是个狠角色；他喜欢穿皮夹克，戴飞行员墨镜。有一次，他把一位穿着百慕大短裤去吃饭的天文学家赶出了餐厅；他向我解释道："他的光腿惊吓了厨娘。"还有一次，一名夜班助理把皮卡停进了海尔圆顶，拜伦认为这东西不属于那儿。拜伦用铁链拴住皮卡，把它吊到圆顶顶上，悬在海尔望远镜的旁边。至于镜筒、轭和马蹄形轴承，他说："这些东西彼此搭配得极为优美。"

镜坯是在纽约康宁的康宁玻璃制造厂熔铸的。派热克斯玻璃大师乔治·麦考利领导了这项工作。麦考利为人沉默寡言。被问及他计划如何熔铸玻璃时，他说："除了所使用的方法有所不同，其实和制作装黄豆的罐子没什么区别。"这些方法中包括建造一个冰屋形状的炉子和在炉子里用状如华夫饼锅的模具熔铸一系列圆盘。麦考利从小圆盘开始，逐渐放大，一直到200英寸直径。第一次熔铸200英寸圆盘时，他的方法产出了一堆垃圾，因为模具组件断裂脱落，悬浮在炽热的派热克斯玻璃液体中。被问及他计划接下来怎么做时，麦考利没好气地说："再做个新的圆盘呗。"1934年12月2日，麦考利的人马往另一个状如华夫饼锅的模具里倾倒了四十桶左右白热的液态派热克斯玻璃。液态玻璃非常黏稠，从桶里一团团地慢慢流淌出来，就像经过冷藏的蜂蜜。麦考利把熔化的玻璃在炉子里放了十个月，逐步降温冷却，让玻璃退火。

麦考利打开冷却的炉子时，发现他成功地制造出全世界最大的一整块玻璃。它形状像甜甜圈，中心有个孔。康宁的工程师们把圆盘装在金属外壳里，然后把它直立在平板车厢上，用蒸汽车头牵引到加利福尼亚。火车花了两个多星期横穿美国，速度经常降至每小时5英里。由于正值大萧条时期，每次火车停下，武装警卫就要钻进车底，寻找企图躲在圆盘底下搭顺风车的流浪汉。人群挤得人山人海。印第安纳波利斯聚集了一万人观看火车的经过。海尔和安德森担心有人会朝圆盘开枪，因此认为有必要用钢板保护圆盘。万一子弹打碎了玻璃，海尔肯定会伤心而死。列车到夜里会停在侧线上，用水银灯照明，有荷枪实弹的警卫巡逻，警卫接到的命令是不允许任何人进入射程之内。火车驶过圣路易斯、堪萨斯城、克洛维斯、尼德尔斯和圣贝纳迪诺，于1936年4月10日耶稣受难日在人群的见证下抵达帕萨迪纳。玻璃圆盘被卸下，送入加州理工的光学加工车间。帕萨迪纳的一份报纸称："自从安布勒的饲料厂被烧毁以来，还从没有过这么激动人心的场面。"

这份刺激大得超过了乔治·埃勒里·海尔的承受能力。他的身体和心灵都过于虚弱，无法去观看他定制的玻璃运抵帕萨迪纳的盛况，他从外部世界退隐，头昏症压倒了他。他躲在太阳研究实验室的地下密室里观测太阳，和他的仪器一起度过了人生中的最后几年。日复一日，定日镜（追踪太阳的仪器）在屋子顶上缓缓转动，把一束阳光送进地下室，海尔通过直径仅有 2 毫米的目镜注视日珥围绕氢元素构成的火球起起落落，这个火球与世界同寿，但每一分钟都有变化。他的子孙会去探望他，听他讲故事，矮精灵或许也在听。他通过与几个朋友之间的长信来往，与帕洛玛项目保持联系。1938 年，在帕萨迪纳的拉斯恩西纳斯疗养院，他对女儿玛格丽特·海尔说："今天天气真好。阳光普照，他们在帕洛玛施工。"几天后，他去世了。自从他选定蕨类草场的那天之后，海尔就再也没有回过帕洛玛山。他一直没能见到他最伟大的那台望远镜。

加州理工的首席光学技师马库斯·布朗领导了镜面打磨工作。布朗雇用了二十一名无业人员（大多数是在路边直接招募的）来操作抛光机。布朗的手下穿白色工作服和白色运动鞋，这些衣物不能离开车间。玻璃圆盘放置在一个转台上。转台转动时，一条机械臂将可旋转的环形抛光工具压在玻璃上；机械臂以不同角度在玻璃表面上移动工具，绘制出彼此重叠的循环轨迹，也就是所谓的李萨如曲线[①]。

春天的一个下午，我驱车驶入帕萨迪纳附近的维尔杜戈山，沿着一条没有标记的泥土路向前走，最后找到了一座阳光充足的屋子，梅尔文·约翰逊就住在这儿，据我所知，在曾经参与打磨 200 英寸反射镜的光学大师里，还在世的只剩下他了。我们坐下喝咖啡，约翰逊说他很久没和人聊那块反射镜了，所以他也许会有点找不到合适的字

---

① 由两个沿着互相垂直方向的正弦振动的合成的轨迹。——译者

眼，但很快，话题就转向在中央开孔的巨型派热克斯玻璃圆盘上绘出的李萨如曲线。光学技师们在开始抛光圆盘前，先把一个用派热克斯玻璃制作的栓子插进圆孔。抛光工具上涂着一层黑色树脂，树脂摩擦玻璃，让表面变得光滑。梅尔文·约翰逊说，树脂的配方时常改变，在锅里煮树脂的方法算是一门真正的黑色艺术。他说："我们测试过各种各样的混合物。我扔掉的配方能装满一个垃圾箱。"他说，树脂里含有亚拉巴马松树的琥珀松香、松焦油和蜂蜡。为了得到在玻璃上更平滑的抛光效果，光学技师们测试过在树脂里掺石蜡、汽车机油和用核桃壳磨成的粉末——约翰逊说："它很像面粉。"光学技师每隔几分钟就要在玻璃表面浇一次由水和金刚砂混合成的泥浆。他们用的金刚砂目数越来越小，最后改用磨红宝石用的红铁粉。到1941年，他们磨掉了5.25吨玻璃，耗费的磨料和红铁粉共计34吨，把派热克斯玻璃圆盘的表面打磨成了凹球面。接下来，他们要把凹面进一步向下磨成抛物面。抛物面是个能把光线聚焦到一个点的碟形。为了让镜面变成抛物面，他们要磨掉的那层玻璃的厚度只有人类头发直径的一半。这部分工作还需要八年的抛光，但由于第二次世界大战，加州理工中断了这台望远镜的制造。

光学技师担心他们的机器会把金属锉屑掉在玻璃上。卡在抛光工具和镜面之间的一粒金属物或砂子会在玻璃上划出一道螺旋形的痕迹，导致整个项目延迟六个月甚至数年。他们用吸尘器和电磁铁清扫整个车间，然后在显微镜下查看收集到的粉尘，将颗粒物分类保存在一个个信封里。要是发现无法识别的颗粒物，他们就会停下所有机器，直到查清这个颗粒物的源头。抛光工作行将结束时，光学技师花在测试玻璃上的时间超过了打磨的时间，因为他们担心某些地方（尤其是靠近镜面外沿之处）有可能会磨得太深，要是发生这种情况，他们就不可能把光学表面修复回原状了。他们的测试仪器非常灵敏，光学技师把一只手在玻璃上放一分钟，焙热玻璃后拿开，仪器能看见玻璃上有一个手形的隆起。通过测试仪器观察玻璃之前，他们必须关闭所有排风扇并禁止人们在车间里走动。梅尔文·约翰逊说："因为车间里的气流会让空气变得像是烟幕。"他记得他见过玻璃表面如波浪般颤动，就好像玻璃不肯平静下来，仿佛有生命似的轻轻搏动。那些波浪让光学技师感到大惑不解，直到他们意识到加利福尼亚大道就在光学车间不远处，而镜面捕捉到了车流产生的谐振。在那以后，光学技师把精密测试的时间安排在星期六的清晨。

　　玻璃表面的抛物面程度达到足可接受之后，光学技师取出玻璃中央孔洞里的栓子。1947 年 11 月，他们把玻璃安装在钢制镜室里（它再也没有离开过这个镜室），然后放进箱子，用平板卡车运上帕洛玛山。望远镜上部结构的存在是为了方便镜片移动，能够让镜筒指向天空中的一个点。而镜片的存在仅仅是为了在完美的抛物面上铺展 5 克反射率极高的金属铝，用来聚焦星光射入照相机。物理学家约翰·斯特朗发明了一种在玻璃表面上沉积金属铝的技术。斯特朗把诀窍教给了加州理工的光学技师，然后就去做他的事情了。他后来写过一本物理学教科书。我在加州理工打听约翰·斯特朗的时候，人们貌似以为他已经去世了。我把电话打到美国各地，结果发现约翰·斯特朗就在马萨诸塞州的阿姆赫斯特，不但没去世，而且还在编写那本教科书的新版本。斯特朗在电话里说："我再也没见过那面反射镜。"他向我解释说，为了让铝原子附着在玻璃上，首先必须彻底清洁玻璃，因为他知道人皮肤上的油脂会不可避免地通过光学技师的手沾在玻璃上，导致铝镀膜起皱剥落。斯特朗尝试用各种化学溶剂清洗天文仪器中的镜片，但似乎任何溶剂都无法洗掉皮肤上的油脂。还好斯特朗发现了 Wildroot 发乳。他说："我从没在自己的头发上用过这玩意儿，但它属于你耳熟能详的那种东西。"他把白垩粉末和发乳的混合物在直径

200英寸的镜面上擦了一遍，光学技师们看得心惊肉跳。斯特朗告诉他们："为了擦干净镜面，你必须先把镜面弄得足够脏。"他用一块块毛毡擦掉混合物，在玻璃表面上留下一层分子级的发乳膜。接下来，他把镜片放进真空室，用红热的电极烘烤镜面，将发乳连同指纹一起烧掉，最终得到了完全洁净的镜片。斯特朗向我解释道："Wildroot发乳是个小小的黑魔法，它含有秘鲁羊毛脂。"趁着镜片还在真空室的时候，斯特朗在真空室里加热铝丝，汽化后的铝像露水一样凝结在玻璃表面上。

光学技师打开真空室，玻璃已经变成了反射镜。1947年圣诞节前的三个晚上，一群天文学家和工程师聚集在圆顶里等待初光。他们把镜室推到望远镜底部，用液压千斤顶举起反射镜，插进望远镜的镜体。拜伦·希尔的工人开始拧紧反射镜四周的一圈螺栓。

砰的一声和可怖的尖啸声在圆顶内回荡，听上去像是有人用棍子打死了一头猪——要是没有听错，那肯定是一道裂缝在直径16英尺的派热克斯玻璃中扩散的怪声。许多双眼睛转向约翰·安德森，他有心脏病，等待这一刻已经二十年了。一阵死寂，安德森没有倒下，一名工人说："有人见过一个价值100万美元的螺栓折断吗？"螺栓其实没有折断，只是裂开了。几分钟后，约翰·安德森坐进一把升降椅，升降椅把他抬到15英尺的半空中，让他望进安装在"大眼睛"底部的目镜。他默默地注视了一会儿银河系。他下来之后，有人问他："你看见了什么？"

"哦，一些星星。"他答道。

天文学家和工程师轮流坐上升降椅，来到目镜前观看。轮到拜伦·希尔的时候，他回忆道："我这辈子从没见过这么多星星。就像鱼池里的花粉。"他说，那景象"让我感觉好极了"。

他们都知道还有许多微调和打磨工作要完成。大型望远镜的初光仅仅是调整过程的开始，这个过程有可能要持续好几年。玻璃尽管很脆，但其实是一种超冷却的液体。玻璃的物理属性类似于果冻。玻璃会振动、颤动、抖动。一大块镜面以不同角度摆放时，它会弯曲和垂落。海尔望远镜的反射镜具有弹性，你用大拇指使劲按住反射镜，就会发现群星已经失焦。

在今天的大型望远镜里，电脑控制的压力垫会向反射镜施加推力和扭力，以确保镜片保持形状。海尔第一次提出建造直径 200 英寸的反射镜时，意识到现有技术恐怕难以在支撑一整块玻璃的同时，确保 209 平方英尺表面积上的容许误差不超过百万分之四英寸。他决定寄希望于未来可能会出现的新科技。1930 年代初，一个工程团队设计并建造了三十六台镜面支承机器，用铅块作为负重。玻璃圆盘运抵加州理工光学车间时，这些机器被插进圆盘背面的开口。一位名叫布鲁斯·鲁尔的工程师随后测量玻璃，寻找沉降的迹象，发现玻璃的表现类似于未固化的乳胶——假如光学技师倾斜镜面，玻璃会向下弯曲，而且在相当长的时间内无法恢复原状。镜面支承机器无法补偿玻璃的沉降。1948 年夏，初光后的六个月，布鲁斯·鲁尔从玻璃的开口中取出这些机器，重新制造了一批新的机器。鲁尔的三十六台镜面支承机器通过杠杆和铅锤被动发挥作用。杠杆本身几乎不动，但能够向整块玻璃镜面施加三维应力，在一些地方，应力高达 1 200 磅。

布鲁斯·鲁尔是个高大的白发男人，他戴着厚厚的眼镜，声音柔和，说话慢条斯理，加州理工的校园内普遍认为他是天才，在加州理工这么一个地方，天才通常不会彼此互称天才，因此你很难得到这样的称号。一天，我前往布鲁斯·鲁尔在帕萨迪纳的家中拜访他。鲁尔说："我不会说它们是机器，而是称之为复合支撑单元。"每个单元都像一个插在玻璃里的活塞，里面有数不清的零件。鲁尔说："要我说，一个单元里的零件数在六百到一千之间是个合理的估计。"镜面支承单元有三十六个，因此支撑海尔反射镜的是多达三万六千个金属构件，其中大多数都能移动，尽管可移动的范围非常微小。现在你明白人们为什么认为布鲁斯·鲁尔是天才了吧。鲁尔说："这个估计取决于你想怎么计算零件数。要是你把滚珠轴承里的所有小部件都算进去，数字还会更大。"支承单元事实上是一种机械式的计算机。它们对镜体内的力做出反应，采取相应的纠正措施。鲁尔说："我绝对不会推荐再使用这样的系统。"加州理工的几乎每个人都懂电子计算机，但没人懂机械计算机，因此没人胆敢乱动布鲁斯·鲁尔的支承单元。从1948年到现在，他们只尝试过一次给它们上润滑油，而且不怎么成功。单元上的铅锤是可调整的，但没人愿意去调整。每年会有一两次，一位工程师绕着望远镜底部的观测笼转圈，把手伸进镜室内。他会依次抓住那些铅锤晃动，给一个支承单元活动筋骨的机会；但加州理工的校园里普遍认为，要是有人妄图拆开鲁尔的支承单元，看看里面究竟是什么构造，就会害得自己被炒鱿鱼。鲁尔并不担心他的单元。他说："我们不会给你九十天的质量保证。我们是终生质保的。"

近些年来，显示屏上的星星偶尔会变成一个个空心三角形，那是因为支承单元卡住了。天文学家会去找胡安·卡拉斯科，说："反射镜需要活动一下了。"胡安会快速转动望远镜，从地平线到地平线，从北到南，从东到西，直到星星重新变成光点。维护海尔望远镜的工程师的噩梦就是某天晚上星星变成三角形，胡安活动反射镜，而三角形变得越来越大。在这种情况下，工程师会去加州理工的档案馆搜寻鲁尔支承单元的蓝图缩微胶卷，但没有一个加州理工人敢说他能理解蓝图。1948年夏设计支承单元的时候，布鲁斯·鲁尔喜欢去海边度周末，他会躺在沙滩上，听着海浪声，在脑海中想象形状——杠杆、活塞、起伏变形的玻璃。他说："我能让三十个制图员的队伍忙个不停。"

差不多就在反射镜装进望远镜的时候，首席光学技师马库斯·布朗退休了。天文学家艾拉·鲍恩被任命为天文台的台长，鲍恩亲自指挥反射镜的最终修磨工作。1949年春，光学技师剥掉镜面上的铝镀膜，用小型抛光工具继续打磨镜片。光学技师唐·亨德里克斯在艾拉·鲍恩的注视下完成了大部分抛光工作，协助亨德里克斯的是梅尔文·约翰逊。他们先把反射镜装进望远镜，鲍恩观测一颗亮星——亮度足以让裸露的玻璃表面反射成像——然后测量这颗亮星，而亨德里克斯或约翰逊用油性笔在玻璃上画出有缺陷的区域。这么一次测量需要一到三个夜晚才能完成。最后在天亮时，他们从望远镜里取出反射镜，把它放在一个支架上。亨德里克斯和约翰逊会用抛光工具打磨镜面上的一两个点。亨德里克斯最喜欢的工具是个表面涂有黑色树脂的铝制圆盘，尺寸和一块薄荷巧克力饼干差不多。有时候他们会用一块软木。最小的缺陷区域只有一两英寸见方，用油性笔圈出来。为了抛光这些区域，梅尔文·约翰逊会用水彩画笔蘸用水调开的巴林士粉①，把巴林士粉涂在这块区域上，然后用大拇指摩擦那里。他说："你的大拇指上没有锋利的边缘，大拇指能自然而然地滑进要抛光的区域。"约翰逊喜欢使用大拇指，这是因为他能感觉到玻璃的温度在他摩擦时的变化。每抹一下能除去两亿分之一英寸的玻璃，但摩擦产生的热量导致的玻璃变形会超过这个数字。他们会在这儿抛光一下，在那儿抛光一下，直到感觉玻璃已经膨胀。然后他们必须让直径200英寸的一整块玻璃在当天剩下的所有时间里冷却，等膨胀消除后才能知道他们究竟做得怎么样。他们需要把反射镜装进望远镜，然后试着对准一颗亮星。这个过程持续了1949年的整个夏天和秋天。约翰逊说："我们想要的就是一个紧密的光点。"到最后，他们把镜面打磨得无比精确。假如将海尔望远镜的反射镜扩大到美国那么大，上面最高

---

① 一种稀土氧化物抛光粉。——译者

的山丘也不会高于 4 英寸。玻璃中的气泡在镜面上留下了坑洞，光学技师用树脂堵住了它们。

鲍恩的最终测试显示镜面有散光问题——反射镜略有一点弯曲。光学技师可以再抛光三年，但他们用一个自制装置解决了问题。他们在 1 毛钱商店买了四个渔夫挂渔网用的重锤，然后把它们挂在反射镜的背面，每一个重锤都通过弹簧向镜体施加了 7 盎司左右的牵引力，刚好足够把镜面打开百万分之几英寸，从而抵消了弯曲。1981 年，加州理工的一名工程师打扫镜室背后的犄角旮旯，困惑于那儿为什么挂着四个渔夫用的重锤，于是取了下来。天文学家抱怨说望远镜无法对焦，四个重锤立刻重新被挂回原处。

以打磨天文望远镜镜片为生的人有个说法：镜片是永远磨不完的，你必须把它从光学技师的手上抢走。直到 1949 年秋，亨德里克斯和约翰逊还在用树脂、软木和大拇指琢磨镜片。他们总是对天文学家说："再给我们一个星期。"他们的态度引发了一场激烈的闭门会议，因为天文学家急于开始使用这台望远镜。拜伦·希尔说："艾拉·鲍恩就像是给了所有天文学家当面一拳。"梅尔文·约翰逊说，就他而言，他本来可以开开心心地再和镜片共度两年时光。天文学家们开始发狂。鲍恩又给他们当面一拳，他们像野狗似的冲回来和他理论。鲍恩只得让步。他从亨德里克斯和约翰逊手上抢走了反射镜——直接宣布镜片已经打磨完毕。他命令亨德里克斯给镜片镀膜，然后装进望远镜。1949 年 11 月，海尔望远镜投入正常使用。

乔治·埃勒里·海尔永远也不会知道他的望远镜将被命名为海尔望远镜，因为直到海尔去世后十多年的 1948 年 6 月 3 日，这台仪器才在圆顶内举行的一场纪念仪式上得到命名。加州理工校董会主席詹姆斯·R. 佩吉在纪念仪式上致辞开场，他说："这台望远镜是一个最优秀的人拖长的身影。"不知道矮精灵听到这句评述会有什么看法。

仪式上，布鲁斯·鲁尔操纵望远镜在观礼人群的头顶上来回摇动，他向上帝祈祷，希望望远镜别把螺母或润滑油甩到人群头上。

每隔六个月，帕洛玛天文台的工程师就会从望远镜中取出反射镜，用天然海绵和宝洁公司的 Orvus 肥皂清洗，后者其实就是不加香料的象牙牌香皂①。每年一次，工程师会剥掉反射镜上的铝镀膜。天文台的现任设施主管是罗伯特·希克斯滕，他是个矮壮的男人，留着小胡子。铝镀膜剥掉后，希克斯滕会站在镜片中央洞口里的一个小平台上，仔细检查裸露的镜片。希克斯滕说，玻璃镜片让他想起宝石。乔治·麦考利熔铸的派热克斯玻璃里蕴含着宝石般的光彩，会随不同的光照而改变颜色。镜片有时候呈现出黄玉色，有时候是淡绿色，有时候是枫糖浆般的琥珀色。在明亮的光线下，环绕镜片中央的圆孔会显出一圈炫目的蓝色光晕，就好像镜片有个蓝色的瞳仁，那是派热克斯玻璃中的未知杂质造成的。从上方望去，镜片底部的华夫饼结构清晰可见——三角形和六边形织成的罗网使得镜片产生了令人恐惧的昆虫复眼效果。对着光线看，你会发现玻璃中有一些黑色物质，那是耐火砖的碎片从炉膛中剥落，掉进了熔融物。银色的气泡在玻璃内闪闪发亮，玻璃中凝固了液体的褶皱、漩涡和条痕，有一道条痕突出玻璃表面，形成蛛网般的裂纹。裂纹中能看见一团团珠宝商用的红铁粉，它们一直深入镜片内部。为了阻止裂纹向整块玻璃扩散，光学技师在裂纹的两端钻出小孔，然后用树脂填满小孔。在这块直径 200 英寸的反射镜上，最巧妙的人类工艺勉强驾驭住了大自然的肆意湍流，这块镜面用于收集光线，介于大地和天空之间，曾经是一个脆弱的梦想家的迷离幻梦，近乎于寂寂无名的许多工匠把它变成了实物。检查结束后，鲍勃·希克斯滕和他的工程师用溶剂清洁镜片，放进真空室，然

① Ivory Soap，宝洁公司的奠基产品。——译者

后蒸镀上一层铝膜，把它重新变成反射镜。希克斯滕选择不再用Wildroot发乳擦拭镜面。他认为："那真的是黑魔法。"

参与建造海尔望远镜的人差不多都已经离世。1959年，约翰·安德森死于心脏病发作。乔治·麦考利、拉塞尔·波特、马库斯·布朗、艾拉·鲍恩和唐·亨德里克斯都去世了。多年以来，乔治·埃勒里·海尔在威尔逊山天文台和加州理工之间商定的合作变得越来越微妙、一本正经和拘泥细节，最终在一场激烈的争论中爆发——这种事经常围绕着望远镜发生。1979年，加州理工得到了帕洛玛山上所有天文望远镜的行政和财政管理权，海尔望远镜也包括在内。海尔望远镜顺利渡过分家这个难关。它建造得异常完美，似乎在按照自己的固执意愿运行，超越了人类的脆弱本质，然而鲍勃·希克斯滕认为，假如它发生了难以预料的重大故障，全世界大概只有六个人知道（更确切地说，有可能知道）该怎么修理。夏天的晚上，希克斯滕会站在圆顶的鹰架上，听着"大眼睛"在夜间发出的种种声响，问自己它的传动装置哼唱的音符有没有跑调。希克斯滕曾经这么对我说："我们知道有些东西是不是在正常运转，但我们担心的是，我们不知道它们是怎么运转的。""大眼睛"的寿命已经超过了它的建造者。

海尔望远镜的建造者为它装配了许多面比较小的反射镜，把光线从主反射镜折射到各个观测站去。其中一个观测站是位于望远镜顶部的主焦笼。观测者可以坐在主焦点上，通过目镜直视主反射镜，他见到的是深度空间的倒影。思考该如何举例说明海尔望远镜的威力时，我想到了唐·施耐德讲给我的一个故事。一天晚上，他在主焦笼里工作，临近黎明时，有几分钟剩余时间供他随意支配。他从没通过"大眼睛"看过金星。他在内线电话里对胡安·卡拉斯科说："帮我对准金星。"胡安向着下方和东方快转望远镜，把镜筒对准金星所在的地平线，主焦笼随之倾斜。胡安说："有了。现在你看见的是 200 英寸的金星。"唐低头去看目镜。他的眼睛只感到刺痛。他连忙缩回脑袋，一道铅笔粗细的白光射出了目镜。这道光太亮了，不可能直视，他不禁想起了电影放映机的光束。金星的光落在 209 平方英尺的反射镜上，被凝聚后照进目镜，得到的结果就是这个。他能看见尘埃在启明星的光线中翩翩起舞。

乔治·埃勒里·海尔最伟大的望远镜是一台时间机器。它重新展现了过去的时间。太阳射出的光需要八分钟才能抵达地球，因此太阳的回溯时间是八分钟。来自金星的光子需要两到十四分钟抵达地球，具体时长取决于金星在其公转轨道上与地球的相对位置。土星距地球 1 光时。半人马座 α①，除太阳外离我们最近的恒星，目前与地球的距离约为 4 光年 3 光月。（比邻星在运动，有朝一日它会跑得离我们很远，因为恒星都是银河系中的孤独旅者。）另外还有几十颗恒星目前正在太阳附近漂流，它们的名字千奇百怪：印第安座 ε 星、天仓五、克鲁格 60、卡普坦星和南河三。还有一些遥远的巨星——参宿七、毕宿五、参宿四、心宿二——它们都位于数百光年以外。银河系中的光雾是由恒星的图像组成的，这些图像来自回溯时间的数千年之前，因为那些恒星与地球的平均距离是数千光年。银河看上去像是一道环绕天空的光带，那是因为银河系是个旋涡星系，形状类似于圆盘，而我们是在银盘之内向外看。旋涡星系是一团旋转的物质云，其中包含了大量气体和尘埃，另外还有质量巨大的名叫暗物质的东西，天文学家承认他们对暗物质几乎一无所知，除此之外就是大约一千亿颗恒星了。一千亿这样的数字很难想象。假如你把这么多张 10 块钱的钞票一头连一头地排起来，得到的钞票队伍能环绕地球八圈，然后

---

① 即南门二，是个三合星系统，其中最亮的一颗是比邻星。——译者

从地球排到月球，再回到地球，再排到月球。（咱们需要选几个天文学家进入国会。）2平方英里的麦田差不多能结出一千亿粒小麦。一个星系里的一颗恒星就相当于堪萨斯州一个农场里的一粒小麦。

假设太阳只有 i 字母上的点那么大。根据这个比例缩小，地球和一个单细胞微生物差不多大，距离太阳大约 2 英寸。按等比例缩小，我们的近邻恒星半人马座 α 将位于 9 英里之外，而银河系的核心会在大约 5 万英里开外。就算地球有个三长两短，也不会有谁想念它。人类可有可无。地球亦然。银河系里的一千亿颗恒星，包括太阳在内，都在围绕银河系核心旋转，就像地球围绕太阳旋转一样。太阳和地球需要两亿五千万年才能绕银河系核心转一圈，这段时间被称为一个银河年。太阳和地球已经存在了大约十八银河年，从形成以来已经在银河系里转了大约十八圈。位于我们银河系旋转中心的是某种质量极大、密度极高的天体，它在发射无线电波。我们现在收到的银核无线电信号大约于公元前 23000 年启程飞向我们，当时旧石器时代的猎人还在比利牛斯山脉的洞穴岩壁上画手印呢。

离银河系不远处的宇宙中悬浮着其他星系：大小麦哲伦云、天龙座矮星系、天炉座矮星系、仙女座星系、风车星系、涡状星系、半人马座 A 星系、阔边帽星系、兹威基触须、史蒂芬五重星系。我们的近邻仙女座星系是个旋涡星系，距银河系大约 200 万光年。把银河系缩小到 1 毛钱那么大，仙女座星系就是大约 2 英尺外的另一枚硬币。某些我们尚不完全理解的神秘力量使得星系演化成各种奇特形状：中央是短棒的旋涡、圆球、橄榄球、圆环、拖着鼠尾的绒球、光滑的薄盘、混乱的团块。星系喜欢呼朋唤友，喜欢纠集成团。本星系群这么一个小团体里有十几个星系，其中以大小麦哲伦云这样的矮星系为主。一个所谓的贫星系团会包含一百个左右的星系。一个富星系团则会有几千个星系簇拥在一起。

超星系团是宇宙中可清晰辨识的最宏观结构。超星系团就像星系的超级大都市，包含着几十个富星系团和千千万万不计其数的星系，它们或者聚集成旋涡，或者单独漂流。不属于任何星系团的星系被称为场星系（field galaxy），这个术语会让我们想到野花点缀草原的情形。典型的超星系团拥有某种特定的形状；有人说是拉长的一团，就像红薯那样；也有人说是弯曲的一片，就像气泡的一部分（天文学家为此吵得不亦乐乎）。总而言之，超星系团是如烟云般聚集在一起的许多星系，包裹着巨大的空洞，或者一个个气泡，里面似乎是真空。

我们这个本超星系团中星系最稠密的区域位于室女座方向。那些星系与银河系的距离可能有 3 000 万光年，也可能有 6 000 万光年。天空中还有一些离我们比较近的超星系团：长蛇座-人马座超星系团、英仙座超星系团。孔雀-印第安超星系团含有数十万个星系，如尘埃般洒在南方的天空中。望远镜继续望向远处，超星系团的领域延伸进入从未被探索过的时间荒漠。可观测宇宙中大约有一百万个超星系团。不过这个数字并不可靠。宇宙中可能有一百亿个可观测的星系，也可能有一千亿个——没人知道确切数字。

随着望远镜望向时间的深处（或者空间的远处），星系变得越来越小和越来越暗。地球大气在夜间会微弱发光，这种名叫"气辉"（airglow）的现象会淹没最暗的那些星系。望远镜探索五十亿年的回溯时间时，只能侦测到最明亮的星系，它们都是巨大的椭圆星系，因为类似于银河系的旋涡星系过于黯淡，即便使用最好的设备，也无法在这么远的距离观测到。在极远的距离上，望远镜仅仅能分辨出最明亮的灯塔：类星体。望远镜在宇宙距离上能看见的唯一一类发光天体就是类星体，它们在最遥远的可见星系之间闪耀，但比这些星系还要遥远得多；而红移极高的那些类星体大概是海尔望远镜能够观测到的最遥远的天体。

3月的那三个夜晚，他们开始了对类星体的扫描。马尔滕·施密特不喜欢猜测宇宙为天文学家隐藏了怎样的惊喜，他无从想象这次扫描将在已知宇宙的边缘揭示出什么奥秘。视频显示器上充满了星系，不停滚动的星系让数据室显得像是太空飞船的舰桥。我们肯定在以15倍曲速疾驰——除非"四管猎枪"失灵，屏幕上充满了刺眼的条纹，飞船只能屈尊使用辅助脉冲动力，而吉姆·冈恩和唐·施耐德会朝着"四管猎枪"骂脏话，狂敲键盘，马尔滕·施密特在一旁用口哨吹巴赫。"四管猎枪"正常运转的时候，天文学家喜欢讨论正在掠过屏幕的天体。

唐·施耐德点着主显示屏说："马尔滕，你看这个。几个星系排成一条直线。"

"看着像项链。"马尔滕干巴巴地评论道。

"我的天，"唐说，"还有更多的星系。肯定是个超星系团。有很多小破玩意儿从屏幕上过去。"他所谓的"小破玩意儿"其实都是和银河系尺寸相仿的星系，但隔着这么遥远的距离，它们仅仅是屏幕上的几个小斑点，就像落在池塘里的一片片树叶。

我提出心中的疑问，我们看见的这些星系有没有被命名过？

吉姆·冈恩说："绝对没有。"

"有人曾经做过编目或分类吗？"

"不，事实上，真的没有。"他说。

"以前的天文学家从没见过它们？"

"我看是的，"吉姆掏出手帕擤鼻子，"马尔滕，这些星系有没有在以前的任何一张照片底片上出现过？"

马尔滕拿着一块趣多多，思考这个问题。"我猜没有过——詹姆斯，怎么了？"

"我们走得相当深了。"

"对，除了比较明亮的那些，这些星系大多数都太暗了，不可能在巡天底片中出现。"

"觉得有点匪夷所思，对吧？"吉姆评论道。他转向夜班助理。"真是令人兴奋的一夜。"

"对，没错，"胡安说，"一切都运行正常。"

吉姆大笑："千万别这么说！"

数据室里的音响此刻在播放贝多芬。尽管马尔滕·施密特并不完全反对贝多芬，但他还是记挂着巴赫的三百年诞辰就快到了。他走向音响，说："打断一下，看看有没有电台在播巴赫。"他调到一个台，听见鼓钹喧天，女高音正在哀嚎。"这可不是巴赫。"他继续调台。人声突然响起。施密特调大音量。他找到一个电台正在播巴赫的康塔塔——这个电台当晚只播放巴赫。施密特说："明天就是他的诞辰了，我敢打赌，肯定能找到正在播放他的电台。"施密特又调了一会儿，B小调弥撒忽然响起："Gloria, Gloria in excelsis Deo..."

胡安凑近唐，问他："今晚的观测你觉得怎么样？"

唐认为尽管雾度偏高，但整体而言还不错。

项目负责人也这么认为。他用大拇指和食指拈着一块趣多多，指挥B小调弥撒，人声齐唱："Et in terra pax hominibus /Bonae voluntatis..."

"快看——吉姆！有个奇怪的！"胡安·卡拉斯科叫道。

吉姆·冈恩坐在椅子上凑近，盯着一个巨大而明亮的星系。他说："那个星系有翘曲吗？"

马尔滕·施密特坐下，摘掉眼镜，眯着眼睛看他们说的星系。它弯曲得像一顶被压扁和扭转的帽子。马尔滕在桌上摸索，直到抓起一把塑料尺。他拿着尺子去比正在飘过屏幕的星系。他说："哎呀，对，对——啊哈，詹姆斯——确实像个翘曲星系。"

"反正肯定不对称。"吉姆说。

"天，真是个可爱的星系！"马尔滕说。

"多么美妙啊，"吉姆说，"一个人可以花上一辈子研究那东西。奇特的东西……"他的声音小了下去，拿起一罐柠檬酸橙苏打水喝了一口。

"要不要给它拍张照片？"胡安问。

"要，快拍！"吉姆说。

胡安抓起架子上的宝丽来相机，对准显示器，拍摄那个翘曲星系。他从相机里抽出照片，看着它逐渐显影。一个似乎被撕扯过的扭曲星系出现在相纸上。这团光斑遭遇过意外。有可能是一团质量极大的暗物质云落进了星系，也有可能它在过近的距离内与另一个星系擦身而过。无论原因是什么，总之有几百亿颗恒星被吸出了环绕星系中心的正常轨道，因此使得星系像被撞弯的自行车轮那样变得扭曲。胡安微笑。这个星系很可能从未被人类的眼睛见到过，下次再被见到很可能要再过很长一段时间。"真美，詹姆斯·E. 冈恩教授。你成就了我的这个夜晚。"他把相机对准另一个星系。咔嚓。呜呜。"一个无名星系的肖像"。呜呜。"一个星系的静物像""浪子星系的回头""星系的永恒""星夜"。他的控制台上很快就积累了一堆宝丽来照片。他把照片推给我："送给你好了，我的已经太多了。"

项目负责人没那么容易满足。马尔滕·施密特一次次走上环绕圆顶的鹰架。他声称他担心天气，但我注意到，天气越好，马尔滕·施密特就越喜欢上鹰架，待的时间也越长。我问吉姆·冈恩这是怎么一回事。冈恩说："马尔滕喜欢让眼睛适应黑暗。"我猜这是一种委婉的说法，意思是施密特有盯着星星看的怪习。我问施密特是不是这样，他小心翼翼地选择措辞："事实上，我并不觉得去鹰架上散步能够镇静身心，而是与白天的压力形成了一种奇妙的对比。"只要找到一点借口，他就会穿上派克大衣，溜出数据室。从海尔望远镜底下走过时，他会用手指盖住手电筒，因为圆顶内必须保持彻底黑暗，否则"四管猎枪"的感应器就会出问题。他会找到一组楼梯，爬上去，扳动杠杆，打开通向鹰架和夜空的铁门。他会关掉手电筒，站在黑暗中。然后他会沿着鹰架慢慢向前走，"逆时针"绕圆顶转圈——逆时针，这正是他最喜欢的方向。

马尔滕·施密特五十五岁，对于一位著名的科学家来说，已经到了必须用垃圾压缩器处理文件才能把它们塞进公文包的年龄。他在五六个顾问委员会内任职，飞往世界各地参加研讨会。他喜欢凌晨3点的鹰架是因为按照他的说法："能够什么都不想，这是非常令人愉快的体验。"他给许多美国天文学家留下的印象是有魅力，但遥不可及，甚至难以了解，也许就像类星体那样。他是研讨会上的熟面孔，见到他走来，同侪的海洋会分开给他让路。他俯视众生，灰色卷发、白衬衫和领结使得他与众不同——他是美国天文学学会的主席。他在荷兰出生并接受教育，尽管在加州南部生活了二十六年，但还是只有所谓的绿卡，标明他的外国人身份。他保留荷兰国籍，在荷兰选举中投票。和大多数天文学家不同，他喜欢盛装参加观测。那天他穿格子呢的运动上衣，衬衫和消防车一样红，爬上鹰架的时候，他围上了一条潇洒的黄色羊绒围巾。施密特在世界各国都有熟人。他说："我花了很多时间打电话——太多了。最近我发现我在办公室里只办公，科研工作全是在家做的。感觉很奇怪。"每天傍晚离开加州理工的校园后，他和妻子科莉坐在后院安静地共进晚餐。他们看着黄昏渐渐笼罩大地，晚星一颗一颗出现。说来奇怪，大多数职业天文学家并不了解天上的星座，他们靠编号寻找星星。但马尔滕·施密特对夜空了如指掌。吃过晚饭，他会研究类星体直到深夜，然后看一会儿电视；睡觉时他有时候会梦见"大眼睛"，但他永远记不住具体梦见了什么。

他和科莉刚结婚的时候，日子过得很随意，经常待到凌晨3点才睡觉，很晚才起床。但后来他们生了三个女儿。马尔滕解释道，女儿们"不允许我们继续过那种生活"。现在女儿们都已经长大，马尔滕和科莉喜欢离开住处，去安扎博雷戈沙漠的一个小度假村，他们可以坐在户外棕榈树下的躺椅里看星星。他们会来回传递双筒望远镜，讨论某个星座如何显眼。他们在欣赏沙漠夜晚的活动中找到了一种平静：野兔飞快跑过，蝙蝠追赶蛾子，流星划过天空。他们时而聊天，时而一言不发。马尔滕特别喜欢听郊狼的凄凉叫声，他在荷兰长大时从没听过这样的声音。他们会看着行星来来去去，银河在头顶上旋转，直到黎明突然降临。

第二次世界大战期间，马尔滕·施密特在荷兰北部的格罗宁根市长大，他的父亲是市政府的一名公务员。除了跳高，他不怎么擅长体育，他属于更愿意凝视星空的那种孩子。格罗宁根在战争期间的大部分时间里都施行灯火管制，马尔滕十三岁那年，第一次注意到没有灯光的城市上空悬挂着明亮得异乎寻常的群星。星空吸引了他。祖父给了他一块厚厚的放大镜和一个目镜。马尔滕把放大镜贴在卷筒纸的硬纸板芯上，把目镜从另一头插进去。他把他的小发明拿到家里三楼，从窗户向外看。他在天琴座发现了一颗双星。他探索夜空。然后警报声就会响起。盟军的轰炸机每晚都会一拨拨经过格罗宁根飞往汉堡和不来梅，飞机引擎的轰鸣声震撼整座城市。有时候环绕城市的德军防空炮会疯狂扫射，想要击落轰炸机，无数探照灯刺向天空。盟军战斗机会俯冲扫射德军火炮，轰炸机也会把炸弹扔向格罗宁根。一天夜里，一颗炸弹落在他们家附近的街道上。全家人在楼梯底下蜷缩到凌晨2点，直到解除警报的铃声在外面响起，他们才勉强打了个盹。

马尔滕在 1963 年发现类星体是极其明亮和遥远的天体，因此名声被硬塞给了他，但他并不想要名声，有时候甚至相当抗拒。施密特的类星体在遥远得无法想象的黑暗之处像灯塔般燃烧。人们会问他是不是施密特望远镜的发明者。（"不，那是老伯恩哈德·施密特发明的。我和他没有亲戚关系。他大多数时候都醉醺醺的，因此他在不喝酒的时候肯定异常聪明。"）1967 年，他登上了《时代》杂志的封面；在此之前，他单独一人坐在海尔望远镜的主焦笼里花了好几年拍摄类星体，他砸开了宇宙的大门，把海尔望远镜的极限推向其建造者从未想象过的领域，他游向回溯时间的深处，在越来越遥远的距离上辨认类星体。

他在鹰架上徘徊。类星体还有那么多疑问依然无法解答。二十二年来，关于类星体的诞生和毁灭，他顶多只找到了部分答案。在接受科学史研究者斯宾塞·维尔特的访问时，马尔滕说他在脑海里把科学想象成一块由许多人织成的布，这些人就像过去的佛兰芒无名织工，肩并肩坐在长凳上劳作。科莉本人就热爱编织。她在家里挂满了成筒成卷颜色淡雅的手织布。马尔滕在妻子的织锦包围中生活，他说也许正是因为这些织锦，他总是觉得科学就像朝着过往铺开的某种织锦。正如他对科学史学家维尔特所说的："我强烈地感觉到，作为地球上的一名天文学家，你必然是历史中的一环，因为比起其他的一切，在科学尤其是天文学中，你都是在前人打下的基础上做事情。你在这儿出一点力气，在那儿加两个环节。所有的成就编织在一起，其中有几针是你织的。"他能感觉到其他人就坐在身旁，也在同一块织锦上忙碌；拈起线头，打个结，然后神秘的事情发生了：图案悄然浮现。他说："然后呢，这块布会一直织下去。"等你作为科学家的生涯结束了，其他人接手编织，以后你再来看这块布，总是会找到你织的那几针，到时候你就可以说："哎呀，那是我的成就。"

他想知道在宇宙的早期历史中，类星体刚开始燃烧发亮的时候都发生了什么。他希望"四管猎枪"能看见最早的类星体在时间起点发出的光芒，希望"四管猎枪"能窥见最初的光。假如"四管猎枪"这次的扫描能够挖开时间的深处，找到一些全新的东西，那么对于马尔滕来说，这就仿佛在一块长布上又多织上了几根线，那是对于大自然无视人类理性的谦和回应。假如实验能够成功，"四管猎枪"就会捕捉到来自红移极高的类星体发出的一些古老光子。这些光子离开无比遥远的类星体，穿越虚空而没有撞上任何东西，行进的时间几乎与时间本身一样长（这很好地证明了物质在宇宙中是多么稀疏），直到比地球年龄还要长两三倍的时间之后，它们撞上了一面反射镜。银河沿着帕洛玛山以东的山脊横躺在雾气中。他已经习惯了油泵的呜呜运转声，此刻注意到奇异的寂静笼罩了帕洛玛天文台；有人关闭了含油轴承，因为望远镜今晚不需要移动。帕洛玛山上没有了鸟，静悄悄的。连蟾蜍都去睡觉了。他只能听见微风拂过雪松，在鹰架栏杆外轻轻哼唱。后发座和牧夫座爬向天顶，还有美丽的金色 K 型恒星大角星——春季即将到来①。他紧了紧围巾，把双手插进衣袋。他的脚踩得鹰架铿锵作响。雾气弥漫，淹没了圣地亚哥和洛杉矶的灯光，如潮水般升腾，帕洛玛山的各个圆顶被抬了起来，离开它们在地上的系泊处，暂时悬浮于凡间的浅滩之上，笼罩它的天空并不空旷，但离人间非常遥远。

---

① 春季可见的春季大三角、大钻石中都有大角星。——译者

第二部

休梅克彗星

亚利桑那州弗拉格斯塔夫市附近的山坡上，一片西黄松的森林中有一座用水泥块砌成的低矮房屋。它看上去很像防空掩体。另一座屋子坐落在它的顶上，这是一座高耸的建筑物，用火山岩和玻璃搭建而成。火山岩和玻璃搭建的屋子里，天文学家及地质学家尤金·M.休梅克坐在餐桌前看报纸。他大声念道："'天文学家找到可能最遥远的星系。'"他咧嘴笑道："这是在胡扯什么？到底什么意思？"他戴上一副半光眼镜。"老天在上，可见星系只有一千亿个而已。"

他的妻子卡罗琳·休梅克淡然道："不知道他们发现的是哪一个。"她正在收桌上的盘子。夜幕降临，外面在下滂沱大雨。

吉恩把报纸扔在桌上。他有一张直爽的脸，皮肤晒得黝黑，因为他多年来一直在勘察小行星和彗星撞击地球留下的巨型陨石坑遗迹。他用霍皮人的银鹰皮带扣系皮带。他对我说："天文学家基本上已经放弃了太阳系。19世纪，天文学的主要兴趣对象是太阳系。随着工具的完善，天文学家把注意力投向了他们所谓更宏观的问题。建造海尔望远镜就是为了这个——提升光学观测能力，从而研究宇宙的结构。"他犹如钢丝刷的小胡子衬托着他的笑容。他说："于是地球物理学家就来收养了太阳系这个孤儿。"

10月的豪雨像打鼓似的敲打屋子，声音沿着西黄松的房梁回荡。吉恩和卡罗琳带着孩子们住在底下那座屋子里，但后来他们感觉住得太拥挤，而屋顶似乎是个合适的地基，可以用来建造另一座屋子，尤其是一座用火山岩建造的屋子。孩子们长大后搬了出去，现在吉恩的母亲住在底下的屋子里。

吉恩说："这个月我们要找点新东西了。"他拿起一张打印纸展开。文档标题是《已知特洛伊天体》，名单里都是特洛伊战争中的英雄：阿喀琉斯、帕特洛克罗斯、赫克托耳、涅斯托尔、普利安。一个名字对应一颗环绕太阳运行的小型行星，后面都跟着用来描述运行轨迹的长长一组数字。小型行星就是小行星。《已知特洛伊天体》这张表主要由一栏栏数字组成。吉恩说，他最近一直在思考这些特洛伊天体，忍不住怀疑是不是还存在大量未知的特洛伊天体。他的手指划过数字构成的文本块。他说："你看看这些轨道根数①。光是看这些数字，你就知道特洛伊云肯定非常庞大。"

盯着这张打印纸，我什么都看不出来。

但是当吉恩·休梅克盯着那一串串数字时，他能在脑海里看见木星附近两个未知的大型小行星群。他说："这两个星群覆盖了好大一块天空。用一台小型大视场望远镜就能直接观测。"

"那也得等雨停了，吉恩。"卡罗琳的声音从厨房飘来，她正在洗碗。

凄苦的雨声敲打屋顶。他抬头望去，说："真是让人气馁。"

卡罗琳走出厨房，柔声道："吉恩，既然弗拉格斯塔夫在下雨，那帕洛玛山肯定也在下。"

一件简单的小事激发了吉恩对特洛伊小行星的兴趣：卡罗琳最近在翻查负片的时候发现了一颗新的特洛伊小行星。她在寻找近地小行星（趋近地球的流浪小行星），却在木星附近发现了这颗小行星。它相当大，是个直径约 80 英里的乌黑球体，也是休梅克夫妇迄今为止发现的最大天体。他们为它拍照，等数据足以绘制轨道之后，就有资格给它起名了。根据长期以来的传统，这一类行星必须用特洛伊战争

---

① 描述天体或航天器在牛顿运动定律和牛顿万有引力定律的作用下，在开普勒轨道上运动时确定其轨道所必要的六个参数。——译者

中的英雄来命名。他们翻完了整本《伊利亚特》。按照吉恩的话说："响当当的名字都被用掉了。怎么说呢，看来我们只能刮碗底了。去看看比较小的军队。"但随后他们碰到了帕里斯这个名字。"出于某种原因，帕里斯一直没用掉。我不知道为什么。战争的起因就是帕里斯啊。"帕里斯是特洛伊国王普利安的一个儿子，年轻时主要以养羊度日。一天他诱拐了墨涅拉俄斯王的妻子海伦，带她回到特洛伊。墨涅拉俄斯是希腊人，他召集希腊同胞围攻特洛伊以夺回海伦，这就是特洛伊与希腊战争的起源。

特洛伊天体有两个群，分别位于木星的两侧，与木星共用同一个轨道。特洛伊天体是移动缓慢的黯淡小行星，颜色比无烟煤还黑，这就是特洛伊行星只发现了四十来颗的原因，而我们在主小行星带已经发现了上千颗小行星。休梅克夫妇意识到地球即将相对靠近这两个特洛伊小行星群中的一个，随之而来会是良好的观测条件。他们决定把分配给他们的18英寸口径帕洛玛施密特望远镜的使用时间分一部分在寻找特洛伊小行星上。

天文学家从未彻底探索过特洛伊天体群。特洛伊行星只是一些零散的光点，在小型望远镜的感光乳剂上只能勉强成像，因此几乎不可能被发现。它们在木星的两侧运行，分布在5亿英里的范围内。没人确切知道它们为什么会出现在那里。没人确切知道它们由什么构成，只知道肯定是某种黑色物质。

1906年，德国天文学家马克斯·沃尔夫发现一颗小行星在木星轨道上移动，它在木星前方60度之处蹒跚而行，就好像被木星推着走。沃尔夫将这颗小行星命名为阿喀琉斯。阿喀琉斯不知为何游荡进入了一块空域，木星和太阳的引力场在这里形成了稳定的引力平衡点，使得小行星永远在其中摇摆晃动，无法逃脱。1772年，法国数学家拉格朗日预言在轨道系统中会出现这样的特殊现象。根据拉格朗日的计算，在围绕另一个物体运转的任何物体的两侧 60 度方位上都存在这么一个引力陷阱。偶然落入两个引力陷阱之一的游离物体会在陷阱中振荡运行，但假如不受到其他作用力，就永远也不可能离开。

天文学家发现有一批天体被困在木星的前拉格朗日点上，阿喀琉斯是其中的第一个。后来他们又发现木星的后拉格朗日点上也有一颗小行星，它位于木星背后 60 度的方位上，就好像木星在拖着它走。很快，情况变得明朗，有两群小行星一前一后地夹着木星，两群黑色球体在太阳系最大行星的两侧翩翩起舞。科学界形成了以特洛伊战争中的英雄为它们起名的传统。为木星开道的小行星以战争中希腊一方的角色命名，尾随木星的小行星以特洛伊一方命名——两支互相仇视的军队，如今都在朱庇特（木星）的统帅之下。两个星群的正式名称分别是特洛伊群和希腊群，但天文学家通常将它们统称为"特洛伊天体"。

寻找小行星需要拍摄像萤火虫那样忽明忽暗的光点，因为在小行星群和小行星族①绕太阳旋转的过程中，地球会追上并超过它们。（地球的绕日速度比大多数小行星快，因为地球的轨道更靠近太阳。）目前地球即将超过希腊群小行星。在大约三个月的一段时间内，希腊群（为木星开道的那些小行星）会缓慢穿过双鱼座。在一块相对无星、远离银河的黑暗天空映衬下，它们变得更加明显；假如背景是浓密的星云，就会掩盖住黯淡的小行星。这个月（10 月）是关键阶段，因为每天午夜前后，希腊群的核心就会在天顶显露身影。"所以你玩骰子吗？"吉恩问我，他从半光眼镜上方看着我，说，"我认为我们得到了一个好机会，有希望找到许许多多这种东西。"

---

① 小行星族是一些有相似的轨道要素（例如半长轴、扁率、轨道倾角）的小行星。族内的成员被认为是过去小行星碰撞所产生的碎片。——译者

上次科学家尝试清点特洛伊小行星的数量是二十年前，荷兰天文学家 C. J. 范豪滕研究了一些彼此重叠的玻璃底板，这些照片拍摄了小行星群的几块区域。他声称还有多达九百颗特洛伊小行星尚未被发现，这个结论震惊了一部分天文学家。不过无论震惊与否，都没有天文学家去核查范豪滕的推测。

吉恩·休梅克对特洛伊天体的数量做出了更加大胆的猜测。他说："我认为两个群可能共有二十万颗直径超过 1 公里的小行星。我们说的是许许多多小行星——和整个主小行星带差不多处于同一个数量级。我还要补充一点，关于特洛伊小行星，这并不是一个受到公认的结论。"根据他的猜测，特洛伊小行星云的范围有可能一直延伸到太阳系黄道面外很远的地方，但从没有人在那里系统地寻找过特洛伊天体。他说："那就是我寄希望能有所收获的地方。"

小行星云含有大小不同的各种天体，从尘埃到砂粒到石块到小星球无所不包。在这次运行后研究照片的时候，假如卡罗琳能发现几颗比较大的特洛伊天体，就意味着还存在许多我们看不见的天体。每次有比较大的特洛伊天体出现在天空中它们不该出现的位置，就会暴露出一团云雾般的不可见的特洛伊天体，它们像一大群蠓虫那样簇拥在木星的两侧。吉恩说："那些云事实上有可能是物质的巨大壳层。"卡罗琳会扫描大量负片，她不但要寻找特洛伊天体，还要寻找在地球附近掠过的近地小行星，因为这些家伙随时都有可能在任何一张底片上出现。但假如天气辜负了他们，他们就只能暂时忘记特洛伊天体了。吉恩听着雨声，说："反正这事本来就像是掷骰子。"

第二天傍晚，休梅克夫妇把东西装进他们的普利茅斯狂怒轿车①，准备驱车前往帕洛玛山。狂怒是一辆金绿色的大型轿车，前挡泥板撞坏了。它似乎在美国科学毫无畏惧的征程中承受了一些损坏。尽管狂怒已经非常宽敞，但休梅克夫妇还是很难把装备都塞进去。卡罗琳有一台立体显微镜必须带到帕洛玛山去，因为她要用它来寻找彗星和小行星。显微镜占据了半个后尾厢，但真正的问题是与休梅克夫妇同行的一名记者，他带了两个背包和一个行李袋。卡罗琳问："你都装了什么？"

"暖和的衣服。"我对他们说。

"啧啧。"吉恩怀疑地说。

我没有说的是我可不打算成为第一个因为搜寻小行星而被冻死的记者。

休梅克夫妇更喜欢在夜间开车去帕洛玛山，因为那样在开着狂怒疾驰穿过莫哈韦沙漠的时候不太容易碰到被卡罗琳称之为"官爷"的角色。开出弗拉格斯塔夫 20 英里，狂怒发出咚咚的怪声，吉恩说："避震器都快压断了。"

"那是因为你开得太快。"卡罗琳说。

他们把我塞在后座上，我身边是我的背包。

她扭头去看一对离我们越来越近的车头灯。她问我："是官爷吗？"

我扭头去看，吉恩也扭头看。"哪儿？"他问。狂怒晃动了一下，放慢速度。一辆车嗖的一声超过我们，时速至少 90 英里。假警报——只是另一个急性子的亚利桑那人。吉恩把脚放回油门上，没话找话地随口说："卡罗琳去年收成不错。她发现了五颗彗星。"

---

① 普利茅斯公司从 1955 到 1989 年生产的轿车系列，以大马力和大车身而著称。——译者

她承认确有其事。她说:"我都开始期待我们每次上山都会发现一颗彗星了。但今年我连一颗都没发现。不知道问题出在哪里。"卡罗琳·斯佩尔曼·休梅克成年后,大部分时间从事的职业都名叫家庭主妇,但她后来成了一名天文学家。在诸多技艺中,她修习了寻找彗星的技艺。她为人安静,相当严肃,不愿意提及个人成就;她的下巴轮廓强健,每年秋天皮肤都会带点古铜色,那是她在澳大利亚西部内陆晒出来的肤色。她和吉恩每年夏天都会前往彗星和小行星撞击史前地球的地点,测绘巨大的环形结构。她的面容给人们留下的印象是她拥有某种秘密的罗盘,能让她沿着个人的天球子午圈前进。她会对别人说:"我认为我注定会成为隐士。"言下之意是她想成为一名老式的天文学家。在胶片上搜寻近地小行星的过程中,卡罗琳开始发现彗星。有些天文学家认为一辈子能发现一颗彗星就算幸运了,说幸运主要是因为彗星会以发现者来命名。目前卡罗琳已经发现了六颗休梅克彗星,其中五颗是1984年她不可思议地在八个月间连续发现的。在此之前,还没有任何一名天文学家曾在八个月内发现五颗彗星。休梅克彗星中有两颗是所谓的木族彗星:休梅克1号和2号彗星以短轨道绕日运行,因此会靠近木星。它们会闪耀大约一万年,然后归于黑暗。因此休梅克这个名字很可能会比王公们的大理石或镀金纪念碑还要恒久。另外四颗休梅克彗星在长轨道上穿过太阳系,现在已经消失在深空之中。

　　在女性中,只有卡罗琳·赫歇尔发现的彗星比卡罗琳·休梅克更多,她是简·奥斯汀同时代的英国人,用兄长威廉·赫歇尔爵士为她制作的一台简陋的望远镜观测星空。卡罗琳冷冷地说:"我想打败卡罗琳。"之后她还要打败本田先生、布莱德菲尔德先生和姆尔科斯先生,这三位天文学家当时在还活着的彗星发现者中并列第一,每人名下都有十二颗彗星。

每次去帕洛玛山观测都会收获一堆负片，卡罗琳在弗拉格斯塔夫用立体显微镜扫描这些负片。几乎去任何地方卡罗琳都会带着这台显微镜。她带显微镜上山是为了在吉恩从暗室中洗出底片后就立刻开始搜寻，因为有一颗近地小行星可能会在这几天掠过地球。搜寻彗星和小行星时，她会把成对的负片插进显微镜，它们是间隔四十分钟拍摄的两张星场照片。太阳系内的运动物体在四十分钟内会移动足够远的距离，会在立体画面中从她眼前跳出来。每一对照片都包含了大约一万颗恒星或类似天体。其中大多数确实是恒星，但照片上也洒满了移动的小天体。正常的小行星像鱼群似的朝着同一个方向游动。不正常的那些，也就是有可能击中地球的危险天体，往往逆向移动（与正常的小天体流相反），或者斜穿过视野，或者以过快的速度突然冒出来。卡罗琳的眼神非常锐利，永远在留意那些移动的物体。

"吉恩！"她说，"跟着我们的车是官爷吗？"

吉恩扭头去看，狂怒左右摇摆。他说："希望不是。"

卡罗琳说："在亚利桑那超速有可能会被拘留。"警察向休梅克夫妇解释过这个问题。她不希望一次对小行星的探索以入狱而告终。

雨停了，云开雾散。一颗浅粉色的星星在正前方的西方闪烁。卡罗琳说："啊哈，木星。好兆头。"我们沿着科罗拉多高原边缘的"之"字形道路开下去，驶入莫哈韦沙漠。卡罗琳在前排座位上放了台磁带机，播放赫伯·阿尔伯特与蒂华纳铜管乐队的卡带。银河如拱，高悬头顶，木星落向西方的盆地和牧场。木星是一颗巨行星，上面的大红斑容纳一个地球还绰绰有余。除了太阳，木星是太阳系里影响力最大的天体。木星的巨大引力似乎正拖着吉恩的脚踩在油门上，带着狂怒向西疾驰。从比喻的意义上来说，吉恩·休梅克就是踩着油门过日子的。他说："我铺开的摊子已经大得我不可能完成了。但我下定决心，无论有多少时间，都要去做有意思的事情——"

"现在你必须把真正有意思的事情和一般有意思的事情分开。"他妻子说。

"是啊，我有一大堆熨斗都在火上烤，全都彼此相连——"

"要是你能远离那些委员会——"

"哈！"他说，意思是：想得美。

吉恩在诸多科研领域的工作为他赢得了十一个奖章和奖杯，它们乱糟糟地堆在家中钢琴顶上的盒子里。他曾在美国宇航局的多次登月任务中担任项目负责人，现在他是旅行者号成像小组的成员。撞击地质学研究的是岩石或冰块撞击地球时发生的事情，假如说这门科学有奠基人，那就非吉恩·休梅克莫属了。加州理工的天文学家是海尔望远镜哺育大的，他们是典型的所谓河外天文学家。对他们中的许多人来说，太阳系是屋里最死气沉沉的猎物，毫无科学挑战性可言，仅仅是九颗不发光的物质球①围绕一颗正常得可悲的恒星旋转，另外还有一些稀碎的破玩意儿，例如小行星、卫星和彗星：在天空这个大赌场里，太阳系只是一张 2 块钱就能上台的赌桌。以下是我在加州理工的多个地点和多个时间听到的评论，能让你领略一下许多天文学家对太阳系的态度。

"要不是在我们的星系内，它都不值得看一眼。"

"我实在没法想象，寻找小行星也能是一种谋生方式。"

"行星是宇宙的炉渣堆。地球就是典型的例子。地球只有一个用途，那就是充当望远镜的平台。但我们迟早必须摆脱大气层。到时候肯定会见到一些有趣的东西。"

"就算我发现了一颗彗星也不会当回事。除非它要撞上地球。那样的话，我就更希望它叫我的名字了。"

---

① 本书写作时冥王星还是大行星之一，因此是九大行星，后文同。——译者

对于人们对行星的毁谤，吉恩·休梅克给出了一个转弯抹角的回应。"太阳系只是一团微不足道的尘埃"，他承认，但"它凑巧也是我们生活的地方"。吉恩脑海或心灵中的某处装着一个太阳系的奇景。这不是我曾经听闻过的任何一个太阳系。在教科书里，太阳系被描绘成平面上的一组同心圆，圆心是太阳，每个圆代表着一颗行星的轨道。在吉恩的想象中，太阳系是个椭球体。在吉恩的想象中，太阳系与牛顿构想中永恒不变的机械宇宙毫无关系，而是一场嘉年华会——它是一团生机勃勃、不断演化的天体云，装配了无数子弹带和枪榴弹，充满了大大小小的物质碎片，它们随时都有可能被抛进椭圆形、环形或混乱而漫长的摇摆轨道，这些轨道会带着漂流的弹射物到处乱飞——其中有一些是小行星，每隔一段时间就会撞上一颗大行星，导致一场剧烈的爆炸。他说："太阳系里有一整个动物园的野兽在游荡。尽管发现这些小行星能带来巨大的乐趣，但真正的乐趣在于搞清楚它们究竟是什么以及它们在太阳系的起源中扮演什么角色。"他认为，好奇心是科学家的两大驱动力之一，另一个则是人类特有的愿望：做出些什么发现，在死后依然能够为人铭记。他说："诀窍在于把坏点子控制到最低。"他歪嘴一笑。"但未必总是能做到。"说着话，他把狂怒开进故障车道停下。该换人开车了。

我们下车，这条公路像一条绸带，从山坡牧场之间穿过沙漠平原。放眼望去，视野内连一对车头灯都没有。吉恩站在路中间伸懒腰。他仰头望天。他说："那些特洛伊小行星应该就在正上方。"他的皮带扣在星光中闪闪发亮，皮带扣是银质的，外轮廓是射出许多条光线的太阳。群星在天空中熠熠生辉，但肉眼看不见特洛伊小行星群，它们比裸眼能看见的最暗的星星还要暗 20 000 倍。他突然说："科学完全不是你想象中的那样。"

我说："听上去你和卡罗琳打算发现一个新的小行星带。"

"从某种意义上说，范豪滕已经发现了——因为他估计特洛伊小行星多达九百颗。但我认为它比任何人所认为的都要大得多。"

空气中弥漫着三齿拉雷亚灌木被打湿的气味。沙漠里下过雨。不是个好兆头。卡罗琳说："天晓得山上的情况怎么样。"我们回到车上，关上车门，她把油门踩到底。

吉恩开始说彗星。对他来说，太阳系的彗星库是更有意思的天体层之一。在已知最外侧的行星冥王星之外，有一个由彗星组成的球形层，名叫奥尔特云，以证明其存在的荷兰天文学家扬·奥尔特命名。奥尔特云包含了数量惊人的彗星，有一万亿到一千万亿颗（没人知道具体数字）彗星以环形轨道绕日运行，轨道半径平均为 1 光年左右。（假如冥王星的轨道是一枚 1 角硬币大小，那么一颗典型的奥尔特彗星就会在 10 码外绕行。）彗星是一团团松散的物质，直径 5 到 10 英里，由各种各样的冰、硅酸盐颗粒和含碳化合物构成。彗星是原始太阳系的碎片，是行星形成后留下的边角料。

从奥尔特云望去，太阳只是一颗明亮的恒星。在那里，一颗典型彗星相对太阳的运行速度很慢，时速仅为 300 英里左右。在那里，一颗彗星除了能感受到太阳的引力，也会感受到其他恒星的引力。吉恩指出，太阳在它附近所有恒星的伴随下围绕银核旋转。（他对银河系的想象类似于他对太阳系的想象：银河系同样是无数移动物体的集合。）天空中所有的恒星都在围绕银河中心转动，就像公路上的车流。假如一颗彗星受到路过恒星的引力牵引，在一些情况下，这颗彗星的速度会减慢到几乎停顿，相对太阳的运行速度可降到每小时 5 至 10 英里。然后它会像所有一动不动地悬浮于太阳上的物体一样，径直落向太阳。到它进入内太阳系[①]的时候，彗星会以极其惊人的速度坠向

---

① 指太阳和小行星带之间的区域。——译者

太阳。它可能会急转弯绕过太阳，然后重新飞向奥尔特云。有些彗星真的会撞击太阳。在想象彗星穿过太阳系飞向太阳时，吉恩·休梅克想知道彗星被困在行星区的可能性有多高。举例来说，一颗彗星有可能绕过木星，因为木星的引力而减速，最后落入靠近太阳的公转轨道。行星区有可能充满了肉眼看不见的彗星。之所以看不见，是因为这些彗星不再拖着长尾巴。彗星在靠近太阳的时候开始产生水蒸气，那是因为彗星里的冰在蒸发。彗星还会抛出灰尘。两者叠加的结果就是众所周知的彗尾。假如彗星被困在靠近太阳的轨道上，那么随着时间过去，彗星的冰核迟早会蒸发殆尽。

有一派观点认为，彗星里的冰最终会完全气化，剩下的只有一股尘埃。吉恩不同意。他认为留下的会是一块黑色物质——不再拖着彗尾的彗核，直径也许有 1 英里。他说："随着彗星的蒸发，会产生一个由尘埃构成的硬壳，就像雪融化时的情形。残余物质会积累在彗核表面，也许是碳氢聚合物和石质的某种混合物，有点像沥青。"老化彗核的表面会渐渐变得像是布朗克斯街头的半融化雪堤。彗核中心保持冰冻状态，而沉渣会在外表面上慢慢积累。随着沉渣层的增厚，彗核不再抛出尘埃。彗尾于是消失。在望远镜的观测中，这颗彗星现在看上去就像一颗黑色的小行星。根据定义，它已经变成不规则轨道上的一颗小行星，就像一颗乱飞的炮弹，随心所欲地穿行于太阳系内。

引力有可能会把死去的彗星送去许多地方。可能性最高的下场是它近距离擦过木星，因而被甩出太阳系。它也可能被困在小行星带内，和无数小行星混在一起。它还有可能撞击木星。或者——不能排除这个可能性——结局是与地球相撞。

凌晨 3 点，卡罗琳把狂怒开进莫哈韦沙漠中的一个卡车休息站。我们坐在柜台前，穿格子裤装的女招待给我们倒了三杯咖啡。

过去的某些时候是不是存在更多彗星？吉恩说出他心中的疑问。

他心想，有过彗星雨吗？是什么有可能引起彗星雨？他一边喝咖啡，一边思考这些问题。

女招待站在收银机前，抱着胳膊看吉恩。咖啡馆里只有我们。

卡罗琳说："吉恩的脑子永远转个不停。"

"对，"他说，"时不时就会跳出个什么想法来。"他问，假如一颗和太阳一样大的恒星擦过太阳系，距离近得足以穿透奥尔特彗星云，这时候会发生什么？他说："我计算过，每隔一亿年我们就有可能会近距离接触一颗大恒星一次。假如像太阳那么大的一颗恒星慢慢经过，就有可能狠狠地给奥尔特云来一下。那颗恒星会在奥尔特云里穿出一个洞。彗星会朝着所有方向飞出奥尔特云，彗星撞击地球的可能性会因此增大。目前我们也许正处于一场彗星雨的尾声。"

女招待过来了："还要咖啡吗？"

"要，"他说，"一颗从奥尔特云飞来的彗星撞上地球，很可能会造成巨大的破坏。"

女招待倒满我们的咖啡杯。她盯着吉恩。

他说："那些东西相对地球的速度会高达每秒 65 公里，比一般的近地小行星快 2 倍。"在彗星雨期间，地球有可能经历一系列可怕的随机撞击，那情形就像一连串的核攻击。历史上这么一次彗星雨很可能造成了白垩纪末期的动植物大灭绝，事情发生在六千五百万年前，地球上的一半物种因此消失，其中包括所有恐龙。

吉恩去洗手间，女招待抓住这个机会来结账。她压低声音问卡罗琳："你们都见过北面的太空中心吧？"

"你说的是爱德华兹空军基地吗？"卡罗琳问。

"不。你知道的，就是宇宙飞船降落的地方。"

"嗯？"卡罗琳问。

"外星人留下那些石块堆的地方。你们肯定听说过，因为你丈夫显然对这种事情感兴趣。那是发往外太空的信息。"

"听上去很有意思。"卡罗琳说。

"有一些力量让那些石块聚集在一起。骑摩托的小子们会撞散石块，明白吗？但石块会在夜里跑回来。没人知道是怎么一回事。"

卡罗琳付账。

女招待又说："也许是某种磁力。"

"我们应该去看一看。"卡罗琳说。

"绝对不能错过。太空人在那儿降落。祝你们玩得开心。"

太平洋向帕洛玛山上空输送了一连串的锋面云，天文学家感觉受到了欺骗。我们住进山坡上的一个小木屋，往上看就是18英寸口径望远镜所在的圆顶。下午一两点，我们吃着推迟的漫长早餐，眼巴巴地盯着窗外。早餐后，我们会徒步或驱车前往圆顶，吉恩和卡罗琳会一边等待天空放晴，一边力所能及地找些事情做。天文学家有时将这台18英寸口径施密特望远镜称为"小眼睛"，它所在的圆顶外形仿佛子弹。圆顶直径为18英尺，与太空舱的相似之处不止一星半点。它分上下两层。底下一层有一间狭小的办公室、一个暗室、一个物资储藏室和一个卫生间。望远镜安装在顶上一层。整个圆顶差不多能装进海尔望远镜的镜筒。

吉恩在暗室里忙碌。他把显影用的化学药剂混合起来，拉出一卷柯达IIa-D天文胶片，这种胶卷有卷筒纸那么大，他用被他称为饼干切割机的机器把胶片切成6英寸直径的圆盘。暗室里传来闹哄哄的声音。轰砰！然后是一声发闷的"该死"。轰砰！休梅克夫妇称这样的胶片圆盘为"饼干"。吉恩装了三个弹药箱的"饼干"——望远镜用的弹药。他拎着弹药箱走向"大眼睛"里的实验室，在那里向弹药箱注入氮气，然后放进烤箱烘烤，增加胶片对微弱光线的感光能力。他说："这是一种黑魔法。"

卡罗琳在圆顶的办公室里架起显微镜，在旧胶片上搜寻小行星，借此消磨时间。永远有大量的积压胶片等待她去处理。她的孩子们惊叹于她对小行星日益高涨的热情，尽管他们其实有点想念她，因为她把太多的时间耗在了帕洛玛山上。她工作时听着收音机，正在听的电台声称能带给您南加州最轻松的轻音乐。她时不时拉开百叶窗的横条，打量飘过山顶的云街和马尾云①。云层覆盖帕洛玛时，人们会焦虑得像是紧张症发作。山下的修道院里，天文学家围坐在一起看电视，希望能听见天气转晴的消息。

在"小眼睛"里，吉恩摊开一叠纸，分栏写下数字，计划他们在这次运行中要拍摄哪些星场，这位地质学家正在策划对天空的突袭。坏天气开始影响他的情绪。他不禁怀疑特洛伊小行星会不会脱出视野。他在办公室里踱来踱去，站在卡罗琳背后看她工作。一天下午，他忽然钻进了物资储藏室，然后他高声叫道："这些蚂蚁都是从哪儿来的？"小小的黑蚂蚁在侵袭18英寸口径望远镜的圆顶，已经占领了物资储藏室。他说："真的应该处理一下这些蚂蚁。"但他不知道该怎么处理。他回来时拿着一罐花生酱和一个调羹，问卡罗琳："花生酱是咱们带来的还是已经放了一段时间？"

"已经放了一段时间。"

"来一口？"

"不了，谢谢。"她说。

吉恩把半光眼镜拉到鼻子上，查看花生酱里有没有蚂蚁。"哦。"他舀了一勺放进嘴里，胆战心惊地咽下去。就算有毒也不是立刻发作的那种。

"我发现了一个像是彗星的东西。"她说。

"是吗？"

"一颗模模糊糊的小彗星。"她翻查一个活页夹，里面有近期可见的彗星列表。

他在显微镜前坐下，但找不到那颗彗星。他说："有时候我觉得我开始失去——"

---

① 云街指列成一排排的一组积云，马尾云指钩卷云。——译者

"理智？"她开玩笑道。

"噢，看见了。似乎没有一个边缘清晰的彗核。"他们做出结论，那只是个星系。

吉恩想到他要给天文台的设施主管鲍勃·希克斯滕打个电话。"你好，鲍勃。只是想问问表盘的情况怎么样……还是不准？嗯哼……"

"完蛋了。"卡罗琳说。

"我们会仔细看着的。接下来的天气呢？不好？哈，哈，对，天色看上去比今天一整天好多了。"

事实证明，吉恩对好天气的期待纯属臆测。金属圆顶上响起了嘈杂的哒哒声。"搞什么？"他叫道，开门去看。一道闪电照进办公室，雷声紧随其后。"唉，我要哭出来了。"他说。冰雹覆盖了地面。

这种天气持续了三天。

一天下午，唐·施耐德来到修道院吃早餐。他往碗里倒了些香脆麦米片，从微波炉里取出一块滚烫的丹麦酥皮饼，说："天要晴了。"

桌边有好几个人扭头看他。

"唐，你听天气预报说的？"

"天气预报没说，但马尔滕·施密特今晚就到了。"

"哦，好极了。马尔滕在天气方面的运气特别好。"

"不，不是运气好。"

"怎么——马尔滕有上帝的热线电话？"

"没有，"唐说，"是上帝有马尔滕·施密特的热线电话。"

那天傍晚，云层的某些趋势诱惑休梅克夫妇走向海尔圆顶，爬上鹰架看个究竟。他们沿着山脊上的小路走向圆顶，经过矮栎和稠李树丛。几小群鸟在风中翻飞。空气中弥漫着枯叶的气味，带着刺骨的寒意。一团蓝白相间的身影蹿出树丛，一只蓝松鸦叼着一颗稠李飞走了。休梅克夫妇绕着海尔圆顶转圈，眼睛盯着云系。

"天晓得会怎么样。"卡罗琳说。

"今晚放晴也不是不可能。"吉恩怀着希望说。

他们和平时一样，站在圆顶里的过道上欣赏了一会儿海尔望远镜。吉恩说："要是一个人见到它不觉得敬畏，肯定是没有灵魂。"海尔望远镜和胡佛大坝有某种类似之处，也许是它们都来自世界依然信赖机器的天真时代。海尔望远镜体现了20世纪的一些渴望和部分恐惧。冈恩和施耐德在望远镜底部的观测笼里，为搜寻类星体做准备工作。冈恩手里有个东西正闪闪发亮：能将星光分为四道光束的镜面石英棱锥。

休梅克夫妇在我们住的木屋里做了几个快餐汉堡，以防天气真的放晴。我们飞快地吃完饭，望着窗外的云层。黄昏时分，我们坐在一起喝咖啡，看见一个高大的身影在路上走过，他双手插在口袋里，低着头，沉浸在思考中。马尔滕·施密特来了。十分钟，云层消散得无影无踪。

吉恩和卡罗琳把咖啡壶连同一包奥利奥塞进纸袋，拎着纸袋出门跳上狂怒。他们开车上山，在小圆顶门口停车。吉恩在办公室里忙碌，卡罗琳爬到圆顶的顶上一层，拉开蒙在望远镜上的塑料布（圆顶漏水）。她按下一个按钮。随着让人牙酸的吱嘎一声，圆顶上的两道弧形门徐徐打开。她又按下另一个按钮，把圆顶转向北方的天鹅座——一个横跨银河的星座。暮色降临，天鹅座暗隙开始变得显眼，暗隙是银河系中的暗带，由尘埃构成。卡罗琳抓着望远镜底部的一圈手孔，把望远镜指向天鹅座中最亮的天津四，通过施密特镜筒上的导星镜观察它。她花了一点时间校准施密特望远镜。这台望远镜比冰箱大不了多少，涂着荷兰男孩牌的战舰灰油漆。看着镜筒上的铆钉和凹痕，你会觉得这是一艘潜水艇的外壳，曾经和深水炸弹有过亲密接触。"小眼睛"在大萧条时期设计和建造，外观呈偏流线型的梨形，建造者采用这个设计或许是希望它能平安度过未来的风浪。

吉恩爬上楼梯，把一叠纸放在望远镜旁的控制台上。"秤砣！"他说。由于齿轮松动，施密特望远镜一直有满天乱指的问题，吉姆·冈恩开玩笑说要在镜筒上挂个铅块以压紧齿轮。吉恩从一台地磅秤上拆来了铅秤砣。此刻他从架子上拿起秤砣，用一圈透明胶带纸（帕洛玛胶）挂在镜筒上。他拍拍施密特望远镜，说："应该能压紧齿轮了。"他抓住望远镜，把它翻过来，直到镜口指向侧面，然后弹开镜体上的两扇小门。卡罗琳递给他一个底片夹，里面装有一张圆形的黑白胶片，也就是一块"饼干"。他把底片夹从镜体上的小门里装进去，固定好，然后关上小门。"准备好了。"他说。

卡罗琳走到控制台前，读出第一次曝光的坐标。"赤经 22 度32 分。"

吉恩抓住"小眼睛"底部的一个手孔，转动望远镜掠过天空，墙上的表盘告诉他望远镜指向什么方位。

她说："赤纬正 15 度 47 分。"她说话时在寒冷中哈出白气。

他再次转动镜筒。望远镜指向特洛伊群的边缘，特洛伊群正在东方升上山脊。

他坐在高脚凳上，关掉圆顶里的灯。他望进导星镜的目镜，看见十字准线和一颗亮星——他的引导星。他说："亲爱的，这颗星的星等是多少？"

"6.4。"她答道。

引导星离十字准线很近。"反正指着的那块天空没错。"他说着拿起控制器，用上面的按钮微调望远镜，直到十字准线对准引导星。望远镜瞄准了第一次曝光的方位。他说："我准备好了。"

"五，"她说，"四、三、二、一，打开。"

他抬起手，拉下一个操纵杆，望远镜天空一端上的两块快门叶片像两只手似的打开。

"起飞!"她说。

望远镜的自动跟踪马达会在天空转动时让十字准线对准引导星，允许望远镜持续集光。有时候引导星会突然从十字准线上滑开。天空不会乱动，但望远镜会。吉恩必须疯狂拨弄控制器上的按钮，让十字准线回到引导星上，否则就会得到一张被污染的照片。

引导星突然从十字准线上跳开，他说："又乱跳了!"

"吉恩，我们要对准东面。"

"望远镜在乱跑。根本停不下来。"

"简直是灾难，吉恩。"

"唉，该死!"他说，他按控制器上的按钮时，望远镜发出嗞嗞的声音。他说："这个齿轮磨秃了。望远镜在来回摆动。"一道蓝色火花围绕望远镜的支架飞舞。

卡罗琳说："你可以试试换一侧挂秤砣。"

他打开灯，把秤砣挂在望远镜的另一侧上。卡罗琳转动望远镜，指向下一张照片的拍摄坐标，吉恩看着墙上的读数。他说："表盘可能有偏差。"他说鲍勃·希克斯滕警告过他。"真是难以置信。"他说。

卡罗琳找到磁带机，调到他们喜欢的一个电台，电台正在放"沙滩男孩"乐队的歌，他们希望所有的姑娘都能是加利福尼亚姑娘。

他关掉灯，再次开始拍照。"太糟糕了!"他看着导星镜里说，"它在大幅度漂移。"他问卡罗琳要快动控制器。18英寸口径望远镜有两个控制器：慢动和快动。他需要两个控制器来驯服这匹不听话的野马。"这是个双拳出击的活儿。"他说，盖过黑暗中的怪声——嗞、嗞、嗞、咔嗒——望远镜中洒出更多的火花。他向后一靠，松了口气："你能看见木星了。"

卡罗琳走到圆顶的天窗底下，望着外面的情形。她说："天气会突然像那样放晴，我都要惊呆了。圣地亚哥似乎有雾。好雾。"周围的山脊像鲸鱼背部似的冲破浓雾。

"咱们得请马尔滕·施密特多来山上坐坐。"吉恩说。

两人交换望远镜前的位置，吉恩向卡罗琳念出一组坐标。她拉动施密特望远镜，使出浑身的力气：这台望远镜重达半吨。她坐在升降椅上，按下按钮，把自己从地面上升起来；为了这次曝光，望远镜侧了过来，她很难对着目镜往里看。"真见鬼！"她说，"我找不到引导星。我们偏离方向了。"他们在望远镜底部调来调去，终于让它对准了方位。她开始曝光，快门打开。

"望远镜对你怎么样？"他问。

"现在还行，吉恩。刚开始似乎总要闹一下。"

拍摄天空的难点是必须让望远镜在地球转动的时候跟踪星空。卡罗琳解释道："要是望远镜跟踪得不好，星星在照片里就会变成海马或潜水艇。"施密特望远镜的支架状如调音叉。镜筒悬在叉子的两个齿之间，天空转动时，叉柄会随之旋转，让镜口对准天空中的同一个位置。墙上的两个表盘告诉你望远镜的指向，指向用天球坐标系统中的赤经和赤纬表示。直到哥白尼时代，天文学家还普遍认为地球位于这个天球的中心，而天球围绕地球旋转。

每次曝光持续四分钟，一次曝光完成后，休梅克夫妇从望远镜里取出底片夹（里面有一张已曝光的胶片），把底片夹拿到楼下的暗室去更换胶片。他们循环使用两个底片夹，因此望远镜里永远有一张底片在收集星光。吉恩会在第二天上午洗出这一批底片。夜越来越深，木星在西方落下，肉眼看不见的特洛伊云爬上天顶。休梅克夫妇一次又一次扫过小行星群。他们拍摄一连串照片，这些照片的边缘彼此重叠，就像一排排鱼鳞。两人隔一段时间改变一次望远镜的指向。过上四十分钟，他们把望远镜拉回上一个方位，重新拍摄刚刚拍摄过的区域，由此制作立体像对。等到卡罗琳扫视胶片的时候，在四十分钟内移动过的任何物体都会在她眼前形成立体图像。圆顶内必须与外界保持相同的温度，否则圆顶内的暖空气会通过天窗流出去，搅动望远镜周围的空气，导致星星闪烁，破坏观测结果。一颗流星从头顶掠过，留下一道绿色的卷曲尾迹。吉恩从控制台上抬起头。他说："真是个美人儿。"

"该死，"他妻子在望远镜底下说，"我每次都错过。"

"那是因为你在看望远镜。"

"吉恩，这不公平。"

"嘻。"

小圆顶里塞满了天晓得来自什么年代的各种科学仪器。这里有几把大小不一的高脚凳和一把升降椅，墙上黏着两支水银温度计；有形形色色的钟表，不走的和还在走的都有。控制台转播的某种哒哒声响彻圆顶。地板底下有一台发电机在嗡嗡运转，立体声磁带机在望远镜下播放电子小提琴合奏的音乐。卡罗琳说："我们的儿子帕特里克说这是'看牙医的伴奏音乐'。"风从圆顶的天窗灌进来，无论你穿多少层衣服，寒意都能一直透到底。星光璀璨而强烈，近得过分。控制台的电子钟上，红色数字闪烁变动，分割时间。我背靠圆顶的墙坐着，蜷起两只脚，贴着望远镜的底部，听吉恩和卡罗琳小声交谈。他们拉下了大衣的风帽，裹着好几层衣服，看上去胖得不自然。说他们是太空人也会有人相信。卡罗琳说："现如今似乎人人都在离婚。我以前以为咱们的婚姻算是正常的，但现在不怎么确定了。"我紧了紧风帽，戴上连指手套。圆顶的天窗像是宇宙飞船的舷窗。我打了个瞌睡，等我醒来，天窗外的群星变得陌生——天空移动了。说我们迷失在太空中也行。"还能坚持住吗？"卡罗琳问我。我说感觉就像我们在自由坠落。

"其实也对。"她说。

她扳动操纵杆，镜鼻上的快门叶片翻开了。她说："说起来，有段时间我觉得我会愿意去太空。但现在不了。"望远镜洒出一团火花。她说："现在的天文学研究有很大一部分通过电子手段完成。天文学家成天盯着显示屏。对我来说，坐在开阔的天空底下似乎更加真实。我喜欢想象那些小天体在宇宙里列队行进。"

吉恩体贴地补充道："这些小天体的直径通常是 1 到 3 公里。"

"我觉得去看看它们当中的一个肯定很有意思。"卡罗琳说。

"去越地小行星①肯定比去火星容易。"吉恩说，他站在控制台前，看着时间一秒一秒飞逝。

"吉恩，时间到了吗?"

"刚好。"他说。

她抬起手，扳动操纵杆。望远镜的快门叶片啪地合上。她把望远镜转向侧面，手伸进镜体里，松开底片夹，更换胶片。

吉恩解释道，主小行星带包括近一百万颗由岩石和金属组成的大块碎片，其中大部分悬浮于火星和木星的轨道之间。但每个族群都有离群之马。主小行星带抛出的游离小行星会进入高倾角的长轨道，有可能从任何角度接近地球。吉恩说："一颗越地小行星能从天空中的任何一个地方冒出来。"

"小行星撞击地球有多频繁?"我问。

吉恩毫不犹豫地说："按照我的估计，每一百万年会有十次大型撞击。三分之二的小行星会落入大海。"

"撞击时会发生什么?"

----

① 指轨道穿越过地球轨道的近地小行星。——译者

他依然毫不犹豫地（他对此了如指掌）说："根据现有的公开数据，你把美苏两国武器库里的所有核弹加起来，当量一共有 120 亿吨左右，把它们堆在一起引爆，得到的就是一次撞击的威力。"

"吉恩，我准备好了。"卡罗琳说。

他看着电子钟说："五、四、三、二、一。"然后压低声音："打开。"

1932 年，小行星猎人卡尔·莱因穆特在德国海德堡发现了第一颗公认的近地小行星，这块直径 1 英里的巨石翻滚着以自由落体之势掠过地球。它出现在一块玻璃照相底片上，是群星中的一道亮线，证明这是一颗运行速度极快的近地天体。他将它命名为阿波罗，也就是驾驶太阳战车的希腊神祇，因为这颗小行星的轨道会让它接近太阳。事实上，阿波罗的轨道混乱而不稳定，天文学家后来失去了它的踪迹。1973 年，阿波罗再次突然出现，观测者又一次发现它近距离掠过地球。事实上，阿波罗这位神祇也会向凡人射出不可见的箭矢，在转瞬之间杀死他们。

发现阿波罗之后五年，卡尔·莱因穆特发现了另一颗近地小行星赫尔墨斯。赫尔墨斯与我们擦肩而过，掠过地球时的距离只有地月间距的 2 倍，是迄今为止观测到的最靠近地球的小行星。这个距离听上去相当安全，实则不然。在我们附近游荡的越地小行星数量够多，足以确保每隔一段时间就会有一颗正中靶心。

人们下一次发现越地小行星是在 1949 年，当时天文学家沃尔特·巴德正漫不经心地浏览一块拍摄于帕洛玛山 48 英寸口径施密特望远镜的玻璃底片。巴德发现了一条长长的亮线趋向一个不正常的方向；他得知这颗小行星的长轨道会带着它经过火星、地球、金星和水星并接近太阳，因此将它命名为伊卡洛斯。伊卡洛斯是一块雪茄形的岩石，长约 1 英里，外表呈棕色与灰色，像是在一次次造访太阳时被烤焦了。

目前只有不到六位职业天文学家在系统性地搜寻以不稳定轨道靠近地球运行的流浪小行星。没有多少天文学家对近得有可能撞击地球的天体感兴趣。我们生活在狙击手的枪口下，每天夜里都能见到证据：小体积的流星穿过大气层。在更远处，山峰般的巨石正以超高速穿过虚空。天文学意义上的近距脱靶发生得相当频繁，勤奋的天文学家可以靠拍摄事件发生时的情形赢得荣誉。1973 年 7 月 4 日，与吉恩有过合作的天文学家埃莉诺·赫林在帕洛玛山的 18 英寸口径施密特望远镜上工作时，拍摄到一颗巨大而明亮的小行星（差不多和珠穆朗玛峰的峰顶一样大）自上而下穿越太阳系平面，与地球擦肩而过。在二十分钟的曝光中，它在照片中划出一道仿佛抓痕的亮线。吉恩说："它就像从地狱里飞出来的蝙蝠。"事后它很快就消失了。这个天体在彗星轨道上运行，但和彗星不同，它没有彗尾。这个天体的临时编号是 1973 NA——没有正式命名，只有一个暂时性的标签。1973 NA 迟早会归来，但没人知道它会在什么时候出现在天空中的哪个方位，因为现在我们失去了它的踪影[①]。

1976 年元旦过后不久，埃莉诺·赫林拍摄到一个天体与地球并驾齐驱，就像一辆车在超车道上从背后追上来。它超过地球后径直穿过我们所在的车道。她将它命名为阿呑。阿呑每二十年横穿一次我们的车道。按照逻辑推断，阿呑有两种可能的命运。要么阿呑某次掠过地球时距离太近，被地球的引力抛入新的轨道。"要么，"吉恩说，"阿呑会捞到撞上我们的大好机会。"

吉恩和卡罗琳·休梅克在越地天体的名单上加上了好几个名字。1984 年 5 月的一个下午，"小眼睛"圆顶的办公室里，卡罗琳在浏览

---

① 这颗小行星现已确定轨道参数，正式序号为（5496）1973 NA。——译者

吉恩刚从暗室里洗出来的夜空幻灯片时，发现了一个移动缓慢的明亮天体。她打电话给马萨诸塞州剑桥的小行星中心，把天体的坐标念给他们听。吉恩回忆道："那个鬼东西似乎在加速。"小行星中心的电脑很快就计算出天体的轨道参数：它看上去在加速是因为它直奔地球而来，就像一辆驶向我们的列车的车头灯。这颗小行星（1984 KD）飞驰而过，它会一次又一次地回到地球附近，最终要么撞击地球，要么被引力抛入新的轨道。截至本书撰写时，天文学家已经发现了一百九十二颗越地小行星，其中大部分是在近些年发现的，吉恩和卡罗琳·休梅克贡献了相当可观的比例。

小行星是相对较小的一块岩石或金属，而地球是非常巨大的一块岩石与金属，两者都围绕太阳做自由落体运动。越地小行星的游荡会带着它们穿过地球轨道。时而会有未知的越地小行星出现在天空中：一个快速移动的光点，平均接近速度为每秒 15 公里，也就是每小时 54 000 公里。十多年来，吉恩·休梅克一直忙于建立越地小行星的统计资料库，但问题在于这儿一个阿波罗天体，那儿一个阿吞天体，加起来只能得到不完整的资料库。他说："马尔滕·施密特的类星体很容易统计，因为一旦你找到类星体，它就不会移动了。"越地小行星来自何方？这种天体一共有多少个？"近距"看似是个相当大的距离，但与太阳系的巨大尺寸相比，望着一块石头以 54 000 公里的时速飞向地球，感觉就好像你坐在一辆半夜抛锚在铁轨上的汽车里，却看见灯光在铁路上向你接近，而你至少还能弃车逃跑。吉恩是一名统计学家，因此以判断概率为业，他以数学的精确性注意到，从漫长的地质学时间的角度来看，任何貌似不可能的事件都会变得不可避免，那是大自然版本的核战争。

一天夜里，我问卡罗琳："你是怎么对寻找小行星产生兴趣的？"

"兴趣是慢慢积累出来的，"她说，她的声音从望远镜底下的黑暗中传来，"我想找点事情做。我很容易感到无聊。我大概是厌倦了当家庭主妇。吉恩其实是行星地质学家，不是天文学家。但他做各种各样的研究。他做的天文学引起了我的兴趣。因此我算是逐渐转入了天文学，刚开始是兼职。起初我不知道能不能受得住和他一起在望远镜上熬夜。我很担心。尤其是冬天，这儿的气温会降到零下很多度，夜晚能持续十三个小时。我没法戴手套，因为我要把手伸进望远镜里面，操作很多金属小零件。"

"关闭。"吉恩说。

她关上望远镜的快门叶片，继续道："但每次我在胶片上找到彗星或快速移动的天体，兴奋就会油然而生。"她把望远镜转到侧面，齿轮发出摩擦的怪声。"我感觉我正在目睹从没有人见过的景象。"

她觉得该吃点饼干休息一下。她开灯下楼，过了一会儿，带着几杯咖啡和一袋奥利奥回来。"吃一块？"她说，把奥利奥递给我。她的手很有力，手指比较短。

几块奥利奥和一杯咖啡让我暖和起来。我穿上了行李里的滑雪裤，但似乎依然无法抵御严寒。我得出结论，帕洛玛山的生存要诀是多吃奥利奥才能活着见到日出。

她说："要是没有沉迷于小行星，我猜我会成为一个更溺爱孙辈的祖母。"寻找小行星的乐趣吸收了她所谓的"不安分感"。她说，做母亲让她感到满足，但她并不怎么喜欢安于当个祖母。她的不安分感来自内心深处，也许就是美国人想把家当塞进马车、出发去寻找伊甸园的欲望。她的父亲伦纳德·斯佩尔曼尝试过在科罗拉多州开采银矿，但没什么收获，于是他在 1920 年前往新墨西哥州开垦农田。他本来也许能成功的，但他在盖洛普认识了一位名叫黑泽尔·亚瑟的教师，他娶了这位女士。他不愿让黑泽尔和他一起种地，于是抛弃农庄，搬到盖洛普，开了一家男装店。若不是因为大萧条以及被生意伙伴洗劫，他或许会发财。大约在这个时期，卡罗琳出生了。伦纳德收拾行李，带着家人搬去俄勒冈，他在那里以卖保险为生。但依然行不通，于是他带着全家来到加利福尼亚的奇科，他在那里卖房地产。在大萧条时期的加利福尼亚乡村，房地产没有什么市场。她说："我父亲本质上是个农民，他最熟悉的事情就是种地。"

"关闭。"吉恩说。

她关上快门叶片，取出完成曝光的底片夹，换上新的胶片。一条铁链铿锵碰撞，她开始拍摄下一张照片。

1940 年代初，她的父亲在奇科买下一个 2 英亩的养鸡场。父亲负责杀鸡和蜕毛去内脏，母亲负责两只三只地把白条鸡卖给当地人。家里没多少现金，一开始他们连鸡都吃不起，只能吃豆子。夏天的奇科炎热无比，晚上斯佩尔曼一家热得睡不着的时候，就会铺着毯子坐在院子里聊天唱歌。卡罗琳·斯佩尔曼是个爱做梦的女孩，和家里人关系亲密。等唱够了歌，一家人躺在毯子上睡着了，她会望着巨大的月亮。

她父母下定决心要供她和她哥哥理查德念大学。理查德去了加州理工。养鸡场出不起第二个高等学府的学费，因此卡罗琳去了奇科州立大学，念这所学校她可以住在家里，节省开支。她最后获得了教育学的硕士学位。念奇科州立大学的时候，她听理查德说起他在加州理工的室友吉恩·休梅克，而休梅克也听理查德说起他的妹妹。等卡罗琳见到被吹得天花乱坠的吉恩时，两个人已经喜欢上了彼此。后来吉恩去普林斯顿大学念地质学研究所。两人保持了一段时间的通信，直到卡罗琳突然中断联系。

吉恩很焦急。"发生什么了？"他写信问她。他继续写信给卡罗琳，却没有任何回应。她最终给出的回应大意是"我以为既然你去了普林斯顿，就不会再对我有兴趣了"。同时她还说夏天她和父母打算开车去几个国家公园。吉恩回信问她愿不愿意和他去科罗拉多平原野营。卡罗琳的母亲黑泽尔认为她和这个吉恩·休梅克去沙漠里野营的点子简直一级棒。事实上，黑泽尔想一起去，伦纳德也想去。但后来伦纳德生病了，没法去，不过吉恩、卡罗琳和黑泽尔·斯佩尔曼开车游览了科罗拉多平原，晚上就着篝火讲故事。第一周结束时，他们来到科罗拉多州的大章克申补给物资。一天晚上，吉恩和卡罗琳做了战略转移，把黑泽尔留在旅馆，两人开车去镇上兜风。吉恩突然把车停在路边，然后向卡罗琳求婚。卡罗琳答道："吉恩，我没问题。"

卡罗琳在望远镜底下说："嫁给吉恩的时候，有一点我没看清楚，那就是他是个什么样的工作狂。"

"哈，哈！卡罗琳自己也很有好胜心。"吉恩在控制台前说。

"吉恩，多久了？"

"还有四十五秒。"

她试过教初中，但不喜欢那种生活，她及时怀孕，把自己从小怪物似的九年级学生手中拯救出来。她说："我花了很多年操持家庭。我乐在其中。但我发现有时候会变得非常不安分。后来我自然而然地研究起小行星。一旦你开始发现小行星，得到的乐趣就过于巨大，以至于你不可能退出。"

"十秒……"

"现在我忍不住要去找小行星。"

"五……"

"有时候我的事情太多，只好停止寻找小行星。"

"关闭。"吉恩小声说出这两个字，不难看出，他对再次成功捕捉光子感到非常满意。

卡罗琳·休梅克就像桅杆顶上的瞭望员，若是一颗小行星或彗星从地平线上升起，她会发出第一声警报。她能通过天体的运行判断它是不是异常物体。她会立刻向天文学家布莱恩·马斯登报告这样的物体，后者是总部设在马萨诸塞州剑桥的小行星中心的主任。马斯登会在电脑上计算她所报告的天体的轨道。假如事实证明这个天体是一颗近地小行星，小行星中心就会向全世界通报这项发现，使其他天文学家能够在小行星经过地球时对它详尽观测。除了六颗彗星，卡罗琳还发现了六颗越地或近地小行星，它们分别是 1983 RB、1984 KB、1984 KD、1985 TB、娜芙蒂蒂和媚拉（"宁芙，朱庇特的情人之一"）。这些小行星都是她近年来发现的，其中四颗都还没有命名。她还发现了不同族的多颗小行星（小行星通常根据轨道类型分族）。她发现了十颗匈牙利族小行星，十四颗福后星族小行星。她发现了特洛伊小行星帕里斯，还在木星附近发现了一颗相当大的小行星，她和吉恩将它命名为加州理工。她还报告观测到了超过三百颗未命名的主小行星带小行星。但她发现和命名的主小行星带小行星却寥寥无几。尽管这些小行星并不像越地小行星那样受人瞩目，但依然是真正的小行星，理应得到命名。一年平安夜，她和吉恩把装框的星场照片放在圣诞树下。每张照片里都是一颗小行星运行时留下的一道条纹。吉恩和卡罗琳用他们的孩子和其他家庭成员为数颗小行星命名。

他们的女婿弗雷德·萨拉萨尔说："我整个人被惊呆了。"因为他得到了一份礼物：负责监督天体命名的国际天文学联合会通过申请，用"萨拉萨尔"为一颗小行星命名。弗雷德的妻子琳达（她是吉恩和卡罗琳最小的女儿）得到了小行星琳达·苏珊。吉恩的母亲得到了小行星穆丽尔。吉恩和卡罗琳的女儿克里斯蒂得到了克里斯蒂·卡罗尔，儿子帕特里克·吉恩得到了帕特里克·吉恩。帕特里克的妻子宝拉·肯普钦斯基得到了小行星肯普钦斯基。宝拉的一个朋友对她说：

"我老妈可从来没送过我一颗星球当圣诞礼物。我收到的全是枕套。"

1801 年，西西里天文学家朱塞普·皮亚齐在火星和木星之间的空旷区域中发现了一颗小行星。天文学家并不吃惊。火星和木星的轨道之间有个巨大的空隙，这意味着那块区域很可能存在一颗行星。皮亚齐将这颗行星命名为刻瑞斯·费迪南德，以此纪念西西里国王费迪南德三世，这一做法震惊了其他天文学家，因为他们认为行星应该以神祇命名。于是他们把名字缩减为刻瑞斯，也就是谷神星。第二年，海因里希·奥伯斯在同一区域发现了第二颗行星。他用智慧女神帕拉斯为它命名，它成了智神星。1807 年，人们又发现了婚神星和灶神星。天文学家称这些行星为 asteroids，在希腊语中是类似星星的意思，因为它们在望远镜里仅仅是一个个光点。许多年过去了，人们没有再发现新的行星。1845 年，一位名叫亨克的邮政局长发现了第五颗小行星义神星，以此赢得了普鲁士国王发放的养老金。于是圈地热潮涌起。没过多久，小行星以每年五颗的速度被发现。一位著名的小行星发现者是居住在巴黎的德国画家赫尔曼·戈尔德施密特，他的公寓就在普罗可布咖啡馆①楼上。戈尔德施密特在晚上把望远镜对准公寓的窗外，他一共发现了十四颗小行星。

人们很快就建立起用女神为小行星命名的传统，然而等天文学家连狄拉墨涅和盖密尔之女葛德都用掉之后，他们意识到女神的名字已经用完了。他们开始用妻子、女儿、女性朋友的名字为小行星命名——贝莎、艾德娜、罗莎、亨丽埃塔、爱丽丝。到 1890 年代，照相术将小行星的发现率提高到每年二十颗，名字不再是女性的专权。波士顿的一位牧师在主小行星带发现了温彻斯特星，温彻斯特是波士

---

① 位于巴黎第六区的老喜剧院街，1686 年开业，被称为巴黎最古老的连续开业的餐馆。——译者

顿的一个高贵社区。一位奥地利人将一颗小行星命名为菲拉格利亚星，那是他在维也纳经营的俱乐部。阿波罗和赫尔墨斯的发现者卡尔·莱茵穆特还发现了杜鹃花星、天竺葵星、牵牛花星、芝加哥星、加利福尼亚星和微粒星。（最后这颗小行星是为了纪念病理学家爱德华·盖尔，他发现了盖尔氏微粒，白细胞内的一种显微小体。）一个俄国人发现并命名了美利坚星。一位俄国人发现并命名了马克·吐温星。俄国人还发现了果戈理星、契诃夫星、杰克·伦敦星和洛克威尔·肯特星，至于拉普塔星就更不用说了，那是《格列佛游记》里挤满了研究粪便的疯狂科学家的浮空岛；然而当俄国人把一颗小行星命名为卡尔·马克思星的时候，国际舆论一片哗然，但美国人为了纪念一台电脑把一颗小行星命名为 The NORC 的时候，似乎却没人介意。

1930 年，弗拉格斯塔夫的洛厄尔天文台的克莱德·汤博发现了冥王星。教科书上都说他发现了第九星，但这个数字实在太小了，他发现的是第一千一百六十四颗行星。现在光是有编号和知道轨道的行星就多达六千三百颗。另外还有六万五千八百颗行星被观测到一次或两次，由于次数不够多，所以无法确定轨道，因此也就没有资格分配到编号了。新得到编号的小行星的直径从几百码到几英里不等——对特洛伊小行星来说，则是 50 到 80 英里不等。主小行星带的探索者爱德华·鲍威尔使用克莱德·汤博发现冥王星的望远镜，每隔几周就会给一颗小行星分配编号。鲍威尔说："我经常面对该给这些小家伙起什么名字的难题。"他给一颗小行星起名叫巴克斯，因为他最喜欢的漫画家卡尔·巴克斯曾经送史高治叔叔和三只小鸭子去小行星带漫游。

小行星在确定轨道前是不能被命名的，而确定轨道需要天文学家在它绕日运行三圈时分别观测到它至少一次。然后小行星会得到一个编号，从而有资格被命名。小行星根据发现者的意愿命名，只要不触犯国际天文学联合会的规定就行。天上（说在下面、脚下也行）飘着的小行星有堪萨斯、利比亚、俄亥俄、匹兹堡、亚特兰蒂斯、乌托邦、特兰斯瓦尼亚和天堂，最后这颗小行星由舍尔特·J.“鲍比”·巴斯于1977年2月13日在帕洛玛山第一次拍摄到，他用他父母居住的加州天堂镇为它命名。只要小行星专家对主小行星带还有兴趣，米歇尔、黛维达、道格拉斯、杰罗姆、多萝西娅、安娜、伊娃、黛安娜、咪咪、米德莱德、多洛莉丝、普莉希拉、比吉特、奥利弗和约兰达这些名字就迟早会出现在他们嘴边。瑞士的保罗·维尔德博士发现了罗姆培尔史提兹[①]。维尔德博士还发现了瑞士航空，因为他最喜欢的航空公司就是瑞航。他发现了 Ragazza（他在向全世界声明他发现的小行星通告 4146 号中解释说这是“意大利语里的女孩”）、Retsina（“为了纪念希腊的松香白葡萄酒”）、Cosícosí（“意大利人表达无所谓的用语”）和 Bistro（“一个舒适的小餐馆”）。有三颗小行星为纪念伊娃·庇隆而命名：Evita、Descamisada 和 Fanatica[②]。在火星和木星之间运行的星球还有范尼、短笛、吴、照相术、安魂曲、奥希金斯、路西法、托尔金、回声、祖鲁、酒店、幻想曲、林波波、瓦伦丁、乌特勒支、万应药、艺伎、贝多芬、学术界、渡渡鸟、菲利克斯、巴赫、乔叟、爱因斯坦、达利、蓝盆花、尼莫和斯波克先生。

这些石块的形成是个有趣的故事。大约四十五亿五千万年前，银河系的一个旋臂中，有一颗恒星爆炸成了超新星。超新星是恒星的灿烂末日，至少存在两种类型。一类是Ⅱ型超新星，它始于一颗衰老的巨型恒星，这颗恒星的质量至少是太阳的8倍。随着恒星的衰老，它

[①] 来自格林童话中《侏儒妖》一篇中侏儒妖的名字。——译者

[②] 除了 1569 Evita、1588 Descamisada 和 1589 Fanatica，1581 Abanderada 和 1582 Martir 也是为了纪念伊娃·庇隆而命名的，它们的发现和命名者都是阿根廷天文学家米格尔·伊茨格松。——译者

在制造较重元素的同时耗尽了核燃料。元素周期表中铁之前所有较轻的元素，很可能都是在核燃烧的较晚阶段在巨型恒星的内部形成的，只有氢、氦和部分锂除外，它们是在大爆炸期间形成的原始元素。巨型恒星在它生命最后的五十万年里，在核心燃烧氖，形成碳。碳燃烧六百年形成氖。氖和氧燃烧六个月形成硫。恒星就这样产生洋葱般的一层又一层元素，每一种元素都在燃烧和形成更重的元素。恒星在最中心产生铁质的内核，周围是硅构成的幔层。铁无法进行核聚变，也就是无法燃烧。在恒星生命的最后日子里，硅质幔层和铁质核心的边界上的硅迅速燃烧。硅通过聚变形成铁，铁在铁质核心周围蓄积。铁质核心变得过于沉重，甚至无法支撑自己。铁核的中心会在百分之一秒内坍缩，内爆变成一个由中子构成的致密小球，它只有一颗小行星那么大，这就是中子星。恒星仿佛洋葱的外层变成了一个空壳。在接下来的三千分之一秒内，中子星会剧烈收缩和反弹。简而言之就是崩溃了。崩溃产生的冲击波需要一天左右才能传遍恒星仿佛洋葱的所有外层，最终把这颗恒星炸成礼花，产生的闪光有可能比星系还亮。冲击波同时会在大火球中引发迅速的核合成过程，产生比铁重的所有元素（例如金、银、铂），它们与恒星的其他物质一起，夹在气体和尘埃构成的壳状结构中向外扩散。一枚黄金婚戒始于一颗恒星的死亡。人体里除氢之外的所有元素都来自恒星，包括碳、氧、蛋白质里的氮、骨骼里的钾和钙、血红蛋白里的铁。柏拉图说得对：人类源自恒星。

四十五亿五千万年前不久，一颗无名恒星爆炸成了超新星。扩散的冲击波把气体和尘埃构成的星云吹遍了银河系的一条旋臂，在星云中播撒了金属的种子，同时还压缩了星云的一些部分。冲击波前锋上的一些地方，星云在引力的作用下收缩。其中有一处，引力压扁了一团气体和尘埃，它开始旋转。物质在天文学尺度上刚好有个比较常见的特性，就是倾向于聚集成一个旋转的物质薄饼，物理学术语称之为吸积盘。太阳系始于一个吸积盘。吸积盘中心的压力和密度逐渐增加，在超过临界水平时会启动热核反应，太阳就这样开始燃烧。于是薄饼变得扁平，成了一个由冰球和石球构成的圆盘。这些冰球和石球被称为星子（planetesimals），是行星的祖先。星子在引力的相互作用下碰撞和彼此黏附，慢慢变大形成行星。星子在绕日运转的同时，逐渐分离形成一个个环，看上去就像土星周围的环。木星很可能是首先从一个较宽的环中凝聚而成的，然后是包括地球在内的其他行星。随着行星变大，增长速度越来越慢。它们吸收了附近的所有星子，只剩下少数漏网之鱼。

　　一些星子从容不迫地走向归宿。吉恩·休梅克对月球陨石坑成坑时间分布的研究表明，直到地球和月亮形成后的十亿年，姗姗来迟的星子还在持续撞击月球，在冲击中创造了月海；那是熔岩的海洋，就像从伤口流出的鲜血一样涌出月面。同一场晚期大轰击①无疑也袭击了地球，地球表面肯定出现过迟到星子撞击时留下的巨大伤疤，但日晒雨淋早已抹去了这些痕迹。晚期大轰击到今天已经几乎结束——几乎。用吉恩的话说："吸积的最后阶段依然在进行中。"行星一直没有完全结束生长。现在地球每天大约增重 20 吨，这些重量来自从太空不断降临的尘埃雨。偶尔，地球会在一秒钟内增重 20 亿吨。

　　天文学家曾认为小行星带是一颗行星爆炸后留下的废墟，但现在认为它是一颗未能形成的行星遗留下来的物质。木星，太阳系内最重的行星，其引力干扰了现在由小行星占据的区域内的星子环，使得物质环无法通过吸积形成行星。木星的引力牵动这些星子，搅乱它们的

---

① 指约于四十一亿年前至三十八亿年前，即于地球地质年代中的冥古宙及太古宙前后，推断在月球上发生不成比例的大量小行星撞击的事件，在地球、水星、金星及火星亦同样发生。——译者

运行，胡乱抛射它们。星子因此无法黏附在一起。每次两个星子撞击，就会破碎变成更多的碎片，而木星会拖着碎片乱飞，造成更多的碰撞，形成更多的碎片。小行星是一直没能凝聚成行星的星子碎片，是吸积盘的骸骨。木星依然在搅动主小行星带，事故依然在发生。大多数小行星看上去就是破碎天体的残片。它们经历了反复撞击，表面上蒙着一层尘埃和碎石，有些小行星甚至就是一堆堆被撞碎的碎片，只是在自身重力的作用下勉强连接在一起。木星已经把主小行星带的大部分物质抛进了深空。吉恩说："假如你把主小行星带的所有小行星攒成一个球，得到的结果只有月球质量的十分之一。正所谓沧海一粟。"木星依然在持续碾磨主小行星带并抛出小行星的碎片。

尽管主小行星带内的大多数小行星都处于稳定的轨道上，不可能靠近地球，但在追踪轨道交缠的天文学家看来，主小行星带肯定会把小行星扔进越地轨道。主小行星带本身聚集成环，彼此之间有着明确的分界区域，后者被称为柯克伍德空隙。木星把这些分界区域打扫得一干二净。碎片偶然落入任何一个柯克伍德空隙，都会在木星的作用下共振舞蹈，木星会把小行星逐出这些区域。任何天体都无法在柯克伍德空隙中长久停留。轨道研究者认为，柯克伍德空隙和主小行星带内部及周围的其他不稳定区域是诸多越地小行星的来源之一。举例来说，两颗小行星有可能在主小行星带内相撞，一块碎片有可能飘进柯克伍德空隙，木星从柯克伍德空隙内抓住这块碎片，有可能把它抛向靠近火星的轨道。假如这颗小行星凑巧在接下来的几百万年间近距离接触火星，那么火星就有可能把它抛向内侧的地球。这样一来，越地小行星就会有一个持续更新的来源。木星捕获柯克伍德空隙内的小行星交给火星，火星转手交给地球。土星也有可能从柯克伍德空隙中拉出一颗小行星，直接抛向地球。

卡罗琳说："很多天文学家管小行星叫天空中的害虫。"

吉恩大笑，他的模糊身影在移动，控制台上的一盏红色阅读灯勾勒出他的轮廓。

卡罗琳继续道："吉恩和我，认为星系才是天空中的害虫。"

吉恩说："星系太他妈多了。卡罗琳好几次险些把星系提报给小行星中心。"

卡罗琳说："它们很有迷惑性。比较暗的星系看上去很像彗星。我非常兴奋，然后发现只是个星系。"

1930 年代，吉恩的父亲乔治·休梅克在怀俄明州的北普拉特河岸边买了个农场，在那里种植白腰豆。大萧条时期，豆子是一种利润丰厚的农作物，乔治唯一的问题是妻子穆丽尔无法忍受种豆子的生活。吉恩说：“我母亲跑得比子弹还快。我猜要是她能忍受的话，这会儿我大概还在种地呢。”穆丽尔·休梅克去了纽约州的布法罗教书。尽管乔治和穆丽尔在种地上有分歧，但两人依然彼此相爱，没有离婚。吉恩每年在布法罗过冬，然后乘火车去怀俄明，和父亲在种豆农场度夏。他父亲后来也厌倦了种豆子，前往好莱坞，在一家电影制片厂找到了一份场务工作，穆丽尔过来和他再次团聚。

　　吉恩在洛杉矶上高中，对放射性矿物产生了兴趣。第二次世界大战后，他在加州理工主修地质学。他说：“加州理工一直是太空怪咖的港湾。”他说这一倾向是从海尔望远镜开始的。他喜欢站在加州理工光学车间的参观廊里，观看马库斯·布朗的团队穿着白色网球鞋，操纵抛光机在全世界有史以来最大的一块玻璃上画李萨如曲线。几英里外的阿罗约塞科，缕缕浓烟偶尔蹿起，隆隆声响震撼周围的城镇，那是狄奥多尔·冯·卡门教授和学生们在喷气推进实验室测试火箭发动机。1948 年夏，吉恩刚从加州理工毕业，为美国地质调查局工作，在科罗拉多最西部的帕拉多克斯谷勘测含铀地层。地质调查局安排他住矿区的矿工宿舍。每天他在一条土路上开车 5 英里，穿过帕拉多克斯谷去纳图里塔镇吃早饭。一天清晨，他开着吉普去吃早饭，在路上陷入沉思，一个念头忽然征服了吉恩。他是这么说的：“我开始思考冯·卡门和那些火箭发动机。我也知道白沙试验场都在干什么。韦恩赫尔·冯·布劳恩就在那儿，发射了一大堆缴获的德国 V2 火箭。突然间我从心底里有一种感觉。我说，上帝作证，他们在造火箭——能送人去月球的火箭！我的天哪！多么难以置信！成为第一个踏上月球的人类！除了地质学家，还有谁更适合去探索月球呢？我当即决定，等他们开始接受申请，我必须站在队伍的最前排。"但他在他的计划中看到了一个破绽，按照他的原话："要是你在1948年对任何人说你想成为一名行走于月面之上的地质学家，他们会认为你是精神病院的首选。"他对天发誓，要不惜一切代价把自己弄上月球，但同时也要对他的野心保持沉默。吉恩·休梅克，时年二十岁，一件可怕的事情于帕拉多克斯谷在他身上发生。他成了一个痴迷于天空的地质学家。

月球地质学家必须要对月球上的坑洞有所了解。1940年代末，主流观点认为那些坑洞是火山造成的。吉恩自学了爆发式火山作用。地球表面隐藏着许多环状的巨大地貌，术语称之为隐火山构造——人们认为它们是超级火山爆发留下的遗迹。他研究了隐火山。他还去弗拉格斯塔夫郊外的巴林杰陨石坑走了一圈，那是地面上的一个坑洞，直径约1英里。吉恩说，尽管它名叫陨石坑，但"大部分地质学家对它源于陨石撞击的说法都态度暧昧，甚至表示怀疑"。有人认为这个陨石坑很可能是盐穹坍塌或火山蒸汽喷发留下的地洞。1906年丹尼尔·莫罗·巴林杰首先提出有一颗镍铁陨石撞击此处后爆炸，但没多少专业地质学家接受他的理论。吉恩着手为他的博士论文绘制巴林杰陨石坑的地质图。巴林杰在坑底钻了一组孔，希望能在陨石坑底下找到一颗镍铁小行星，可惜未能如愿。吉恩检验了巴林杰的旧钻芯样本，发现其中含有大量碎石，而碎石中充满了显微级的石英玻璃小粒，这些小粒饱含陨铁颗粒。吉恩在陨石坑的洞口周围发现了从边缘剥离形成的一层层沉积岩，"就像盛开花朵的花瓣"。他发现这一层层的喷出岩是按相反顺序沉积的。任何火山喷出的碎屑都不可能以这种顺序沉积。为了对比，他绘制了核弹在内华达沙漠炸出的环形坑的地质图，包括争吵行动的 U 字坑和茶壶行动的 ESS 坑[①]。他在那里发现了拇指大小的玻璃碎片，它们在冲击波中形成，被炸进碎石深处，而沉积物像花瓣一样从坑口边缘剥离，以相反的顺序沉积。核爆和陨石留下的环形坑相似得让他感到惊异。证据推出的结论是：造成巴林杰陨石坑的是一颗小行星。

获得博士学位后，他留在地质调查局工作。1960 年，吉恩、赵景德[②]和贝丝·麦德森（全都是地质调查局的人员）在巴林杰陨石坑的岩石中发现了一种天然矿物，他们将其命名为柯石英（coesite）。柯石英是硅的一种同分异构体，有可能在冲击下形成——必须有压力极高的冲击波穿透岩石，粉碎硅分子的晶格，才有可能重构形成柯石英。除了巨大陨石的撞击，地球表面没有任何已知的自然现象能做到这一点。正如吉恩后来说："我们发现了陨石撞击的指纹。"

里斯盆地是一块环形洼地，直径 17 英里，位于巴伐利亚西部边境上的奥格斯堡以北。大多数地质学家认为这是一座古老的火山。吉恩说："我的德语并不好，但我越是阅读里斯盆地的资料，就越坚信它是个撞击坑。"他认为柯石英指纹检验能证明他的推测。1960 年 7 月 27 日，发现柯石英的论文发表六天后，他和卡罗琳开着一辆崭新的大众小巴来到里斯。日落时分，他们找到了一个采石场（属于一家水泥厂，工人已下班回家），两人爬进矿坑。吉恩用地质锤敲碎了几块岩石，在暮光中仔细查看。就在这一刻，冲击地质学这门崭新的科研领域诞生了。

他说："岩石受到冲击，被融化和粉碎，里面充满了黑色玻璃的

---

① 克星—争吵行动是美国于 1951 年晚期进行的核试验行动，共七次，Uncle 是其中最后一次核爆。茶壶行动进行于 1955 年上半年，共十四次，ESS 是其中第七次。——译者

② 赵紫宸次子，震动变质作用的提出者之一。——译者

颗粒。我在现场只看了一眼，就知道岩石含有柯石英。"接下来的几天，吉恩和卡罗琳勘察了整个里斯盆地。吉恩精神恍惚地步行穿过一个个村庄，手里抓着地质锤。他发现到处都是受到冲击、被炸碎的岩石，这样的岩石甚至被切割成块，用来砌墙和造房屋。里斯盆地是个巨大的撞击坑，里面满是农场和村镇。来到里斯盆地的中心，他们见到了圣乔治教堂，教堂位于讷德林根镇上，用里斯盆地的岩石建造——那是一种粉碎后烧结的花岗岩，镶嵌着一团团黑色的玻璃。中世纪的石匠在不知不觉间为启示录之神建造了一座教堂。一千五百万年前的中新世，某个物体从太空坠落，在撞击时爆炸。在这个物体面前，地壳岩石的阻力就像是一盆猪油之于震撼手雷。岩石从里斯盆地的边缘被吹出，在巴伐利亚的土地上飞翔或滑行了数英里远。里斯盆地就像是开普勒或第谷环形山，基本上等于把月球上的一个环形山搬到了欧洲。

这是地球上存在巨型撞击坑的第一个证据。吉恩的发现引出了两个问题：第一，地球上到底隐藏着多少个撞击坑；第二，有多少个所谓的隐火山构造实际上是撞击坑被侵蚀后残余的基部。根据最新统计，地质学家已经确认了上百个有可能是撞击结构的地点，其中包括加纳神圣的博苏姆维湖、魁北克的曼尼古根湖、美国境内的数十个侵蚀环形山（包括曲溪、迪凯特维尔、弗林溪、隆起圆丘和曼森[①]）、巴西的坎加利亚山、法国的罗什舒阿尔、澳大利亚的戈斯峭壁。吉恩认为最终也许会发现多至上千个撞击坑，"只要我们不先用核弹坑覆盖地球"。1960年，他走进里斯盆地时，关于月球环形山是否由火山形成的争论尚未结束；然而假如能够在地球上找到一个大型撞击坑，那么月球上的坑洞和环形结构也就应该是撞击坑了。伽利略第一次用

---

① 分别位于密苏里、密苏里、田纳西、犹他和艾奥瓦。——译者

望远镜观测时就见到了它们，但科学家研究了三个世纪，最后才由手提地质锤的吉恩·休梅克证明它们是小行星和彗星的产物，并且地球上也遍布类似的环状结构。

他创建了美国地质调查局的天体地质学中心，办公室设在弗拉格斯塔夫，专门从事其他星球的地质学研究。他在美国的太空计划中逐渐占据重要位置，首先为徘徊者号月球探测器项目工作，后来担任勘测者月球着陆器的摄像系统的项目负责人，最终在阿波罗载人登月计划期间担任地质考察工作的项目负责人。然而他一直未能达到逃逸速度，终究没能离开地球。1962 年，他的肾上腺开始逐步衰竭，永远扼杀了他进入太空的希望。他说："讽刺的是，我担任了向美国宇航局推荐第一批宇航员人选的委员会主席。"他永远无法忘记阿波罗 17 号发射的夜晚，那是最后一次载人登月任务。他和卡罗琳在卡纳维拉尔角目不转睛地望着他们的朋友和美国地质调查局的同事、地质学家哈里森·H. 施密特乘坐土星 5 号火箭离开地球，火箭忽明忽暗地穿过云层，这台机器有三十层办公楼那么高，在开始顺发射方向倾斜时，速度已经超过了音速；而吉恩以科学家的超脱感体会着壮志未酬的痛苦，他的梦想始于 1948 年的帕拉多克斯谷，带着他来到佛罗里达的这块开阔地，见证火箭载着第一位也是最后一位在月面上行走的地质学家发射升空。

后来他离开了阿波罗太空计划，从事其他方面的研究，但他无法永远把视线固定在地面上。自从勘测巴林杰陨石坑和里斯盆地后，他就一直在思考从天而降的巨大石块。太空中有多少这种东西？你用望远镜能找到多少颗？在天空中寻找石块能否让你更准确地估计地球受到撞击的频率？1972 年，他开始认真思考启动一个计划去搜寻越地小行星，这时候人们只知道三颗越地小行星的确切轨道，它们分别是伊卡洛斯、地理星和托罗。阿波罗已经失踪。1937 年与地球擦肩而过的赫尔墨斯同样失踪了（到现在依然如此）①。比起在地球附近乱飞的"炮弹"，天文学家对寻找正在爆发的星系更感兴趣。但是，对地球的轰炸显然是个持续性的自然过程。

　　他开始和加州理工喷气推进实验室的地球物理学家埃莉诺·赫林合作。埃莉诺和吉恩一样，也开始怀疑越地小行星的数量或许相当巨大。她在加州理工的档案中搜寻失踪小行星的观测记录。她前往德国，解读已故天文学家马克斯·沃尔夫和卡尔·莱因穆特的日志，希望能复原已经消失的越地小行星的轨道。1973 年，休梅克和赫林建立了帕洛玛越地小行星研究计划。赫林在研究计划的早期承担了繁重的望远镜观测工作，在帕洛玛山的 18 英寸和 48 英寸口径施密特望远镜上度过了许多漫长的夜晚。他们像赌徒似的等待好运。就在项目刚开始的时候，一颗巨大的阿波罗天体掠过地球，那是现已失踪的1973 NA。吉恩回忆道："我说：'我的天！我们有收获了！'"但随之而来的是漫长的干旱期，没有任何发现。然后发现接踵而至。然后又是干旱期。"有好几次我险些就放弃了，但埃莉诺·赫林就是不肯认输。"

　　她发现了阿吞和阿瑞斯泰俄斯，共同发现了拉-和平，它们全都是越地小行星。她还发现了大量被称为阿莫尔型的小行星，这些天体位于火星附近的不稳定轨道上，在未来有可能撞击火星，也有可能被抛向越地轨道。休梅克和赫林定义了三类越地小行星。阿吞天体大部分时间都在地球内的轨道上运行。阿莫尔天体大部分时间在火星周围运行，偶尔向内擦过地球轨道。阿波罗天体大幅度来回穿越地球轨道。吉恩估计一共存在大约两千颗较大的阿波罗、阿吞和阿莫尔天体，这些小行星有可能会在近期或未来与地球相撞——两千座在高速

---

①　于 2003 年重新被发现，编号为 69230。——译者

公路上疾驰的醉驾山峰，其中大多数与我们素未谋面。比较小的天体（例如吉萨金字塔大小的）的数量则更加惊人，但极难被发现。大型天体在一个人的一生中撞击地球的概率非常低，从全人类的角度来看，大型撞击也极为罕见。吉恩说："人类文明才出现了一个瞬间。"但是从天文学的角度而言，超高速小行星撞击地球的频率相当高。我们生活在一个小行星群之中。

休梅克和赫林最终决定分立项目。赫林创建了近地小行星研究计划，旨在协调全世界对越地天体的观测。休梅克选择在"小眼睛"继续一个较小但强度更高的计划。他既没有时间也缺乏耐心去扫描胶片寻找小行星，因此需要一名助手。

吉恩没犹豫多久就向卡罗琳求婚了，但婚后吉恩花了两年时间才鼓起勇气告诉妻子他想去月球。卡罗琳很害怕。她担心丈夫的精神状况。不过转念一想，这主意似乎也不坏，因为自从小时候在奇科的那些夏夜开始，她也一直想去月球；于是两人的梦想成为了共同的事业。她解释说，在1960年代，"我以为月球旅行会变得非常普通，连我这样的人也能去看看"。两人都没能进入太空，但从每年9月到来年5月的每一个无月之夜，上山拍摄遥不可及的漫天珠宝和咒骂望远镜，似乎也没什么坏处。

帕洛玛山的18英寸口径施密特望远镜是一台大视场望远镜，几乎能观测到天空的全景。"小眼睛"拍摄一张快照时拍下的区域比北斗七星的斗都要大。"小眼睛"包括两块镜片，分别是直径26英寸的反射镜和位于鼻部的直径18英寸改正镜。（施密特望远镜的尺寸根据改正镜的直径确定，而不是反射镜。）"小眼睛"是全世界口径最小的专业望远镜之一，它将整个天空收入囊中。海尔望远镜则恰恰相反，它在回溯时间中钻出一个个小洞。即便使用电子照相机，海尔望远镜也需要超过一个人一生的时间才能拍摄无数张边缘彼此重叠的照片，拼成北方天空的完整星图。"小眼睛"每年不止一次地勘测整个北方天空。"大眼睛"从未捕捉到过一颗游弋于地球附近的未知小行星。吉恩说:"这台 18 英寸是西部最快的枪。"但他感觉到,小型望远镜无法吸引政府资金和私人捐助者的关注。休梅克夫妇搜寻有可能撞击地球的小行星,每年需要花费 6 000 美元。这还不包括吉恩的工资,他在帕洛玛山期间的薪金由地质调查局承担。6 000 美元中大部分消耗在购买胶卷上。吉恩说:"那些'饼干',拍一次就是 2 块钱。"休梅克夫妇试过申请拨款来支付卡罗琳的工资,但运气不佳。地质调查局本来乐于承担她的薪金,但禁止裙带关系的联邦法规断了这条路。她别无选择,只好出白工,不收钱为我们寻找越地小行星。吉恩说:"为了那点小钱,我们吃的苦头已经够多了。""小眼睛"镜筒上的坑洼伤痕证明,它有很长一段时间只吃苦头不拿钱了。

1879 年，施密特望远镜的发明者伯恩哈德·施密特出生于爱沙尼亚海岸边的奈萨尔岛，在当地语言中的意思是"女人之岛"，它位于波罗的海中，长 5 英里，由高低起伏的田野和森林组成，一端建有一座灯塔。岛民身穿古老的服装，对待路德宗信仰的态度非常认真。伯恩哈德是个麻烦精，爱好科学，对炸弹的态度非常认真，他很早就开始设计和制造炸弹，以此为乐。十一岁那年一个星期天的上午，他没去教堂，而是在田野里引爆了一颗自己设计的管状炸弹。炸药意外引爆，惊天动地的爆炸声想必震得奈萨尔岛上每一座教堂的窗户叮当乱响。爆炸炸飞了他主日正装的袖子，不幸的是他的右臂还在袖子里，所以和袖子一起被炸飞了。他在小溪里洗干净血淋淋的断臂，在树林里等待礼拜结束，然后跑回家，担心会因为弄脏了正装而受到惩罚。

　　失去右臂后，伯恩哈德·施密特将爱好转向光学。他把磨制镜片当作爱好，长大后他离开了"女人之岛"。世纪之交前后，施密特在德国的米特韦达落脚。他在一家废弃的保龄球馆里开设了工坊，为业余天文学家磨制镜片，靠抛光玻璃挣到的那点小钱生活。

　　制作天文望远镜镜片的难点在于你必须磨出一个凹面，把星光准确地聚集在焦点上。天文望远镜的镜片就像一个光瓢，目的是把大量光线集中在一个极小的区域内，光瓢越大且越深，就能把越多的光线快速传递到底片上。在光学的语言中，能迅速聚集微弱光线的反射镜被称为"快"镜。使用快镜可以缩短底片的曝光时间，从而提高天文学家的工作效率。快镜是曲率很高的凹面镜。抛物线这种曲线特别擅长集中微弱的光线，但抛物面镜有个无法避免的光学缺陷：用抛物面镜拍照时，只有照片中心部位的星场对焦良好。靠近照片边缘，群星会变成一个个逗号①。为了避免受缺陷的影响，天文学家将摄影区域限制在视野中央的一小块地方。举例来说，海尔望远镜对焦良好的区域仅仅是焦平面上大约八分之三英寸见方的面积，同一个人的小拇指指甲盖一样大。抛物面镜非常不适合探索天空中的大块区域。

伯恩哈德·施密特成了用左手制作抛物面快镜的大师。他靠白兰地、雪茄、咖啡和甜点驱使自己工作。施密特彻夜在保龄球馆里绕着镜片打转，嘴里叼着鱼尾巴似的雪茄烟，用左手拿着抛光工具一点点琢磨镜片，他把空荡荡的右袖管别起来，免得掉下去拖在玻璃上。他必须穿过林登园餐厅才能进入保龄球馆。他会对店主布雷特施奈德夫人说："给我准备一瓶上等白兰地，要是我走过时自己倒了一杯，就会在啤酒杯垫上做个标记。"施密特把他的望远镜放在林登园餐厅街对面的空地上。寒冷的冬夜，他一边观测星空，一边抛光镜片，一次又一次匆匆穿过林登园餐厅，每次都会喝一小杯白兰地。白兰地为施密特来回奔忙提供动力，一夜到头，啤酒杯垫上写满了记号。布雷特施奈德夫人回忆道："我们曾经和他相处得很好。"

施密特的望远镜看上去像是用废木料和运送蔬菜的板条箱拼装起来的。其中有一台观日望远镜，它的定日镜通过滴水钟来追踪太阳。他为人害羞而冷漠，终身不婚。没有证据表明他喜欢女性。他也许是同性恋，但同样没有证据表明他特别喜欢什么人。他是个公开的和平主义者。施密特曾经说："只有一个单独的人才有可能具有价值，把两个人放在一起，他们就会争吵。一百个人会闹事，要是有一千个或更多，他们就会发动战争。"1914年，人们真的发动了战争。德国警

①　术语称为彗差（coma），指类似彗星形状的变形，为光学系统中的一种像差，这是抛物面镜的固有缺点，会导致远离光轴的点光源（例如恒星）产生变形。——译者

察开始监视他。他们不知道那么多镜片和滴水钟是干什么用的，但他们知道他是个和平主义者，又因为他是爱沙尼亚人，于是警察断定他是一名爱沙尼亚叛徒，在向俄国飞机发送信号。他们把他关进战俘营，他遭受了可怕的折磨。战争结束后，他回到保龄球馆，继续磨制镜片。

第一次世界大战后的那几年，施密特的工作引起了德国职业天文学家们的关注。汉堡天文台的台长理查德·绍尔教授冒着招惹警察的危险，设法把施密特从保龄球馆拉了出来，把他安置在汉堡近郊贝格多夫镇天文台分馆的单身男子宿舍。施密特在那里度过了余生，他是天文台的无偿员工，也是一名慢性酒精成瘾者，心情好的时候就为天文台制作镜片。他们叫他 der Optiker B. Schmidt——光学技师 B. 施密特。

绍尔教授给他一间地下室当工作间，但大多数时间光学技师先生似乎都在贝格多夫闲逛，他自言自语，醉意蒙眬，嘴里永远歪斜地咬着一根雪茄，头上的棕色毡帽拉得太低，盖住了眼睛，人们经常担心帽檐会被雪茄引燃。光学技师先生异乎寻常地诡秘。他几乎不允许任何人走进他的地下宝库。光学技师确实不喜欢和他人为伴。完成海尔望远镜最终打磨工作的梅尔文·约翰逊曾经向我解释说："人们留下的划痕和污秽会让你丧失兴趣。"光学技师害怕人们会触碰玻璃，天晓得他们的手都摸过什么地方。人们会挠头皮，把灰尘扬到空气中，而尘埃有可能会卡在抛光工具和镜面之间。有一次在施密特不知情的情况下，一名访客拿起抛光工具，磨了几下施密特正在制作的一块镜片，磨掉了大约千万分之一英寸的玻璃。施密特测试镜片时，注意到访客用工具留下的划痕。他尖叫："有人搞鬼！"绍尔教授向来认为，施密特作为一名光学技师的真正才能不但体现在手上，也体现在眼上，因为当施密特用测试仪器检验镜片时，能立刻判断出是什么地方偏离了完美的光学表面。

施密特无比尊重镜片，以至于会身穿正式晨礼服（男人结婚穿的燕尾服）走进抛光工作室。他会把平顶草帽挂在墙钉上，露出剪短的斑白头发。他会站在玻璃圆盘前，绕着它缓缓转圈，他会满脸肃然地观察镜片，时而用涂树脂的小抛光工具抹一下镜面，雪茄烟头要么不点燃，要么点燃了放在烟灰缸里，防止烟灰落在玻璃上。他的左手就像米开朗琪罗的摩西雕像的手——骨节突出，坚如磐石，受到血管的滋养。他知道他的手胜过一切抛光机器。他说："最精密的量具都不如我的手敏感。"他的镜片放在用板条箱、木板、绳索和滑轮拼装的怪异装置上。他拒绝告诉世人他如何磨制镜片。他说："要是我把方法写下来，天文学家和光学技师恐怕会过于震惊，我多半再也不会接到制造任何东西的订单了。"

1929 年夏，太平洋地区发生日蚀，天文台派遣伯恩哈德·施密特和年轻的天文学家沃尔特·巴德前往菲律宾拍摄照片。他们于 2 月乘坐蒸汽船离开汉堡，直到 9 月才回来。云层遮掩了日蚀，破坏了部分观测结果，对施密特和巴德的长途跋涉来说似乎是个遗憾。巴德在旅途中拍摄了一张施密特的照片。照片里看不见施密特的手臂。他把独臂藏在背后，因为他手里握着酒瓶，不希望酒瓶出现在照片中。这次远征的关键事件（至少对天文学历史来说）发生在印度洋某处的这艘蒸汽船上。

沃尔特·巴德很少留下文字记录，但他向朋友们讲述了他的一些经历。事情的经过大致是这样的：根据巴德的回忆，那是一个傍晚，尽管巴德没有描述当时的环境，但我认为两位很可能站在船舷边，望着暗沉沉的热带海洋掠过。天空应该非常清朗，群星垂到了海平面上。在麦哲伦星云的笼罩下，光学技师先生用一只手扶住栏杆，嘴里咬着刚点燃的雪茄，说他想到了一种望远镜的设计方案。

沃尔特·巴德静静聆听。

施密特说，这种望远镜能够在一次曝光中拍摄大范围天区，成像的群星在底片上从一端到另一端都会像针尖那么清晰。这将是一台极快的望远镜。

巴德感觉到施密特对此已经思考了一段时间。

施密特说，他首先要把镜面磨成深而中空的球面曲线。这很容易，任何一个懂行的光学技师都能磨出球面镜。没人在望远镜里应用球面反射的原因很简单：球面镜会严重扭曲整张照片的成像，因此这种镜面对天文学来说毫无用处。但是，假如能在望远镜的鼻部安装一块修正镜片，修复落在反射镜上的星光呢？施密特说，这块修正镜片的表面会有环形波纹，但起伏非常平缓，在未经训练的人看来，就像是一块平板玻璃。然而它实际上并不平坦。它会对光施以巧妙的扭曲。星光经过球面镜的反射，落在望远镜中央的底片上，照片从边缘到边缘都将是对焦良好的。

巴德惊呆了。这种望远镜的潜能对巴德来说再明显不过：它能够用来搜寻天空中的移动物体。巴德对施密特说，他必须尽快磨出这么一块修正镜片来。

Nochnicht！施密特说。现在还不行！他说，首先他必须想出磨制修正镜片的方法。他绝对不会制作一块马马虎虎的镜片。绝对不会！他说，他使用的技法必须非常优雅。

远征队返回德国后，巴德和绍尔台长开始催促施密特制作修正镜片。施密特的回应是冷淡而漫无目标地在贝格多夫闲逛，他醉醺醺的，冒烟的雪茄时刻都有可能点燃帽子。巴德回忆道："他把他的独立性看得比其他一切都重。"施密特突然离开天文台，前往"女人之岛"。在某个时候（想象施密特当时正踯躅于他炸断胳膊的田野中，这个念头令人愉快），他梦见了又一种用来抛光玻璃的怪异机器。他回到贝格多夫。他对巴德说，他需要了解玻璃薄片的弯曲特性。巴德给了他一本物理学手册。施密特研究这本书，然后穿上燕尾服，把自己关在地下室。他不想让任何人见到他在干什么。

施密特在地下室待了三十六个小时后，巴德开始担心他了。巴德终于下楼去看，发现施密特人事不省地倒在一块薄如蝉翼的 14 英寸圆盘旁。巴德说，光学技师先生"醒来后接受了雪茄，但拒绝了咖啡和三明治"，因为，施密特说，他还有十二个小时的抛光活计没做完。施密特抽了两支雪茄，把巴德赶了出去。工作在疯狂的抛光中达到高潮。

完成的修正镜片极其薄，两只手一拉就能拉断。至于他"优雅的方法"，施密特把镜片放在平底锅上，就像把锅盖放在炖锅上一样，这样就形成了一道密封。然后他从平底锅里抽出空气，镜片被吸进锅里，于是向下弯曲。他把镜片磨平，给真空充气，玻璃弹起来，形成了波纹形状。确实非常优雅。

1930 年夏，施密特制造了一台望远镜来容纳他的镜片。一个闷热的星期天下午，他领着巴德爬上贝格多夫天文台一座建筑物的阁楼，在窗口为望远镜初光。通常来说，你不可能用眼睛通过施密特望远镜观察事物（因为光线在镜筒中心聚焦），但为了这个场合，施密特特地安装了某种棱镜，把光线送进目镜。施密特把望远镜对准隔着一大片草地的新弗里德霍夫公墓。

巴德眯着眼睛往目镜里看。他注意到颜色非常纯净，注意到公墓里的树叶边缘清晰得像刀锋。

施密特问："能看清墓碑上的名字吗?"

巴德敬畏地说："能。但我只能看到一个事实：这套光学器件太了不起了。"巴德随后问施密特，他能磨出多大的修正镜片。

施密特说，直径 48 英寸。不可能更大了。

他们把胶片装进望远镜，拍摄了一块墓碑。名字的每一个字母都很清晰。

那年夏天和秋天，施密特开始拍摄天空。星光穿过镜片落在反射镜上，反射回镜筒的半中间，最终落在胶片上——这是一套简单而强大的成像系统。开阔的银河从一侧到另一侧铺展在圆形的胶片上。冬天的一个夜晚，他和巴德把望远镜指向地平线，拍摄了2英里外的一架风车。照片中的风帆边缘清晰。他们用放大镜看照片时，能分辨出远处树木的一根根枝条。事实上，那天夜里没有月亮，照亮树枝的仅仅是星光。

贝格多夫天文台对这台新望远镜感到非常自豪。然而当光学技师先生提出为其他天文台建造施密特望远镜时，却没人下订单。他把价钱降到了低得可怜的数字。但欧洲没有任何一家天文台愿意买他的摄星镜，全世界最快的望远镜。光学技师先生待在贝格多夫的酒馆里，变得越来越吵闹和不满。每次喝多了白兰地，醉到了他所谓的"auf Achse"（醉到了轴心里），他就会请整个酒馆喝一杯，宣称："全世界迟早会听到我施密特的名字！"

对于一个有和平主义犯罪前科的独臂爱沙尼亚人来说，1930年代的德国既不是一个好时代也不是一个好地方。施密特感觉到另一场战争即将打响，他因此极度愤怒，于是投身逃避战争的事业：用昂贵的干邑白兰地彻底冲洗他的血液系统（一种优雅的技法），结果奏效了。1935年冬，"死亡从他的双手中夺走了抛光工具"，这是施密特的一位同事写的，但提到施密特的手时用的是复数，显然忘记了施密特只有一只手。同事们把他葬在他和沃尔特·巴德测试第一台施密特望远镜时拍摄的那片墓地。那是汉堡近郊贝格多夫的新弗里德霍夫公墓。假如你碰巧去了那里，我建议你不妨拐进正门右手边的那扇门，顺着一条环形小径向前走，直到看见一棵木兰树。这时你会站在巴德和施密特见证初光的那几块墓碑之间。你会在那里找到光学技师先生的坟墓：一块黑色的墓碑，只刻着他的名字、一颗星和几个字——PER ASPERA AD ASTRA①。

1931 年，沃尔特·巴德加入帕萨迪纳的威尔逊山天文台，带来了他和施密特拍摄的墓碑照片和一些夜空照片。这些照片给乔治·埃勒里·海尔和见到它们的每一个人都留下了深刻印象，其中包括加州理工的物理学家弗里茨·兹威基。没过多久，兹威基与沃尔特·巴德合作，做出了一个伟大的发现：他们发现恒星会以极其剧烈的方式爆炸。他们用超新星一词来形容这样的爆炸。弗里茨·兹威基渴望能观测超新星爆发的情形。超新星爆发非常罕见，兹威基意识到他近期不太可能在银河系见到超新星爆发，但他认为，假如有一台大视场望远镜，就能够同时监测大量星系，或许可以提高目睹超新星爆发的可能性。施密特望远镜是搜索超新星的理想武器。帕洛玛山 200 英寸口径望远镜的建造才刚刚开始，但兹威基开始和威尔逊山天文台及加州理工的光学技师与工程师磋商，请求他们为他建造一台望远镜。结果就是这台绰号"小眼睛"的 18 英寸口径施密特望远镜，此刻休梅克夫妇正在用它搜寻彗星和小行星。拉塞尔·波特设计了海尔圆顶的一些细部，18 英寸口径望远镜的流线型外观也出自他的手笔。

"小眼睛"于 1936 年初光，弗里茨·兹威基着手拍摄室女座的星系群集，希望能捕捉到一颗正在爆发的恒星。他运气不错。他发现天空中到处都有超新星在不同的星系内爆发。兹威基的 18 英寸口径施密特望远镜是帕洛玛山的第一台望远镜，在接下来的十二年里也将是唯一一台，直到海尔望远镜投入使用。

---

① 拉丁文：循此苦旅，以达天际。——译者

帕洛玛山的 48 英寸口径施密特望远镜于 1947 年初光。这台望远镜是沃尔特·巴德的心血结晶。他亲自监督其建造。它的修正镜片的直径刚好就是伯恩哈德·施密特那年夏天在贝格多夫预言过的最大尺寸。巴德的望远镜投入使用后，兹威基的小施密特望远镜变得寂寂无名，隐藏在一片茂密的矮栎树丛中；兹威基自己也觉得受到同事和媒体（尤其是媒体）的忽视。他开始认为以巴德为首的其他天文学家不想让他使用海尔望远镜。一天夜里，兹威基在 48 英寸口径施密特望远镜上工作时，命令一名夜班助理把一串樱桃炸弹扔出圆顶，希望爆炸的闪光能改善观测条件，这对他申请使用海尔望远镜恐怕没有任何帮助。观测条件没有得到改善，但噪音和闪光弄得像是兹威基在他的望远镜附近打响了战斗，这当然不可能说服其他天文学家允许他使用"大眼睛"。

兹威基开始到处宣扬是他建造了第一台施密特望远镜。巴德提醒兹威基，那是伯恩哈德·施密特本人建造的。从前的合作者沃尔特·巴德惹怒了兹威基，于是兹威基称巴德为"纳粹佬"。这是个残忍的玩笑。巴德是个容易激动、心思纤细的男人，有一双尖尖的耳朵，总是打着领结。他走路瘸得厉害（一条腿比另一条短很多），说话结巴。他绝对不是纳粹。他会因为紧张而双手颤抖，让部分同事觉得他随时有可能崩溃。然而只要巴德把望远镜的导星装置抓在手里，颤抖就会戛然而止，就好像见到引导星就会让巴德忘我出神，在手电筒光束下呆住的鹿也不过如此了；然后巴德会拍摄无与伦比的星场照片，群星精细得仿佛滑石的粉末。

兹威基对如何拍摄星系有自己的理念，他认为应该在摄影乳剂内混入爆炸性化学物。这样你把望远镜对准一个星系，打开快门，当星光落在胶片上，你会听见望远镜里传来仿佛油炸的轻微声和噗的一声响——这就是他所谓的快胶片。兹威基是个可怕的太空狂人。在火箭科学刚起步的时候，兹威基把一个炸药包装在德国 V2 火箭的头部，火箭飞到弹道顶端时，兹威基引爆炸药，把一块金属射入深空。兹威基为此感到自豪，因为他，弗里茨·兹威基，第一次把人造物品加速到地球的逃逸速度。兹威基拥有五十多项专利，其中有一种喷射引擎，他称之为"深水炸弹"。在他眼中，帕洛玛天文台的大多数天文学家都是白痴，而沃尔特·巴德是呆小症患者。兹威基出生于保加利亚，在瑞士长大，他认为自己不但精神上优于他人，身体上也一样。他尝试证明这一点的方法是在加州理工雅典馆的地板上做单臂俯卧撑。雅典馆是加州理工校园内的一家高级餐厅，教职员工吃着菲力牛排，探讨科研话题，结果至少有一次，他们集体把叉子举在半空，目瞪口呆地看着弗里茨·兹威基像海豹似的在地上扑腾，用粗哑的瑞士-保加利亚口音咆哮，挑战任何人在单臂俯卧撑上击败他。帕洛玛山的天文学家无法摆脱兹威基，因为他有加州理工的终身教职，但他们去咨询了心理学家，看这位老兄是不是濒临精神失常，前景肯定很不乐观，因为沃尔特·巴德对兹威基产生了生理上的畏惧。

面对弗里茨·兹威基，你很容易感到畏惧。他有一张愠怒的扁平大脸、一双浅蓝色的眼睛和某种恶毒的幽默感。他会像连珠炮似的咒骂夜班助理，科学术语里夹杂着污言秽语。他把巴德和其他人称为球形杂种，他说："他们是球形的，因为无论我从哪个方向看，他们都是杂种。"

事实上，兹威基是个真正的天才，也是加州理工最伟大的头脑之一，尽管他的个性让他和同事们产生了巨大的矛盾，一部分同事明确表示厌恶他。他做出了诸多发现。1933 年，他做出了他最有预见性的发现。在研究后发座星系团（离银河系相当近的一个星系团）的星系运动时，兹威基发现这些星系在星系团中运行的速度快得异乎寻常，以至于整个星系团应该分崩离析才对。但显而易见，这个星系团没有分崩离析，据此他得出结论：某种强大但不可见的引力源将星系团凝聚在一起。他不知道那是什么，于是他称之为"缺失质量"。接下来的许多年，天文学家尽量不去思考兹威基的缺失质量问题（甚至尽量不去想兹威基这个人），直到不久前，天文学家终于无法否认宇宙中确实存在相当大量的不可见物质。现在科学家称之为"暗物质"，而这个问题非常重大。他们不知道暗物质究竟是什么，但知道它占总宇宙质量的99%。换句话说，天文学家不知道宇宙主要由什么构成，而这一点正是弗里茨·兹威基告诉他们的。他发现的缺失质量问题很可能是现代天文学最重要的问题。说到底，我们肯定会乐于知道宇宙主要由什么构成。

兹威基曾经说过："只有伽利略和我真正知道该怎么使用小型望远镜。"据一位熟悉兹威基的天文学家所说，兹威基占据的空间似乎比他真正占据的更多，就好像他本人体内也有缺失质量；兹威基完全占领了小圆顶，拽着18英寸口径望远镜撞来撞去，据说镜筒上的凹坑就是他在寻找爆发恒星时留下的。沃尔特·巴德开始怀疑要是兹威基发疯会发生什么。要是一天夜里他冲出小圆顶，来海尔望远镜找沃尔特·巴德——但不是为了使用望远镜？巴德双手颤抖，悄悄地对同事们说，他认为兹威基打算杀了他。

弗里茨·兹威基即将杀死沃尔特·巴德的谣言传了出去。在修道院吃饭的时候，巴德和兹威基分别坐在长桌的两端，彼此不交谈，也几乎不和其他人说话，但兹威基浅蓝色的眼睛时不时瞥巴德一眼，这一幕使得一些就餐者不得不向胃药求助。天文学家米尔顿·赫马森经常参加这样的晚餐。赫马森的职业生涯是从威尔逊山的勤杂工和骡夫开始的，后来进修成为天文学家。赫马森与埃德温·哈勃合作，发现了星系的红移，进而发现宇宙在膨胀，这是20世纪最重要的科学发现之一。赫马森个子不高，为人谦和，戴一顶音乐剧《芝加哥》里的那种毡帽，身穿厚重的大衣，大衣口袋里总是揣着一品脱瓶的杰克丹尼威士忌，用来抵御星空下的严寒。米尔顿·赫马森被公认为帕洛玛山上最和善的天文学家，但赫马森伺候骡子的时间足够长，知道什么时候该划出界限。一天晚上吃饭的时候，兹威基给出了他已经发疯的终极证据。兹威基大声说他们应该向月球发射火箭，取回月球岩石进行研究。

"够了，弗里茨！"赫马森吼道，"把该死的月亮留给恋人们吧！"

沃尔特·巴德后来返回德国，由于自然原因去世。弗里茨·兹威基继续在加州理工工作到1970年代。他最后在加州理工校园的一间地下室里办公，身处于天文学研究生之间。兹威基看着他们来回经过他的办公室，人们时常会听见他咆哮："你他妈是谁？"他于1974年去世。名为兹威基和巴德的两颗小行星如今都在主小行星带内漂游，近期不太可能发生碰撞。

休梅克夫妇决定休息一下，喝咖啡吃苹果。他们走到圆顶的天窗底下仰望天空。这是一个秋天的深夜，群星变得清晰如针尖，铺满了整个天空。

"仙女星系升起来了，"吉恩说，"就在天顶。"

"我永远也找不到它，吉恩。"

两人从天窗探出身子，银河勾勒出他们的轮廓。吉恩说："你先找到丰饶角。"

"看见了。"

"看见角的开口了吗？"

"当然。"

"尽头附近有两颗亮星。从那两颗星向上——"

"哪个方向？"她问。

"那个方向。看见一个弥散的光斑吗？仙女星系比满月都大。"

"看见了！吉恩，它看上去不太一样。"

"什么？我们一直在导星镜里看它啊。"

"哦，我是说从这儿看不一样。"

吉恩转过身，用胳膊肘撑住圆顶的窗台，咬了一口苹果。他说："多么美的一个夜晚。"

她说："吉恩，我们需要直通上帝的电话线，请他告诉我们小行星都在哪儿。"

马尔滕·施密特喜欢在海尔圆顶的鹰架上探讨人生观，有一次他说："我不认为人们成为天文学家是为了挣钱或出名。在那么多天文台里，他们单独工作。冒着能冻死人的严寒。到处都有人只研究一颗恒星。仅仅一颗恒星！我不知道这意味着什么。"他停顿片刻。"意味着他们都有点疯狂。"他陷入沉默。一颗流星突然划破天空。

"漂亮！"马尔滕转过身来。

流星迅速移动，直到炸裂成一道闪光，在视网膜上留下一个光点。一块碎片甩了出去，逐渐熄灭。马尔滕举起手放在耳边，聚精会神地倾听。他说："也许会听见音爆。"一分钟过去了。"唉，好吧，"他说，"时间到了。"他回到数据室，吉姆·冈恩和唐·施耐德还在看星系穿越屏幕。马尔滕说："我们看见了一颗非常亮、非常美的流星。"

"好极了，"吉姆说，"听见响动了吗？"

"我们听了一会儿，但没听见。"

他们把一罐奥利奥传来传去，讨论刚才那颗流星。马尔滕说："声音也许要过五分钟才能传到这儿。它爆炸了。一小块碎片射出去。"他展开一只手的手指。"就像这样——砰！"

他们目睹了一颗越地小行星的毁灭，这颗小行星看上去只有高尔夫球那么大，进入大气层的时候，产生的闪光在 300 英里外都能看见。吉姆·冈恩说："天文学里有可能产生真正影响的研究领域寥寥无几，休梅克夫妇的就是其中之一。"

1664 年的某个时候，意大利的米兰下了一场陨石雨，几只羊和一位修士因此丧生。一名好奇的医生切开修士的尸体，发现一颗小石头射穿了修士的股骨，造成粉碎性骨折，最终使其丧生。1856 年，一道亮光从约书亚·贝茨号上空掠过，黑色玻璃粉尘洒在船上。1908 年 6 月 30 日上午，一个火球掠过西伯利亚，据一名目击者称："连太阳的光芒都显得黑暗。"几分钟后，中通古斯河流域的一块荒芜沼泽里发生了恐怖的事情。一团明亮的蘑菇云沸腾上涌，直达平流层。爆炸地点 50 英里之外，冲击波把满满一帐篷埃文基游牧民像扔沙包似的抛了出去。爆炸地点 70 英里外，一个人坐在瓦诺瓦拉贸易站的门廊上，他感受到被辐射热吞噬，冲击波随后把他从门廊上掀飞，他在半空中飞了 10 英尺，落地时摔得失去知觉。爆炸焚毁了数百平方英里的树木，将其夷为平地，巨响震碎了远达 600 英里外的窗户和陶器。压力波绕着地球传播了两圈。第二天夜里，欧洲的天空异常明亮，伦敦人甚至可以在午夜时分的户外看报纸；而这一切的原因是一颗直径约 200 英尺的彗星或阿波罗小行星撞击地球。

1912 年的一个下午，亚利桑那州的霍尔布鲁克市，圣达菲铁路公司的工段长正在和家人吃晚饭。他们听见一声"可怕的爆裂声"。他的一个儿子跑出去，在外面喊道："天上在下石头！"父亲也出去看。就在他们眼前，向东 1 英里的整块平原上满是烟尘，让他们联想起子弹"溅起尘土"。落在地上的陨石超过一万四千颗。

1924 年 7 月 6 日，科罗拉多州的约翰斯顿市，一场葬礼正在艾尔韦尔小教堂背后的墓地举行，这时忽然响起仿佛机关枪扫射的声音，然后一颗陨石像刺客似的落在送葬队伍刚刚经过的路面上。殡仪馆的经营者克林根佩尔先生把它挖了出来。

1927年4月28日，日本的阿波村，栗山夫人五岁的女儿正在花园里玩耍，忽然哭叫起来。一颗绿豆大小的陨石击中了她的头部，她母亲在衬衫领子里找到了这颗陨石。现在它存放在日本的一家博物馆，被命名为阿波陨石。

1931年一个晴朗的日子，科罗拉多州的伊顿市，福斯特先生在花园里倚着锄头休息。一个东西嗖的一声飞过他的耳边，啪的一声钻进土里。他挖出一块铜质的陨石，形状很像小拇指。这就是伊顿陨石。他以5美元的价钱把它卖给了一名收藏家。

1938年9月29日，伊利诺伊州的本尔德，卡尔·克拉姆夫人正在后院忙碌，忽然听见仿佛飞机在做动力俯冲的巨响，紧接着从邻居艾德·麦凯恩先生的车库里传来木板折断的声音。她心想："又是什么神秘事件。"

当天下午，艾德·麦凯恩先生想开他的庞蒂亚克轿车"进城"。他走进车库，打开车门。车座上赫然有个窟窿。他叫邻居卡尔·克拉姆先生来看："卡尔，快来啊，看看耗子把我的车座咬成什么样了。"

克拉姆先生过去查看损坏情况。

麦凯恩先生继续道："我知道耗子最近越闹越凶，没想到能造成这么大的损坏。"

"艾德，耗子可咬不出这样的窟窿。"

然后他们发现车顶上也有个窟窿。他们把车倒出车库，掀开车座，发现一颗陨石卡在座位弹簧中，这就是本尔德陨石。

1954年11月30日，一位空军飞行员在亚拉巴马州上空做高海拔飞行时，看见一道明亮的光就像星星坠落似的飞向锡拉科加的大致方向。与此同时在锡拉科加，彗星汽车影院的街对面，E. 哈里特·霍奇斯夫人刚在沙发上入睡，忽然被一声巨响惊醒。她跳起来，刚开始还以为是煤气炉爆炸了。然后她感觉到身体侧面一阵剧痛。这颗坠落的星星破坏了她的屋顶，击中收音机弹开，然后重重地击中 E. 哈里特·霍奇斯夫人的髋部。此刻骄横地躺在她的地毯上的正是锡拉科加陨石，一块重达 8.5 磅的紫苏辉石，刚从火星附近抵达地球。

1963 年签订禁止核试验条约后，美国空军暗中建立了一个全球性的气压感应传感器网络，用来侦测秘密进行的地面核爆。仅仅在一两年内，网络就侦测到大量威力巨大的空中冲击波，其中在南大西洋上空的一次当量高达 50 万吨。空军的科学家意识到，要么是有人作弊，要么就是在上层大气中爆炸的流星体释放出了核弹级的能量。

1971 年 4 月 8 日黎明时分，康涅狄格州的韦瑟斯菲尔德镇，一名目击者在小镇上空见到明亮的爆炸光芒。一小时后，保罗·卡萨里诺先生走进客厅，发现地上有灰泥粉末。他抬头一看，发现韦瑟斯菲尔德 1 号陨石嵌在天花板上。

1972 年 8 月 10 日，从太空飞来的一个天体越过犹他州。它在两分钟内向北飞越了爱达荷州和蒙大拿州，速度达到至少 20 马赫。它有可能在加拿大上空又弹出了大气层，也有可能如吉恩·休梅克猜测，它的速度逐渐降低，在加拿大森林地带的某处相对平缓地撞击地面。正在怀俄明州杰克逊湖度假的詹姆斯·贝克先生为它拍摄了一张非凡的照片。照片中，他妻子站在码头上。她显然被吓了一跳。她望向大提顿山脉，山峰之上的高空中，一个火球在上层大气中画出了一道笔直的烟尘尾迹。我们几乎可以肯定那是个阿波罗天体，它比柴油火车头还要大，从后方追上了地球。假如它的撞击角度再陡一点，贝克先生拍到的就会是一朵 2 000 吨当量的蘑菇云在提顿山脉冉冉升起了。

1982 年，依然是康涅狄格的韦瑟斯菲尔德镇，罗伯特·多诺霍夫妇坐在家中的天井里看《风流军医俏护士》，忽然听见"像是卡车撞进大门的一声巨响"。韦瑟斯菲尔德 2 号陨石闯进他们家的客厅，四处弹跳时撞坏了墙壁，掀翻了家具。多诺霍夫妇匆忙撤离。消防员在客厅桌底下发现了陨石。

1984 年 9 月 30 日，澳大利亚的珀斯市。两个人正在宾宁格普海滩晒日光浴，突然听见一声哨响和轰隆一声。一颗陨石钻进沙滩，离他们只有 12 英尺。三个月后，佐治亚州的克拉克斯顿市，唐·理查德森先生刚走出拖车，让他想起越南的迫击炮声的呼啸声就迎面而来，他向后退缩，看见一块球粒陨石带着敌意袭来，摧毁了卡鲁萨·巴纳德夫人的信箱。

吉恩和卡罗琳·休梅克就像宇宙天气的预报员。他们提醒世人，陨石坠地的概率是百分之百。吉恩估计每年都会有一颗流星体在地球某处的上层大气中汽化，"事件"（他喜欢将这类事情称为"事件"）牵涉的威力与广岛核爆相当。由于地球表面的三分之二是水体，因此海洋上空的大量空爆发生时无人目睹。他估计每二十五年就会有一次"事件"的威力达到百万吨级当量，也就相当于氢弹爆炸。通古斯爆炸等级的"事件"大约每三百年发生一次。吉恩认为两倍于通古斯事件威力的撞击在未来七十五年间发生的概率是 5％到 20％。他认为在未来七十五年间发生 6.7 亿吨当量爆炸的概率仅有 1.5％。这个级别的轰击能抹平整个比利时。吉恩说："我不会为此发愁得失眠。人类把自己炸飞的概率要大得多。"

要是卡罗琳真的发现某个天体朝着地球飞来呢？卡罗琳在控制台前说："我很可能不会在胶片上发现它。假如它径直飞向我们，就不会显得正在移动。它看上去就会像一颗恒星。直到它飞到我们的头顶上，这时它的移动速度会突然变得极快。"但是，她补充道，到了这个时候，告诉任何人都已经来不及了。

吉恩把最矮的高脚凳拖到望远镜底下，为了适应高度，他蜷缩起身子。他说："唉，这样不行。"他踢开高脚凳，直接坐在地上。他看着导星镜里面说："这个角度太差劲了。"他说："假如一个1200万吨的火球在一个政局不稳的地区上空爆炸。比方说巴基斯坦上空，再比方说巴基斯坦有核弹。热浪、强光，冲击波把你掀翻在地——很多人会发誓说他们被核弹袭击了。领导层会说：'该死，这帮狗娘养的！他们用核弹炸我们！'然后向其他人发起真正的核攻击。"

从地质时间的角度而言，吉恩喜欢称之为"重大事件"的意外迟早会发生。说它是"重大事件"，是为了和"事件"区分开。"重大事件"大约每十万年发生一次，大多数当然发生在海洋中。假如通古斯恐怖事件的始作俑者是个建筑物大小的天体，那么一名负责任的科学家就必定会开始考虑，像马特峰山顶那么大的一个抛射物撞击地球，结果会怎么样。吉恩知道会发生什么。他说，垂直射入的马特峰会在一秒钟内击穿大气层。他说："它前方的头激波会在大气层中打开一个洞，大气会燃烧，产生氧氮化合物。"他打开灯，看着墙上的刻度盘。他说："我觉得表盘又不准了。"他用手电筒照亮望远镜底部，拨弄了一会儿几个金属部件。等他控制住情况，他解释说一颗大型小行星以每秒9英里的速度撞击地面会引起大爆炸。他说："我准备好了。"

卡罗琳倒计时。他对准西方，开始曝光，因为黎明将近，特洛伊小行星群正在落向西方。他说，小行星撞击地球的时候，超音速的压缩波会撕碎小行星，把它变成一团液态物质，假如不是炸成一个火球，它本来会落地四溅。小行星在着陆点会被压缩到只有原先三分之一的大小，巨大的闪光从着陆点倾泻而出。吉恩说："辐射热能引燃60英里外的建筑物。"假如小行星撞击大海，引发的海啸（潮汐波）

会席卷全球。假如一起"重大事件"在长岛海域发生，那咱们就可以告别新泽西了（曼哈顿更是连想都不用想）。波士顿、华盛顿、迈阿密、里斯本、达喀尔都会成为历史，因为从撞击点扩散的海啸会抹平大西洋沿岸的诸多城市。

撞击会挤压产生一个碎片环，那是被碾碎、融化和汽化的岩石形成的圆锥形抛射面，也就是所谓的"喷出锥"（cone of ejecta）。喷出锥的前沿以超音速向上扩张，进入大气层，就像一条盛开的花朵。它使大气层急剧升温，形成由气体混合融化和汽化玻璃组成的泡状结构。泡状结构突破大气层顶端，进入外层空间，玻璃会继续向上走。拇指大小的玻璃碎块会以亚轨道弹道弹射到地球的另一端，在与撞击点相对的一个汇聚区重新进入大气层，导致由融化玻璃构成的烈火风暴降落在澳大利亚大小的一块区域上。爆炸会将大量尘埃注入大气层，遮蔽全世界的阳光，造成冬季暂时降临。氮氧化物（燃烧的大气）会变成硝酸雨。吉恩猜测，在过去一百万年内曾有过一段剧烈撞击的高发时期，在这个短暂的时期内，发生了多达三十次"重大事件"，其中包括多达十二次的陆地撞击。这意味着我们这个物种有可能是在一个彗星雨较为温和的时间段内诞生的。智人很可能是从十二次自然界的"核战争"中幸存了下来——之所以打引号，是因为撞击造成的大屠杀不会留下放射性尘埃。

有一些比马特峰大得多的小行星在越地轨道上运行。西西弗斯和冶神星，这两颗越地小行星的直径都有 6 英里左右。两者都有可能撞击地球。假如其中一颗真的撞击了地球，结果就会是吉恩所谓的"全球性灾变"，以区别于一场单纯的"重大事件"。地球生命有可能经历过全球性灾变的第一个有力证据出现于 1980 年，路易斯·阿尔瓦雷斯和沃尔特·阿尔瓦雷斯与合作者分析了在意大利中世纪小镇古比奥附近发现的一个异常地层，这个地层由灰色与红色的泥岩构成。这个泥岩地层形成于大约六千五百万年前。它很薄，厚度还不到 1 英寸，但与其上和其下的岩层之间都有着明确的界线，它下方的岩层含有白垩纪的恐龙化石，上方的岩层含有更晚近的第三纪的哺乳动物化石。这个地层现在被称为 K-T 界线[①]，其中铱等稀有金属的比例异常高，而这些金属在陨石和彗星中的丰度远高于地壳中的岩石。科学家已经在全世界包括海盆在内的超过七十个地点发现了 K-T 界线。它就像曾经涂满了整个地球的一层油漆。K-T 层还含有显微级的矿物质小球，它们曾经是熔化的玻璃、冲击波产生的矿物质颗粒和炭黑。六千五百万年前，玻璃烟霾遮蔽了地球，几大洲的森林毁于火焰，地球披上了一层泥土。

阿尔瓦雷斯团队提出，一颗大型阿波罗小行星的撞击掀起大量的尘埃，造成了撞击寒冬，全球气温在此期间陡然下降了几个月甚至几年，打断了植物的光合作用。差不多在同一时期，地球上的至少半数物种消失了，其中既有植物也有动物。吉恩说："你把那薄薄的一层泥土变成尘埃放在大气中，大气的透光能力就会变得像一块半英寸厚的湿泥板。地球表面的光源只剩下火和发冷光的生命体。"黑暗导致大量海洋单细胞动物死亡，从底部炸毁了生命的金字塔，效应一层层向上传递，引发了大规模物种灭绝。

吉恩与塞萨雷·埃米利亚尼和埃里克·克劳斯共同提出了一个理论：一个直径约 6 英里的抛射物落入了太平洋。撞击威力相当于上千场核战争，冲击波将数千立方英里的海水、大气和地壳岩石吹入外层空间，从地幔喷出的岩浆填满了产生的空洞。一小时内，尘埃从空中以自由落体降落，覆盖了整个地球。涌入撞击坑的海水掀起高达数英

---

① 现在称为 K-Pg 界线（白垩纪－古近纪界线），K-T 界线是白垩纪－第三纪界线的缩写，第三纪现已拆分更名为古近纪和新近纪。——译者

里的潮汐波，海水遇到岩浆后被煮得沸腾。撞击坑很可能还保存在一个海底深处的盆地里，你也许会在海床上发现环状地貌。吉恩说："但我们对海洋的探索还没那么详尽。"被抛入太空的岩石和海水化作泥浆雨或泥浆雪，混合硝酸，落在整个地球上，但有相当大的一部分水蒸气留在空中。水蒸气会捕捉太阳辐射的热量。全球气温在黑暗时期陡然下降，在重见天日后又向上反弹。温室效应烤死恐龙，把浅海变成了热浴缸。小型哺乳动物因为体型小，所以更容易散热，从而成功地维持了可以繁衍后代的种群数量。吉恩说："这是你可以好好玩味一下的那种理论。"

吉恩作为科学家的研究风格是考虑所有可能性。每次遇到一个有希望的想法，他就会觉得自己有义务去尝试一下。他无论如何都无法排除我们会遭遇密集彗星雨的可能性。假如一颗恒星穿过奥尔特彗星云。奥尔特云会像发狂似的朝各个方向抛洒彗星，其中有一些可能会成群结队地穿过太阳系，间或撞击地球，造成步进式或交错式的大规模物种灭绝。

全球性灾变似乎贯穿了整个地质时期。古生物学家已经发现了前寒武纪软体动物大灭绝的证据。他们也发现了恐龙时代两次大灭绝的证据，其中的第一次发生在三叠纪末期（引起它的那颗彗星或小行星很可能在魁北克砸出了一个圆形坑洞，也就是现在的曼尼古根湖），第二次发生在侏罗纪末期。恐龙的最终灭绝有可能是多次叠加的结果，就好像当时地球遇到了一场彗星雨。也可能是一颗巨大的小行星在主小行星带内破碎，碎片像雨点似的落入越地轨道。哺乳动物时代也发生过两次恐怖事件，其中一次是始新世末期交错爆发的大规模物种灭绝。

生物演化似乎由一个个稳定期和夹杂其中的爆发演变期构成。一次大规模灭绝后，幸存的生命体会形成分支，演化出全新的生命形式。哺乳动物的演化很可能就是这么一场演化爆发。恐龙灭绝的前兆也许是一颗恒星在白天闪耀（这颗恒星穿过了奥尔特云）和黎明与日落时分数量多得异常的彗星，时间一年一年过去，奥尔特云在过路恒星的侵扰下抛出流浪彗星。然而假如撞击地球的是小行星，那么就不会存在任何警示，除了木星那沉静而美丽的身影划过天空，一如既往地犁过小行星带，把小行星抛向地球。假如不是因为木星，恐龙也许会有机会变成用望远镜研究类星体的瘦小生物，而我们依然是毛茸茸的小动物，没有发达的大脑和好奇的眼睛，以昆虫为食，每晚嚎叫不休。

卡罗琳对我说："今晚要让你干活了。"

"你要干什么？"吉恩从望远镜底下问她。

"我要教他换底片。"

"很好。"

卡罗琳对我说："你帮吉恩看时间，等他的时间快到了就给他读秒。这次曝光是四分钟。"

电子钟上的红色数字走得很快，时间单位是十分之一秒。

"你给我去死！"吉恩在骂望远镜，而不是我，望远镜的回应是喷出一片火花。他把十字准线重新对准他的引导星，我听见嗞嗞、嗞嗞的声音。他关上快门叶片，转动望远镜。吉恩在黑暗中叮叮当当忙了一阵，递给我夹着已经曝光的胶片的底片夹。我递给他一个新的底片夹。然后我必须跑向控制台。

卡罗琳说："吉恩转动望远镜的时候，你读出下一次曝光的坐标。按这几个按钮，圆顶就会转动。你把控制器递给他。写下时间、温度、观测者姓名和相对湿度。然后你下楼去暗室，把已经曝光的底片夹紧贴在胸前。"她领我走进暗室。"换底片很容易。"她说，关掉灯。

"把底片夹翻过来，摇一摇，"她说，"底片会掉进你的左手里。感觉到了吗？手指捏住边缘。指纹有可能会盖住一颗彗星。"她叫我用手在台面上摸，直到摸到一个抽屉。抽屉里有个不透光盒和一叠底片，那是一整个夜晚的劳动成果。我必须把底片放进盒子，关上盒盖和抽屉，拿一张新底片装进底片夹，用铅笔把拍摄编号写在底片上。从头到尾都必须在完全的黑暗中操作。她说："然后你要飞奔上楼。我说的是飞奔，因为现在观测者已经——"

"你们俩在干什么？"楼上传来微弱的叫声，呼应她的解说。

"你要向观测者保证一切正常：吉恩，一切正常。这就像小鸟学飞。"

第一次单飞，我把底片夹抱在胸口，一头扎进暗室。我消失了很长时间，撇下吉恩一个人站在望远镜旁。

"快点！"休梅克夫妇喊道。

休梅克夫妇听见暗室里传来砰的一声巨响。他们的夜班助理撞上了一面墙。

"一切正常！"我叫道。我不小心打开了几盏蓝色小灯，我担心底片会曝光，直到我发现蓝色小灯其实在我的脑子里。我拿着新的底片夹跌跌撞撞跑上楼。

"尽量抱在胸口。"卡罗琳提醒我。

"好的。"我说。

"灯关了吗？"

"关了。"

"底片上写编号了吗？"

"什么编号？"

"拍摄编号。"

"哪次拍摄？"

"你怀里这次。"

"糟糕。"我跑下楼,在底片上写编号。

暗室里传来的乒乒乓乓声告诉休梅克夫妇,我又被方向性问题难住了。

转动圆顶的时候,夜班助理未能注意到左右的区别。他找不到"停止"按钮,导致圆顶在转动时失去控制。夜班助理大声念出错误的坐标,导致观测者试图在圣地亚哥寻找小行星。夜班助理用脑袋重重地撞上一张属于加州理工学院的桌子。吉恩的声音从望远镜底下飘出来,听上去乐观得毫无理由,他说:"万事开头难,会好起来的。"

到这次运行(run)结束,休梅克夫妇共拍摄了一百四十四对照片。吉恩洗出底片,挂在绳子上晾干。他说:"我只知道这些星场里有特洛伊天体,但卡罗琳必须去找到它们。"他和卡罗琳把胶片放进玻璃纸保护袋里,保护袋放进一个盒子,盒子放进狂怒的后尾厢。那天晚上,休梅克夫妇和夜班助理喝了一小杯白葡萄酒,祝贺这次小行星狩猎成功落幕,休梅克夫妇驾驶狂怒驶向弗拉格斯塔夫,一轮盈月说明 10 月的黑暗时间已经结束。

第三部

发明家

8月来到帕洛玛山，温暖的风吹拂蕨类植物和矮栎，也吹过海尔望远镜圆顶的鹰架，一个瘦削的男人站在鹰架上，目送太阳西沉。马尔滕·施密特和他的类星体团队回来了，他们的这次运行将持续四个夜晚，这是他们对类星体的第二次观测。与此同时，唐·施耐德一直在鼓捣一个电脑程序，这个程序能在电脑记录磁带上搜寻类星体，但他还没有扫描任何一卷磁带。

　　资料室里，詹姆斯·冈恩、芭芭拉·齐默尔曼和唐·施耐德围在电脑屏幕前，尝试让海尔望远镜上的照相机和他们交流。电脑屏幕活了过来，文字陆续出现：配置子程序……机器人子程序……欢迎来到"四管猎枪"。

　　齐默尔曼对冈恩说："吉姆，倒带并擦除。"

　　冈恩向"四管猎枪"输入指令：倒带。

　　"四管猎枪"说，正常。

　　但"四管猎枪"并不正常。"磁带不听使唤！"冈恩说。他叹了口气，摘掉眼镜。"这是发生了什么？"

　　"我他妈怎么知道？"芭芭拉·齐默尔曼说，"试着再倒带一次。这次检查一下单元的情况。"

　　冈恩再次输入：倒带。

　　"四管猎枪"说：正常

　　冈恩问：单元？

　　"四管猎枪"说：10 正常。

　　数据室的门向内打开，胡安·卡拉斯科走了进来，抱着腌辣椒的箱子。

"你好，胡安老弟。"冈恩说。

"你好，你好，"胡安说，"马尔滕·施密特在哪儿？"

"谁？"唐困惑道。

胡安微笑。"马尔滕·施密特博士。"

"没听说过。"唐答道。

"那位高个子先生。"

"哦，高个子先生啊。他出去看天气了。"

胡安把箱子放在架子上，摘掉安全帽，在他的控制台前坐下。他扳动开关，启动油泵。他打开了名叫"幻影"和"挡风玻璃"的一组控制系统。他拨动开关。一台发电机开始运行，房间里的灯闪了一下，随即恢复稳定。他在电脑键盘上输入指令。透过数据室的一扇窗户，你能看见七层楼高的钢铁和 14 吨派热克斯玻璃——海尔望远镜——开始缓缓移动。他说："吉姆，我只是检查一下负重。"

马尔滕·施密特走了进来。"你好，胡安。一向可好？"

"很好，马尔滕，你呢？"

"也很好，"施密特说，"天气看上去还不赖。"施密特从公文包里取出一把圆形计算尺。这把计算尺和唐·施耐德差不多一个年纪。施密特称之为"我的 HP Zero"——指的是惠普公司的袖珍计算器系列。他摘掉眼镜，眯着眼睛看他的 HP Zero。他开始计算团队今晚要扫描的天空条带的坐标，他们将继续寻找类星体。

交谈的话题转向音乐。

"前一阵有人在这儿放过'死亡肯尼迪'[①]。"

"冈恩在的时候你可不会听见那种东西。"

---

① 美国朋克摇滚乐队。——译者

"我打赌冈恩在主焦笼里听完了一整套《指环》①。"

"哈，应该没听过全集，"冈恩说，"我更喜欢意大利歌剧。说起来，威尔第的《安魂曲》是有史以来最不可思议的音乐作品，它献给——"

"吉姆对歌剧的兴趣就是他唯一的性格缺陷了。"

"四管猎枪"说：正常。

唐·施耐德转向胡安·卡拉斯科。"我们想打开圆顶。没问题吧？"

"可以打开。"胡安说。

唐走出数据室，前往圆顶的主楼层。数据室里听见了隆隆的声音。马尔滕·施密特在数据室的窗框旁望着圆顶的天窗徐徐打开，紫水晶般的暮色笼罩了海尔望远镜。电话响了，马尔滕拿起听筒。他说："200 英寸。"然后和一名同事小声交谈。

唐回来了，对夜班助理说："胡安，你检查过表盘吗？"

"我似乎应该做个校正了。"胡安说。

天文学家在校准望远镜和传感器。

吉姆·冈恩说："咱们换一颗星。"

"开始移动。"胡安说，拨动一个个开关，高亢的呜呜声响彻了数据室。表盘转动。他说："到了。"一颗亮星出现在屏幕上。

冈恩的蓝色小盒子——他的自制装置——依然用一块胶带贴在"四管猎枪"上。数据天才理查德·卢西尼奥早已从肠胃不适中恢复健康，他正在重新搭建控制"四管猎枪"的电脑系统，但小自制装置必须贴在"四管猎枪"上再运行一次。

---

① 指瓦格纳的《尼伯龙根的指环》，全集分四部，总长十五至二十个小时（不同录音版本的时长有所不同）。——译者

“准备得怎么样了？”马尔滕环顾四周。

“完全好了。”唐说。

“那好，”马尔滕说，“胡安！”

胡安用左手的三根手指拨动三个开关，同时用右手在电脑上输入指令。“大眼睛”发出叽叽声，快速转向他们将要开始扫描类星体的那块天空。胡安说：“到了。”

马尔滕说：“先生们，现在要关闭油泵了。”他又对胡安说：“先生们，可以关闭油泵了。”

“油泵关闭。”胡安说。他噼里啪啦地拨动一排开关。维克斯泵的呜呜运转声随即停止，望远镜沉下来，锁定在轴承上。他说：“幻影和挡风玻璃已关闭。”

冈恩按下一个按钮，开始中天扫描，条纹信号在屏幕上闪烁。“糟糕。”冈恩说。

马尔滕看着屏幕上的条纹。“真该死，詹姆斯！这可太不正常了。”

“‘四管猎枪’不高兴了，”芭芭拉·齐默尔曼说，“信号有干扰。”
话音刚落，无数星系充满了屏幕。

天文学家们放松下来。

星系向上滚过屏幕。假如“四管猎枪”正常运行，那么屏幕上的星系会彻夜滚动，电脑会记录下一条天空，这条天空以 C 字弧线扫过诸多星座——它以围绕北极星的一条纬线拍摄星场的环形全景。“四管猎枪”应该会自动扫描这条天空，不需要天文学家的进一步操作。这条天空非常窄：你把一颗罂粟籽举在一臂之外扫过天空，划出的条带就与其尺寸相仿。

“很好，就这样吧，”冈恩说，“没什么可做的了。”

唐·施耐德挑起眉毛看冈恩，冈恩朝施耐德咧嘴笑笑。唐随后转向夜班助理。他小声说："所以最近过得怎么样?"

"非常好,唐,你呢?"胡安答道。

"很好。莉莉和姑娘们呢?"

"也很好,唐,谢谢问候。"

"今年夏天去哪儿度假?"

"我们要陪着莉莉的母亲。她病得很厉害。"

"很遗憾听到你这么说。"唐说。

马尔滕摘掉眼镜,凑近屏幕,鼻子都快贴在上面了,荧光照得他脸色发蓝。他说:"太了不起了! 事情很顺利。"

"非常好。"唐说。

"真他妈好!"项目负责人今晚情绪高涨。假如"四管猎枪"能一直正常运行,施密特就有可能找到一些类星体。

唐说:"我们不可能用肉眼看见一颗类星体滚过屏幕。"类星体不但稀有,而且看上去很像恒星,只有电脑才能分辨出类星体。

"要是能用肉眼见到一颗类星体就好了。"马尔滕说。他个子太高,坐在椅子里总是不怎么舒服,于是他起身在数据室里踱来踱去。他原地转身,说:"这种观测真是疯狂。"

"不是很像天文学家,对吧?"吉姆·冈恩说。

马尔滕说:"这儿的标准工作程序就是一边跑一边嚷嚷。今晚你能听见一根针掉在地上。哈,要是我有一根针,肯定会往地上扔扔看。"他把手指按在经过屏幕的一个星系团上。"这些家伙跑得腿上生风……脚上长风,"他转向唐·施耐德,"你们怎么说的来着?"

"脚下生风。"唐说。

没过多久,屏幕开始像广告牌似的闪烁,几位天文学家苦恼地大喊起来。

"该死!"马尔滕叫道。

"这是怎么了？"

"看着像是拉斯维加斯。"

冈恩的双手悬在键盘上方，按捺住冲动，没有命令"四管猎枪"停止乱来。他已经学到了教训，每次他用指令打断"四管猎枪"的扫描，"四管猎枪"就会死机。

唐说："咱们去找个假键盘给吉姆吧，免得他两只手没事做。"

"没用的，"芭芭拉·齐默尔曼说，"他总能找到办法折腾系统。"

一大团灿烂的星系突然从屏幕底下冒出来——这是一群椭圆星系，看上去仿佛潜水员吐出的气泡。

"哇，"马尔滕迷醉道，"所有这些自然现象。漂浮在宇宙里的所有这些东西。"

一个棒旋星系飘过。一根白色长针飘过——那是从侧面看见的旋涡星系。一颗附近的恒星在屏幕上画出一个白色十字，它的星光轰炸CCD传感器芯片，在屏幕上溅起白色光线。一个光点微微闪烁。唐·施耐德指着光点说，那是宇宙射线击中了传感器芯片。他说："很可能是个 μ 子。"黯淡的场星系经过，那是宇宙中的纸屑，随风飘舞的雪花。

星系有可能是宇宙中的基础组织结构，也可能不是——没人知道确切的答案。如今天文学的主流观点认为星系物质在宇宙中不占优势。弗里茨·兹威基发现的暗物质（或缺失质量）很可能才几乎是宇宙中的一切[①]。我们可以尽情想象，暗物质中也许包括无数木星大小的行星。银河系内也许充满了行星。暗物质可能是彗星，也可能是铁质的星际碎片。它有可能是时空中的线性拓扑缺陷，也就是所谓的

---

① 按照目前的理论和普朗克卫星探测的数据，在整个宇宙的构成中，常规物质只占 4.9%，暗物质占 26.8%，还有 68.3%是暗能量（质能等价）。——译者

"宇宙弦"。吉姆·冈恩提到暗物质时往往称之为"那玩意儿"。从他的用语中看得出吉姆·冈恩对暗物质的了解程度。暗物质有个深受喜爱的候选者是 WIMP。WIMP 是一种理论性的粒子，也许是某种大质量弱相互作用粒子①。WIMP 有可能可以穿过物质但不与物质发生相互作用。WIMP 有可能积聚于星系周围的不可见星云中。但另一方面，那玩意儿无论是不是 WIMP，都有可能与星系毫无关系。假如超星系团间的巨大空隙中存在暗物质，那就谁也无法断定暗物质究竟是什么了。

点缀夜空的星系比银河系中的前景恒星要丰富得多。除了少数一些星系（仙女星系、大小麦哲伦星系），绝大多数星系都是肉眼不可见的，只有在望远镜中才会展露身姿。天空仿佛是用星系绘制的点画图。一轮满月至少能遮挡一万两千个星系。在任何一块存在一万两千个星系的星场中，都有可能（最多）存在大约二十五个类星体，但其中很多类星体过于黯淡，在扫描中无法被侦测到。马尔滕估计，连续几晚的扫描或许能找到两颗高度红移的类星体（也就是最遥远的类星体），但也有可能一无所获。扫描搜寻类星体就好像掷骰子：概率法则会发挥效用，你永远也猜不到你会撞见什么。

"好，我下班了。"芭芭拉·齐默尔曼说。她再次帮助冈恩和照相机内的机器人建立了联系。现在冈恩可以自己和机器人对话了。

"再见，B. Z.。"冈恩说。

"小心驾驶，"施密特对她说，"已经很晚了。"

几位天文学家默默地盯着屏幕，房间里暂时平静下来。胡安·卡拉斯科从腌辣椒箱子里取出几本笔记本中的一本，在上面做了些笔

---

① WIMP 就是大质量弱相互作用粒子（Weakly Interacting Massive Particle）的首字母缩写。——译者

记。他觉得，想要揣测"大眼睛"内部的运行情况，唯一的办法就是详细记录它的生命体征。他觉得"大眼睛"有些晚上情绪很好，有些晚上则很差。他来帕洛玛山报到的第一天，在一个空白的绿皮笔记本上写道："爱与雄心是通往成功的翅膀。1969年。"

他曾经担心自己会失败，担心他会弄坏望远镜。之前的恐惧到现在偶尔还会触动他。他尽量不去多想外面那个在黑暗中移动的玻璃巨人。绿皮笔记本上有频繁使用留下的痕迹。他不得不用胶带纸（帕洛玛胶）来修补它。

绿皮笔记本之后他换了好几个笔记本。刚开始他只记录关键信息（"天文学家们"最喜欢的电台：旋钮上的KFAC 92.3），但他也思考过其他问题："创世的那一刻发生了什么？恒星和星系是如何诞生的？宇宙会如何终结？"他写下这些问题是想去请教吉姆·冈恩，希望冈恩能回答他。然而冈恩一生中的大部分时间都在为了回答同样的这些问题而疯狂工作，但一直没能找到令人满意的答案，因为（胡安记录道）"我们在这里面对的是一个根本性的问题"。

胡安在伸手可及的一个架子上放了本翻烂了的词典，每次听见一个值得玩味的词，他就去查词典，体会其中的微妙含义。一些天文学家似乎忘记了夜班助理在记笔记。他们提到其他天文学家的时候，胡安把他听见的内容记录了下来：

> 打手——一个被雇来恐吓或威胁对手的人
> 乡巴佬——粗鲁、天真或容易上当的乡村或小镇居民
> 黑话：难以理解的语言或用词
> 自大结论①

---

① 疑为仿自大狂（Grandiose delusions）造词。——译者

天文学家在显示屏上见到某些格外壮观的东西时，他记录下来以备参考："超新星!!!"

他还在一本像是中世纪书卷般的红黑封面巨册中记录了一份官方编年史，也就是天文台日志："零星卷云，西北风，和风。理查德·普雷斯顿博士（记者），三十岁。"

腌辣椒的箱子里还有他积攒的应急装备：七节金霸王电池和两个备用手电筒灯泡。两卷胶带和一些绳子，他会把它们借给天文学家。一个体温计（天文学家疏于照顾自己，有时候他必须为他们量体温）。一瓶 Campho-Phenique。（"治唇疱疹特别灵。"他说。）腌辣椒的箱子里还有大量美丽天体的宝丽来快照：天鹅座的一个环形星云；一对相互纠缠的无名星系；名叫 1983d 的彗星，人类要到 3027 年初夏才会再次见到它。箱子里有一本宗教小册子，里面是约翰·格林里夫·惠蒂尔写给全人类的话："前无古人，后无来者：信仰的步伐落在看似虚无之处，却能找到其下坚实的岩石。"

胡安去圆顶楼下的厨房拿夜宵。他回来时端着一个托盘，托盘上有几杯热气腾腾的咖啡、几瓶汽水和几盘烤英式松饼三明治，天文学家把三明治里那种黏糊糊的黄东西称作塑料奶酪。

"施密特博士。"胡安说。

"多谢了，胡安。"马尔滕拿了一块英式松饼三明治和一杯咖啡，站起身。他说："我家里的唱片机需要修理了。今晚我想听点响亮的完美音乐。"他走向音响。他转动旋钮，摇滚乐的片段飘荡在数据室里，但最终响起了柔和的《哥德堡变奏曲》。

"施耐德博士。"胡安说。

唐拿了一瓶柠檬酸橙汽水和一个夹奶酪的英式松饼三明治。他不喝咖啡和酒，但他消耗的塑料奶酪无疑惊动了修道院的厨师。

"詹姆斯·E. 冈恩教授。"胡安说。

"多谢了，胡安老弟。"冈恩拿起一瓶汽水打开，眼睛一直盯着星系在跳的永无止境的萨拉班舞。他喝了一大口汽水，另一只手在一堆文件里摸索，终于找到他自己的超值包 M&M 巧克力豆，他抓了一把巧克力就着汽水吃。

胡安端着一杯咖啡在他的显示屏前坐下。他看着宇宙，若有所思地喝咖啡。

唐从椅子里凑过来，一脸灿烂的笑容。"胡安，你怎么看？这是研究天文学的正道吗？"

胡安喝着咖啡，思考了一会儿这个问题。"是的。"他说。

"全体起立，齐声赞叹吧。"马尔滕说。他调大音量，《哥德堡变奏曲》响彻数据室，马尔滕·施密特拿着咖啡杯指挥。"壮哉！"马尔滕说，"壮哉！老天在上，这是'大眼睛'！只要有了'大眼睛'，谁还在乎自己的眼睛！"

就整体而言，宇宙很像一块泡胀了的海绵，星系构成的超星系团围绕巨洞或空腔交错缠绕，超星系团就仿佛海绵的脉络。作为一个物体来看，宇宙也非常像爆炸后膨胀散开的一团云雾，坑坑洼洼、丝丝缕缕——就像一个以大爆炸为起点的东西。但是和传统的爆炸不同，大爆炸没有扩张中心或原点。爆炸并不始于任何一个特定的位置。它发生于宇宙中的所有位置。大爆炸的主流理论被称为暴胀理论。根据这个理论，在大爆炸发生的那一刻，可观测宇宙（构成所有星系的所有物质）所占据的空间比一个夸克还小，而夸克是目前已知的最小亚原子粒子。银河系内的所有物质，还有构成最遥远的可观测超星系团和类星体的一切物质，共同占据了这块空间。在大爆炸期间，这块比一个夸克还小、紧密压缩的显微级空间突然暴胀，变成了一个苹果大小的炽热得无法想象的物体，这个物体随后以稍微悠闲一些的速度继续扩张，逐渐演化成我们现在的宇宙：寒冷的真空中点缀着发光的物质碎絮。宇宙也许会继续膨胀，也许不会。星系也许会彼此离散，也许不会。

创造宇宙的爆发发生于一百亿到两百亿年前的某个时刻。射电望远镜能听见宇宙创生时的微弱低语。射电望远镜能搜集大爆炸后大约二十五万年时发生的"事件"的信号，当时的宇宙由致密的炽热气体构成。随着气体的扩张和冷却，整个宇宙释放出橙色的光海。这道光并没有消失，它依然在抵达地球，它自早期宇宙而来，从天空中的所有方向射向我们。这种橙光现在已经高度红移（因为它来自极其遥远的地方），因此以微波背景辐射的方式出现，是整个天空范围内都可见的一个微波发射表面。它确实是个表面，天文学家称之为最后散射面。宇宙诞生的证据就摆在我们眼前。从银河系到可知宇宙的绝对视界的距离介于100亿到200亿光年之间，但没人能确定这个距离究竟有多远。不过我们可以肯定，在遥远的彼方存在一个时间之初的影像，再向外从理论上说就什么都看不见了。望远镜无法见到创世之前的景象。

一天夜里，吉姆·冈恩领我来到海尔望远镜圆顶的最顶上去欣赏宇宙。我们顺着弧线形的梯子，沿圆顶天窗的内侧边缘向上爬。冈恩推开一扇开合门，从出入口爬了出去。我跟着他；我们站上了海尔圆顶最顶端的一个小平台。平台上结了冰，寒风呼啸。冈恩说："别掉下去了，这儿可是很高的。"眼前的景象能触及心灵：松树覆盖的山脊，地平线下洛杉矶的散射黄光，大熊座倒悬于北方。地球似乎是个坚固的地方，而不是个迷失于星系海洋中的卵孢子。我问冈恩："假如银河有1毛钱硬币那么大，那么宇宙有多大？"

"你指的是一直到视界边缘吧？"他问。他沉默下去，显然在心算。他说："难以置信。按照这个比例来算，宇宙的视界仅仅在4英里之外。其实并不远。"风大了起来，吹乱了他的头发。他说："这说明可观测宇宙是个小得惊人的物体。这个宇宙，至少是我们能看见的这个宇宙，是个小物体，就像 4 英里直径中由 1 毛钱硬币组成的一个云团。"他抓住栏杆，提高嗓门。他说："大体而言，我们生活在一个小水坑里。"

搜寻类星体是为了了解这个水坑边缘的情况，而能够实现这个目标的工具就是冈恩最喜欢的小玩具了。不幸的是，一天夜里，"四管猎枪"的 2 号照相机坏了。冈恩当时刚好在新泽西，于是他跳上出租车，在日出前冲向纽瓦克机场。唐·施耐德和我陪着冈恩坐在出租车上，对于这段行程，我只记得两位天文学家聊了一路的宇宙弦和引力透镜，而新泽西高速公路旁，棕褐色的太阳从伊丽莎白市的油罐背后冉冉升起。我没坐冈恩和施耐德的那班飞机。下午三四点，我开着租来的车赶到帕洛玛山，发现冈恩已经在"修理厂"里忙碌了，所谓的修理厂建在圆顶里面，紧贴着望远镜，"四管猎枪"躺在那儿准备做手术。它直立放在一辆液压升降车上，是个白色的圆筒，顶上有个黑色的盖子，周围搭起了脚手架。冈恩在脚手架底下走来走去收拾工具。他从衬衫口袋里掏出一个塞满笔的黑胶袋子。他说："口袋里装着这些笔啊什么的，俯身在'四管猎枪'上做事非常危险。万一东西掉进去就惨了。"他像在手术室里一样清点物品。月牙扳手。多用途检测仪。瑞士军刀。眼镜（高倍放大镜，沃尔沃斯百货卖的那种）。一包内六角扳手。他把一卷接线图夹在胳膊底下，拖着便携式示波器顺着竖梯爬上脚手架。他把图纸扔在脚手架上，再也没有看过它们。

冈恩将一把内六角扳手插进相机的黑色盖子，用食指转动扳手。他一个一个取下仪器顶端的一组内六角螺栓。他说："帮我一下。咱们抬起这个盖子。你抓这儿。直着向上抬。"我们抬起一个罩子。他说："当心，千万别撞到照相机。"我们把罩子放在脚手架上。一片片一卷卷 Ensolite 泡沫棉从"四管猎枪"内部伸出来。泡沫棉包裹的管线蜿蜒伸展。他说："你知道 Ensolite 吧？就是背包客用来当床垫的那种材料。它会在零下 193 摄氏度断裂，但有个巨大的优点，那就是便宜。"液氮通过泡沫棉包裹的管线送往照相机，其他管线从电路中抽出空气——"四管猎枪"的感光芯片只能在深度空间的寒冷和真空中运行。

他拧开几个螺丝，从破损的 2 号相机背后取出液氮罐。现在我们看见了照相机的内部。这是一台咖啡罐大小的施密特望远镜，里面塞满了电路，冈恩设计了其中的很大一部分。他指着照相机中央的一个镀金小圆柱体说："芯片就封装在那里面。"

金色小圆柱体里装着一枚硅基芯片，它名叫电荷耦合器件，也就是 CCD。天文学研究使用的 CCD 的光敏度比最敏感的摄影胶片还要高 100 倍左右。许多型号的 CCD 被美国国防部列为国家机密，因为它们也用于间谍卫星。锁眼－11 间谍卫星使用了 CCD，据说它能在 100 多英里外分辨出直径 2 至 4 英寸的物体。按照这个趋势，CCD 将成为所有轨道武器系统核心中的主要传感器。在洛斯阿拉莫斯国家实验室，科学家直到最近还在搭建工作寿命仅有千分之一秒的 CCD 相机，这些用来记录核爆的相机会在火球初生时化作烟云。"四管猎枪"中的 CCD 能看到可见光波段中的光，感光范围与人眼相同，但拍摄的是黑白而非彩色图像。人眼能分辨 16 级灰度。CCD 能分辨 6 000 级灰度。"四管猎枪"的 CCD 由得州仪器公司制造，尽管它们是全世界最灵敏的 CCD 之一，但没有被列为国家机密。得州仪器与帕萨迪纳喷气推进实验室签订了合同，为哈勃空间望远镜的主成像相机制造了这些芯片，这台相机名叫宽视场/行星照相机。吉姆·冈恩刚好是宽视场/行星照相机的主设计师之一，因此能够得到四块光敏度极高的 CCD 芯片。这四块芯片都是正方形，边长 1.2 厘米。芯片是毫无瑕疵、半透明的纯硅晶体，薄得超乎想象。把十五块这样的芯片叠在一起也只有一张纸的厚度。你朝着 CCD 芯片吹一口气，它就会碎裂。芯片上布满了名叫像素的传感器网格。得州仪器 CCD 表面的网格包括 640 000 个像素和不少于 40 英尺的显微级线路。

CCD 很难制造。你必须用酸蚀把硅晶体板刻成比三明治包装纸还要薄许多的薄片，晶体必须完美无瑕，晶体中的一个缺陷就会让整块芯片变成垃圾。得州仪器 CCD 团队在固态物理学家莫利·布劳克的带领下制造了大约两万五千块这样的芯片，这才得到一百二十五块运行良好的芯片，从其中选出八块用于空间望远镜的宽视场/行星照相机。假如要冈恩掏钱买，得州仪器的芯片每块大概要花 5 万美元，但他想办法免费搞到了这四块芯片。它们都有细微的缺陷，换句话说，它们是尾料。"四管猎枪"内的 CCD 在空间望远镜内不可能正常运转，但在液氮的冷却和复杂电路的支持下，它们在地面上工作得相当不赖。配合海尔望远镜，"四管猎枪"能看见 700 英尺外一支点燃的香烟。

冈恩戴上他的沃尔沃斯眼镜，掏出一支自动铅笔。他用铅笔指着一根线，这根线是从装 CCD 的镀金圆柱体里延伸出来的。他问："你能看见这根线吗？"这根线和人类头发一样细。他说："这是视频信号线。它把信号从芯片送进电路。芯片通过这根线和外部世界对话。"他特地提到这根线非常脆弱。"你碰到视频线就会弄断它。"

CCD 密封在镀金圆柱体内。圆柱体上有个小窗，芯片通过它瞭望宇宙。相机的液氮罐用冰冷的手指触碰圆柱体，将芯片冷却到接近液氮的温度，芯片因此对光极其敏感。CCD 芯片收集光子就像摄影胶片感应光线。"四管猎枪"的四台相机打开快门后，星光会落在四块芯片上。芯片就这样对准天空，连续曝光数小时。在长时间的深度曝光过程中，来自遥远星系的光会以单个光子的形式，几秒钟一个光子地落在芯片表面上。光子轰击 CCD 中的硅晶体，撞出硅原子中的电子。电子积累在芯片表面的像素网格中。一次曝光结束，快门关闭，"四管猎枪"的电脑系统抽出像素格中的电子，电子通过发丝般的视频信号线流出芯片，进入"四管猎枪"内的一组放大器，电子被计数后转换为数字信号。接下来，数字信号通过线缆流向数据室的视频监视器，让屏幕上充满盘卷缠绕的无名星系，最终被电脑磁带记录下来。天空从海尔望远镜的镜口经过，星系的微小图像爬过芯片表面，自从冈恩搭建了他的自制装置蓝色小盒子，"四管猎枪"就在不间断地泵出电子河流。

冈恩卷起袖子，把一根金属带套在胳膊上，排出身体携带的静电。假如他的身体携带静电，那么等他接触到电路，游离电子就有可能顺着发丝般的视频信号线回流烧坏 CCD 芯片。你用梳子梳一下头发，然后用梳子去碰 CCD，就足以气化 CCD 上的线路，彻底烧毁这块芯片。以前出过许多次和 CCD 有关的事故。在发明家认识到 CCD 的脆弱之前，他们曾经对着芯片打喷嚏，不是当场震碎芯片就是把唾液喷在芯片上——无论哪种情形，这个喷嚏都价值 5 万美元。

冈恩盯着 2 号相机的电路板。他说："不管是什么问题，问题都出在这儿。"他开始用铅笔的橡皮擦戳来戳去。他把一个探头夹在一块电路板上，研究示波器上的参差线条。他用橡皮擦晃了晃一个触点。他按了按一个晶体管。他盯着示波器上的线条。他喃喃自语。他弯着脖子向照相机里看。

突然："老天在上！是一个垫圈松了。"

一个垫圈掉在一块电路板上，导致了短路。他掏出一把鳄嘴钳，灵巧地夹起垫圈。他说："都是它干的好事。"然后他望向海尔望远镜，用鳄嘴钳夹着垫圈，琢磨垫圈是从哪儿来的。他说："垫圈刚好掉在会让它做坏事的那个地方。"所谓坏事，就是导致监视器屏幕变得空白。

　　既然有个垫圈掉了，那么肯定有个螺母松了。他用有点沮丧的语气说："因此这儿还会有三个松脱的垫圈。"他往照相机里看。"很好，我看见螺母了。我看见了两个垫圈。最后那个垫圈呢？"他用鳄嘴钳捅来捅去。"怎么才能弄出来呢？这儿肯定能找到又长又细的镊子吧。"他爬下竖梯。过了一会儿，他拿着手电筒和又长又细的镊子回来。

　　我举着手电筒，他把镊子伸进相机。"螺母出来了。"他说着拈起螺母。他把另外两个垫圈夹出相机。然后他发现第三个也是最后一个垫圈掉在电路深处。他说："我们需要一根黏虫杆。"他爬下竖梯，拿着一卷胶带和一截硬电线回来。他在硬电线一头缠了一团胶带。这就是他的黏虫杆。他把硬电线插进相机，想用胶带粘住垫圈。他说："该死。"那团胶带从硬电线上掉了下去。现在这台 CCD 相机里多了一个垫圈和一团胶带。他说："黏虫杆也行不通。非常不幸，看来我只能取出这块电路板了。你把手电筒转过来……"他用鳄嘴钳灵巧地抽出一块电路板，取回了最后一个垫圈和那团胶带。然后："该死。我弄断了视频信号线。不过也是不可避免的。"

　　现在他必须焊上一根新的视频信号线。他下楼来到电器车间，点燃丙烷暖炉，提高车间的温度。为了看清楚，他换上另一副沃尔沃斯的放大镜。他把视频信号线举到面前，用烙铁轻点信号线。他说："你非常需要某种仪器，到最后你只能自己动手造一台。"他在手指中转动信号线，用它蘸了蘸一滴熔化的焊料。

　　熔化的焊料经常溅在冈恩的手上，你能在他手上看见犹如楔形文字的痕迹。他说："还好焊料的烫伤不是永久性的。"他的左手食指轻微弯曲和僵硬，有轻度关节炎的趋势。他的指节大而突出，但控制手指的肌腱像钢琴线一样紧绷。他的大拇指上有个疤——"一次事故留下的，我不愿多想那次的情形，是电动研磨机上的钢丝刷弄的。"钢丝刷撕碎了大拇指内侧，伤口深及骨头。

冈恩对我说过："我无法忍受看见一个东西坏在那儿不能用。"多云的夜晚，他在帕洛玛山上拆开修理轿车和卡车。他拆解和重建了驱动奥斯卡·梅耶望远镜圆顶的传动箱。他修理过海尔圆顶里的旧奥的斯电梯。普林斯顿大学天文系有一台强大的电脑，一天，电脑崩溃了，连制造商的维修员都搞不清楚它出了什么问题。冈恩过去四处戳弄。他抽出一块满是芯片的电路板，在原处焊上一个只要5毛钱左右的电阻。电脑活了过来，显然没有因为做过芯片切除术而丧失神智。

冈恩自己做了一台立体声音响，那是个了不起的自制装置。1964年，他开始制造这套高保真系统，就像人体据说每七年就会彻底更新一遍，经过几十年的蜕变，冈恩的立体声音响几乎完全更换了内在组件；不过冈恩的立体声音响保留了几根1964年的真空管，就和人体会保留牙齿一样。立体声音响的元件扩张到几立方英尺，直到冈恩家的客厅再也无法容纳它，冈恩最终只好把它塞进客厅底下的狭窄空间，免得碍手碍脚。他出差的时候，假如妻子吉尔·克纳普想听音乐，就必须花上十分钟鼓捣数字开关和插拔通向地板下的同轴电缆，否则就不可能让吉姆的立体声音响发出声音，因为它的接线图会神秘地随着他每次播放音乐而改变。

不得不自己建造科学仪器的事实让吉姆·冈恩感到烦恼，因为他不得不既当理论宇宙学家又当修理工。他无法沉下心思从事两个职业中的任何一个。他不知道他是更喜欢思索暗物质的本质（成块的夸克？快速移动的宇宙弦？衰变的WIMP？）还是更喜欢摆弄黏虫杆。于是他两者都做。他发表了两百篇论文，大多数是与其他人合作，题目从星系演变到新型设备的设计。他说："我现在的大部分科研工作都是高度合作性的。我不可避免地必须扮演工程师的角色，因为我们使用的必然是我制作的仪器，而仪器必然需要维修和保养。"

天文学的世界里有三种人：喜欢与望远镜相处的观测者，喜欢摆弄纸笔的理论家，喜欢和线路打交道的仪器搭建者。自然母亲非常珍视她的秘密，不允许任何一名天文学家在三个领域内肆意奔跑，但自然母亲不知怎的忽略了吉姆·冈恩。作家吉姆·梅里特称冈恩为"横跨全部三个领域的三重威胁"，这句话激起了冈恩的朋友们的共鸣，他们给他起了个外号：三重威胁。

几年前，加州理工的一块公告牌上贴出了如下海报：

"一日冈恩"竞赛！
请用五百个单词以内的文字描述你为什么想当一天的冈恩。

大奖
你可以当一天的吉姆·冈恩！！！
你将魔术般地能够：
1）写一篇有重大理论突破的论文，
2）设计一台仪器，
3）成功地避开你的研究生一整天。

吉姆·冈恩做了一辈子的他自己，得到的是大量的兴奋和极少的宁静。他说："我到最后也不会有什么时间去思考这一切都意味着什么。"

宽视场/行星照相机的带头人吉姆·韦斯特法尔和吉姆共事了十年，他曾经这么评价吉姆："这个人不但能做了不起的科研工作，还能帮其他人做了不起的科研工作。他为人特别好，会把所有人从难题中解救出来。只要他还在帮我,我就觉得他了不起。"冈恩记住了无数稀奇古怪的零件的诡异用法。有一次,他妻子吉尔·克纳普花了一整天设计射电望远镜上的一个组件,然后把设计图拿给吉姆看。吉姆说:"这东西啊,你花 6 毛 9 就能买一个。"然后给了她一个地址。

他有会偶尔消失一阵的习惯,也许是被某个地下实验室飘来的焊料熔化的气味勾走了。一旦吉姆转入地下,连吉尔也不是每次都能找到他。她说:"有一次我把吉姆弄丢了二十四个小时。"吉姆在飞机上度过了大量时间,他的一名研究生甚至这么形容他:"吉姆·冈恩可被定义为一个概率函数,峰值位于美国中部的上空。"人们普遍怀疑冈恩根本不睡觉。吉姆·韦斯特法尔说:"哦,他也睡觉,但睡得不怎么频繁。"冈恩曾经这么评论自己的生活状态:"我感到无比荣幸,因为我能在生活中做一些超级有趣的事情。"冈恩在普林斯顿的天文学家同事埃德温·L. 特纳认为:"大胆地想象一下,假如吉姆·冈恩是三个人,天文学说不定能更上一层楼呢。"吉姆·冈恩或许也这么希望,然而既然物理学定律把他限制在时空中的一个点上,他就只能没完没了地在北美洲飞来飞去;令人沮丧的是,自从大爆炸以来,咱们这个普普通通的旋涡星系已经自转了至少四十次,也就是说已经存在了至少四十个银河年,它一圈一圈转动,演化成一个令人心动、看久了会催眠你的奇迹,而他仅仅是诸多蛋白质分子的一个临时集合,能够活蹦乱跳的时间折算成银河年只有短短十秒——远不够搞清楚这一切都有什么意义。

1938 年，得克萨斯州的利文斯通，老詹姆斯·爱德华·冈恩和妻子雷亚的独子出生了。他们给他取名叫小詹姆斯·爱德华·冈恩，他和父亲唯一的共同之处是一双灵动的棕色眼睛。随着孩子渐渐长大，那双眼睛在锐利和害羞之间来回切换。小詹姆斯·冈恩，方下巴，宽额头，眉毛浓密，棕色的头发所剩无几。老吉姆现在和儿子看上去很像了，但他的脸刮得很干净，穿正装，戴毡帽。吉姆·冈恩高度近视，戴无框眼镜。他热爱科学，假如不是因为大萧条，他本来会成为一名大学教授；但大萧条把他变成了一位四海为家的石油勘探人。他为海湾石油公司工作，用重力仪寻找原油。每隔一年左右，老吉姆就要带着雷亚和吉米，和团队一起迁往下一个勘探地点。

吉姆·冈恩这么向我描述他的童年："一年级前半年，佛罗里达的奇普利。后半年，密西西比的梅里第安。二年级一整年，路易斯安那的博西尔城。三年级和四年级的前半年，得克萨斯的普莱恩维尤。哦。哪儿来着。唉，天哪，我还以为我记得那些城镇呢。四年级的后半年似乎找不着了——我忘记我们当时住在哪儿了。总而言之，五年级的时候，我们搬到了阿肯色州的卡姆登。生活有点奇怪。缺点之一是我们在任何一个地方都待得不够久，所以我没有交到亲密的朋友。不过从某个角度来说，我还挺庆幸的——大多数孩子都受到小圈子的影响，而我没有。"

每次搬家的时候，老吉姆就会把他的工具塞进一辆蛤壳式拖车，拖在全家人坐的福特车背后。冈恩对我回忆道："第二次世界大战期间和刚结束的时候，管理一个石油勘探团队是很艰难的。你有卡车和机械，但你搞不到零件。于是我父亲只能自己制作零件。"拖车也是老吉姆自己制作的。他用航空铝材做了个四面平坦的椭球体，拖车能沿着隐藏的开口打开——前后两端都能分开，像翅膀一样抬起来。储物架落下，暗门转动，露出钻床、工作台、动力锯、带锯、研磨器、刨子、虎钳、车床、电焊机、乙炔喷枪和几架子的手工工具，这是一位得克萨斯石油人的法贝热彩蛋。

冈恩解释道："我的大部分早期教育都来自我父亲。"而且教的都不是公立学校会教的东西。"我从小就会用车床。"老吉姆卷起袖子在铝合金蛋里工作，儿子站在他身旁，他让儿子爱上了用双手制作东西。冈恩说："我父亲是我真正的好伙伴。"

老吉姆喜欢说："我养儿子其实是为了名正言顺地玩电动火车。"他们俩搭建了一整个弗吉尼亚州，用混凝纸雕刻阿巴拉契亚山脉，在上面钻出隧道。他们建造了一座小镇和一个调车场，用铁皮零件自己组装 HO 轨①的火车车厢。少年将其命名为"谢南多厄谷快线"。每次搬家的时候，老吉姆和儿子会把城镇收起来，将山脉塞进箱子。谢南多厄谷快线和铝合金蛋一样，可以为了旅行而折叠起来。

吉姆七岁那年，他父亲给了他一本讲天文学的书：《山姆星空指南》②。他飞快地读完了这本书，于是老吉姆又给了他一本讲天文学的书，这本他同样从头到尾读完了，那年他只有七岁，而这是一本大学教材。接下来，老吉姆在铝合金蛋的帮助下，和儿子一起制作了一台小型折射式望远镜。他们用气动送信管道做镜身。他们取下一副眼镜的镜片，磨制成能装进管道的尺寸。镜片直径 1.5 英寸，和伽利略望远镜的镜片一样大。路易斯安那的博西尔城视野不错。他们看见了

---

① 火车模型的一个比例，世界上大部分的火车模型都是 HO 轨，都能行驶在轨距为 16.5 毫米的轨道上。——译者

② 威廉·麦克斯维尔·里德的科普作品之一，他为侄子山姆写了一系列科普作品。——译者

月球的环形山和月海。把管道对准木星，他们看见了天空中的一颗鲤鱼子，微小的卫星围着它转动。把管道对准犹如光雾的银河系，他们看见银河系变成了一颗颗独立的恒星。老吉姆用手电筒照亮星图：很好，看见那颗亮星了吗？稍微朝左下方移动一点。他们看见了猎户之剑，那里的群星仿佛天火。他们搜寻环状星云。少年认为他只差一点就能看见它了——以后他会知道，那是一个由气体构成的泡状结构，是被一颗恒星抛进天空的外层，也许焚毁了围绕那颗恒星转动的行星。

微小的星球和自制的模型让吉姆·冈恩着迷。谢南多厄谷是个封闭、对称的宇宙，受到固定规律的支配。他同时开始尝试飞行。他回忆道："我差不多从零岁就开始做飞机模型了。"他一开始玩的是套件。他以极大的耐心把轻木配件黏合成机身，糊上一层纸，在纸上涂抹化学药剂，让它收缩，包紧机身。然后他把酒精发动机固定在机头上。为了让飞机升空，吉米和老吉姆带着它来到一块空地，把模型连接在汽车电池上。老吉姆转动螺旋桨，直到它发出小精灵的链锯般的声音，然后放飞模型。少年拿着控制绳，一圈一圈转动，飞机在空中盘旋，老吉姆鼓掌喝彩。通过操纵控制绳，他能让飞机攀升和俯冲。有时候飞机会撞在地上，摔得粉碎——几个星期的劳动化作遍地碎片。

老吉姆是个有秘密的人，不和雷亚或儿子分享他的全部生活。有时候他会戴上帽子，驱车离开几天，不告诉妻儿他去哪儿以及去干什么。雷亚猜到他去了得克萨斯东部，很可能是休斯敦。老吉姆从不讨论这些事。1949年夏，老吉姆带着全家搬到阿肯色州的卡姆登，用重力仪勘测原油和天然气。吉姆在卡姆登开始上五年级。那年圣诞节，老吉姆送给儿子几件大礼。他给了吉姆一台奥尔森23航模引擎，那是钱能买到的最好的航模引擎。他还给了吉姆一套直径4英寸反射镜的反射望远镜套件，真是个美人儿。他们计划要一起搭建望远镜。2月的一天，吉姆放学回家，发现救护车靠着铝合金蛋停在车道上。家里挤满了人。"有个从什里夫波特的姨妈在我家里，她把我领出去，尽可能温柔地告诉我发生了什么。"他父亲死于心脏病突然发作。老吉姆也许已经知道或怀疑自己时日无多，这大概能够解释圣诞节他为什么要送儿子那么贵重的礼物。而前往得克萨斯东部的神秘旅行是为了去看心脏病专家。他的心脏在持续衰竭，但他不愿告诉妻子和儿子。救护车离开，带走了老吉姆的遗体。

正如冈恩的回忆："它的打击在接下来两年中逐渐到来。父亲是我的世界中的一个关键角色，他离开后，我的世界有一段时间变得非常空虚。他不在我的世界中了，我无比想念他。我到今天还在想念他。事实上，我不愿意多想这些事情，因为对我来说，这依然是一段非常痛苦的经历。"

雷亚带着吉姆搬去了得克萨斯的比维尔，这个小镇位于科珀斯克里斯蒂（她姐姐住在那儿）背后的南部沿海平原上——那片乡村充满了佩特斯、雷富希奥、米纳勒尔、戈利亚德和波思之类名字的小镇。除了某些品种的棉花，中耕作物在那里的硬土里都长得不好。养牛和军需比较吃香；比维尔有个海军的机场。小镇上有两条主街和四五个街区的木板房，房子的地基都是煤渣砖。吉姆和母亲住进一座白色的联排小屋，母亲找到了在药店当店员的工作。他们在比维尔住了两年，这是吉姆在一个地方住得最久的一次。母子过得并不贫困，因为老吉姆买过保险。但他们不得不卖掉他父亲的蛤壳式拖车工作室，也就是铝合金蛋。他回忆道，"它已经有点失修了，而我年纪太小，养不起它。这是我最大的遗憾之一。"终其一生，吉姆·冈恩回想起父亲的铝合金蛋时，都会产生某种失落感。他不知道它后来的下落，很可能已经变成了垃圾。要是铝合金蛋还在，他觉得他肯定会把它停在海尔望远镜旁边。他说:"这会儿我就用得着它。"

还有其他方法可以用来填补一颗空荡荡的星球。他躲在屋后自己的房间里,设计和制作了二三十架实验性的飞机。有些飞上蓝天却失去控制,以 70 英里的时速俯冲撞向地面。雷亚嫁给了比尔·泰勒,比尔是陆军的人员,带着雷亚和吉姆迁居得克萨斯的新波士顿,那里离阿肯色的陆军红河兵工厂很近,后者是比尔的驻地。

陆军在红河兵工厂开设了一个木工车间,车间建在一座活动房屋里,冈恩现在认为,那是"为了让士兵远离酒瓶"。他问继父,他们俩能不能趁周末去活动房屋建造一架望远镜。比尔·泰勒同意了,因为他想做这个少年的好父亲。于是吉姆邮购了一块沙拉盘那么大的廉价镜片。他和比尔·泰勒在活动房屋里建造了一个 6 英尺长的镜筒,士兵们惊讶地看着两人制作显然是阿肯色州最大的望远镜。吉姆和比尔为望远镜初光的时候,发现它同时也是阿肯色州最差劲的望远镜,因为邮购的镜片质量不佳。这时,吉姆忽然想到了那年圣诞节父亲送给他的直径 4 英寸镜片,但那个套件里没有镜筒。吉姆找到一根雨水管,截成合适的长度,在活动房屋里制作了第二架望远镜。夜里他把望远镜拿出来,能看见木星上色彩斑斓的条带。后来他又搭建了第三架望远镜,这是一架直径 3 英寸镜片的折射式望远镜,吉姆用它能看见天琴座的环状星云。

陆军把比尔·泰勒调去了冲绳。比尔驻扎海外期间,吉姆和雷亚暂时搬回比维尔的那座屋子,吉姆在比维尔念了高中。搬来搬去的时候,吉姆卖掉了谢南多厄谷火车模型,因为打包装车太麻烦了。现在冈恩很想念那些小火车。他承认失去火车是他的另一项人生遗憾。吉姆在比维尔家中的房间里制作家具。他在发现古典音乐的同时发现了真空管,于是自己搭建了高保真音响。他还结识了一个名叫比尔·戴维斯的朋友,两人找到了触摸星空的新办法。他们邮购了锌、硫黄和高氯酸钾，把化学物质混合起来，装进带导向翼的钢管，然后填塞火药充当点火剂。发射场是比维尔郊外的一个养牛场。大多数火箭只是在发射台上嘶嘶作响和发光发热，这当然让牛只心神不宁，但比起飞到 100 英尺空中炸成无数碎片落下的一枚火箭还只是小巫见大巫，那一次牛被吓得魂不附体。

飞翔的铁管炸弹勾起了他们的兴趣，但液体燃料点燃了两人的想象力。冈恩说："我们知道白沙试验场在干什么。"韦恩赫尔·冯·布劳恩正在白沙试验场发射美国缴获的 V2 火箭和烧液体燃料的空蜂火箭。为了向冯·布劳恩致敬，吉姆·冈恩和他的好友比尔·戴维斯邮购了几瓶苯胺和硝酸。他们把苯胺倒进硝酸，令人愉快的事情发生了：混合物开始自行燃烧。但他们感觉到，对于火箭发动机来说，邮购的硝酸过于绵软，换句话说就是缺乏推力。他们得出结论，假如想要来一场酣畅淋漓的发射，他们就需要一种叫红烟硝酸的东西。这东西有推力，所以你才不可能通过邮购买到它。于是他们在冈恩的房间里搭建了蒸馏装置，玻璃烧瓶和连通管乱糟糟地接在一起，两人用它制造出二氧化氮气体，然后通进装满硝酸的玻璃容器。硝酸变成红色，冒出气泡，变成了红烟硝酸。冈恩回忆道："它制造出了一团狂暴的红云。"这东西毒性很强，但没有苯胺那么强，后者是一种接触性的神经毒剂。然后两人搭建了火箭发动机，它由两个燃料箱和一个喷嘴组成。两人把发动机安装在工作台上，想检验一下是否能正常工作。他们没有在发动机里加点火剂，因为他们认为发动机不需要任何帮助就能点火。戴维斯的父亲有一家体育用品商店。两人把发动机连同工作台放在商店背后的空地上，想在那里做静态试射和推力分析。他们在一个燃料箱里灌满加压的苯胺，另一个灌满加压的红烟硝酸。他们刚把通往喷嘴的阀门拧开一条缝，就听见了仿佛床单被撕成两半的怪声，喷嘴喷出的火球吞噬了喷嘴、燃料箱和整个工作台。两人抱头鼠窜。他们制造的不是火箭发动机，而是工业事故。蘑菇云从戴维斯体育用品商店背后冉冉升起。

接下来他发现了天文学。冈恩说："天文学对我来说是一种孤独的嗜好。摸到镜片之后，我就不再玩爆炸物了。"他想看见星系的模样。他邮购了一块 8 英寸直径的派热克斯玻璃圆盘。冈恩用涂黑色树脂的抛光工具把圆盘磨成凹面，加入目数越来越小的碳化硅磨料和大量的水。他用氧化铈把玻璃打磨成闪闪发亮的抛物面。他为他的望远镜做了镜筒和叉式固定装置。他把镜片装进镜筒，把望远镜安装在后院的橡树桩上。光子从银河系的遥远角落飞来，从银河系之外飞来，以平等而放任的态度落在得克萨斯州比维尔的所有地方，任何人都能用自制的镜片捕捉它们。他看见了五颜六色的恒星——绿、黄、蓝、橙。他看见了礁湖星云犹如手指的黑色尘埃。猎户之剑的中央"星"是一个气体空洞，四颗蓝宝石般的恒星在其中绽放光芒，它们名叫猎户座四边形。猎户座四边形是同时诞生的四颗恒星，就像在鸟巢里孵化出来的一窝雏鸟。他看见了仙女星系核心的古老光芒，它们是步入老年的恒星，他还看见了围绕仙女星系运行的两个矮椭圆星系。

冈恩对他的望远镜感到失望。举例来说，涡状星系看上去就像一团棉花。他认为人眼受困于糟糕的设计，而相机能捕捉到更清晰的景象。用柯达胶卷做长时间曝光，能让他看清星系旋臂的模样。随着地球转动，星系东升西落，因此他的望远镜必须配备用来追踪天空的驱动装置和用来长时间曝光的照相机。

但这些都需要钱。他可变现的资产不多，只有他在红河兵工厂自制的三架望远镜。他在比维尔的报纸上刊登分类广告，宣布要出售三架望远镜。一位过路的陌生人看见了广告。他是嘉年华会的经营者。在 1950 年代和更早的时代，小镇嘉年华会上偶尔会见到望远镜使者的身影，他们以 2 毛 5 的价格向人群兜售太阳系之旅。冈恩向他解释说，最大的那架望远镜，也就是镜片大如沙拉盘的那架，其实什么都看不清楚。望远镜使者说，没错，但在韦科谁他妈知道区别呢？他从一卷钞票上剥下几张，这是吉姆·冈恩最后一次看见他的前三架望远镜。他们和嘉年华会的经营者一起上路了。

那几张钞票成了摄影系统的起步资金，冈恩花了五年时间去建造这套系统。在此期间，他进入莱斯大学念书，在四年级时终于完成了他的望远系统。望远镜到这时已成了一个光秃秃的白色圆筒，上面装载着照相机。他把望远镜接在用晶体管控制的驱动箱上，驱动箱里塞满了电子元器件，其中有一些是剩余的军用物资。望远镜有两台照相机：一台宽视场相机和一台行星相机。宽视场相机能拍摄深空的广角照片，行星相机能拍摄行星的特写照片。在一些文化中，人们相信死者灵魂能进入岩石和树木之类的无生命物体。假如这是真的，那么老吉姆的灵魂肯定进入了这架望远镜的精致机件之中，它紧凑且能满足多种用途，就像老吉姆的铝合金蛋。

冈恩拍摄了昴宿星团、马头星云、天鹅座的帷幕星云、玫瑰星云和涡状星系的旋臂。这些照片清晰而生动——《天空与望远镜》杂志两次报道冈恩和他拍摄的照片。他以班级第一名的成绩毕业于莱斯大学，主修数学与物理。他在高中时代就开始和一个名叫罗斯玛丽·威尔逊的比维尔姑娘约会，两人大学毕业后不久就成婚了。他们搬去加利福尼亚，吉姆开始在加州理工学院做天文学的研究生。

他在加州理工迷上了宇宙学，这门科学研究的是宇宙作为一个整体的诞生、存在与死亡——宇宙始于大爆炸，结束于物质的最终命运。冈恩探究阿尔伯特·爱因斯坦的广义相对论方程，它用四个维度表述了我们宇宙过去、现在和未来的各种可能性。假如冈恩是个普通人，也许会满足于四个维度，但他无法摆脱一种慢性疾病：cacoethes gadgetendi，修修补补的瘾头。他主动做出决定，加州理工需要一台机器来分析玻璃底片上的星场影像。天文学项目的负责人杰西·格林斯泰因给了他罗宾逊大楼地下室的一个狭小暗室，让他在那里制作机器。这个房间太小了，冈恩不得不先在家中制作机器的一个个组件，然后在暗室里装配起来。（有一次我对杰西·格林斯泰因说，暗室对有着冈恩那种雄心壮志的人来说似乎太逼仄了。他说："是吗？这是谁在胡说八道？要是你给了这种家伙太多的空间，他们就不会有产出了。"）一天，冈恩推着一个有轮子的东西走出暗室。这是个灰色的金属柜，比吉姆·冈恩整个人都要大，上面有五十四个旋钮。一些人后来将这东西称为"冈恩的第一台机器"。它的操作流程是这样的：你把一块玻璃底板固定在铁架上。一个感应器轻触底板上的一颗恒星。感应器接收到恒星的图像，将其送进机器。机器分析图像，给出这颗恒星的亮度数值。杰西·格林斯泰因到今天还在使用冈恩的第一台机器。

1965年夏，冈恩问他的一名老师，能不能上海尔望远镜观测，对于加州理工的年轻天文学家来说，这就像一个成年仪式。这位教师名叫 J. 贝弗利·奥克，也喜欢自己发明工具，他领着冈恩上山。奥克在望远镜顶部的主焦笼忙碌了大半个晚上，用电子仪器收集类星体3C 273发射的红光。黎明前几分钟，奥克爬下来，叫冈恩上去看看。冈恩踏上仿佛跳水板的铝合金平台：主焦笼升降机。他按下按钮，升降机沿着圆顶内壁隆隆升起，越过暗影中的镜筒支撑架，越过巨大的马蹄形轴承，最终在海尔望远镜的镜口前停下。一个小小的房间悬在望远镜的镜口中，那就是主焦笼。它和一个没有盖子的铁皮罐不无相似之处。

冈恩走下铝合金平台，钻进主焦笼。他蜷坐在一把拖拉机座椅上。他俯身凑近奥克的仪器，这台设备放在房间中央，有个向下直视反射镜的目镜。他把眼睛贴在目镜上，看见了一组被照亮的十字准线。夜班助理揭开反射镜，冈恩看见了宇宙的倒影——它在晨光中开始消隐——主焦笼突然向侧面倾斜，拖拉机座椅颠倒过来，因为冈恩乱按这艘星舰的控制系统，试图捕捉正在落入太平洋海雾的类星体3C 273。

马尔滕·施密特有一次对我说："那些大型望远镜有点像毒品。"他在海尔望远镜主焦笼里度过的时间很可能比世界上的任何一个人都要多。施密特在荷兰的莱顿大学学习天文学，于1956年来到帕萨迪纳，当时他刚和荷兰的一位幼儿园老师科妮莉亚（科莉）·汤姆结婚不久。他和科莉在帕萨迪纳待了两年后，短暂地返回荷兰，然后杰西·格林斯泰因向马尔滕提供了一个加州理工的职位。马尔滕和科莉就这样迁居加利福尼亚，在这里养大了三个女儿。

施密特加入加州理工后不久，天文学家鲁道夫·闵可夫斯基从加州理工退休。闵可夫斯基是一位超重量级的天文学家，尽管他难以爬进爬出主焦笼，但他开创了射电星系（会发出无线电噪音的星系）的研究。闵可夫斯基退休时留下了一个未完成的观测计划，因为即便对鲁道夫·闵可夫斯基来说，天空也过于广阔了。施密特自然而然地接管闵可夫斯基的计划，发现自己研究起了射电星系。

艾萨克·牛顿（最早的设备发明家之一，他发明了反射式望远镜）发现，让一束阳光照入棱镜，棱镜会产生一块从蓝到绿到血红色的缤纷光斑。牛顿发现，棱镜能把阳光分解为组成它的各种颜色的光。牛顿开创了光谱学，也就是光的分解，它是天文学的核心技术之一。通过使用棱镜或刻有细线的透镜①，任何恒星或星系（因为星系是由恒星构成的）的光线都能像牛顿分解阳光那样，分解为从蓝到

———————————

① 即光栅。——译者

红的彩色条带。这一彩色条带被称为光谱。在可预见的未来，分解星光是我们触摸群星的唯一途径。制作光谱就是在采集和分析构成一颗恒星的材料：从恒星表面射出的光子。

一颗恒星的光谱中，一些波长的单色光比较亮，而另一些比较暗。来自恒星的光被分解为光谱后，其中会夹杂着一些黑色的竖条——这些狭窄的黑暗间隙标志着恒星不发出或很少发出某些波长的光。它们被称为吸收线，之所以会出现，是因为在靠近恒星表面之处存在温度相对较低的气体和金属蒸汽，它们会吸收特定波长的光，因此使得光谱中缺少这些特定的颜色。有些恒星（如沃尔夫-拉叶星，矮发射星）的光谱中存在一些明亮的条带，恒星大量释放这些明显而鲜艳的颜色的光。光谱中的这些发光条带被称为发射线，之所以会出现，是因为恒星内部和周围有一些灼热的发光气体，气体受到辐射的激发，发出色彩鲜明的荧光，霓虹灯里的气体发光也是同一个道理。19世纪到20世纪初，天文学家完善了将星光分解为组成颜色的技术。他们学会了如何辨别灰暗的吸收线和明亮的发射线，发射线是元素（包括氢、碳、氧和各种金属）的签名标记。他们将星光经过棱镜照在黑白底片上，得到黑白相间的光谱条带，然后在显微镜下研究条带，确定恒星的成分。

大多数光对人眼来说是不可见的。整个光谱从波长最短的伽马射线开始，经过X射线、紫外光、可见光、红外光和微波，最后到波长最长的无线电波。它们都是电磁辐射的不同形态，因此都是光。人眼能看到的颜色只是总光谱中窄如刀刃的一小段。到1950年代，天文学家已经确定，天体发出的光远远超出了可见光的范围。射电探测器发现天空中到处都是射电辐射。当时的天线还不够灵敏，无法确定射电源的位置；大多数射电斑只能被解析为彼此纠缠的杂音，无法与任何特定的恒星或星系联系起来。天文学家体会到的挫折感就像是鸟类学家站在森林里，听着种类不明的许多鸟同时在树上啼鸣。鸟类学家听着鸟的叫声，用望远镜扫视树木，希望能辨认出新的鸟种。有些鸟会展露身形，但大多数隐藏在树叶中。为了帮助辨认，英国剑桥大学的天文学家编制了多个射电斑的名录。其中第三个名录大概是最著名的，一般被称为剑桥大学第三射电源表。当时的天文学家认为，天空中大多数射电辐射的发射源会被证明是射电星系或超新星遗留下来的受激气体，但没人能够确定，因为天文学家依然无法将剑桥射电源表列出的大多数射电源与能通过望远镜看到的天体联系起来。

1960 年秋，射电天文学家托马斯·马修斯成功地确定了射电源 3C 48 的方位。（3C 代表"第三剑桥"，48 代表它是名录中的第 48 个噪声源。）3C 48 是一颗蓝色恒星。光学天文学家艾伦·桑德奇产生了兴趣。桑德奇在"大眼睛"的主焦笼里拍摄了 3C 48 的照片，发现了一些奇特的颜色。他测量了这个天体，发现它是个点光源，也就是从地球上看直径极小的物体。它似乎是某种射电星，也可能是超新星的残骸。托马斯·马修斯还找到了剑桥射电源表中其他一些射电源的方位。它们有些是射电星系，有些是蓝色恒星。一些天文学家开始将这些天体称为射电星，但总体而言，研究它们的天文学家并不认为它们是任何一个特定类型的天体。

杰西·格林斯泰因将几颗射电星的光分解为光谱，想确定它们是由什么构成的。它们的光让所有的研究者感到大惑不解。他们发现了无法解释的条带图案——它在光谱的所有可见波长上都非常明亮，发射线既宽又平缓。这意味着它们是一种奇异的天体：极其炽热，处于巨大的压力之下，含有高速移动的气体云，而且似乎由未知的物质构成。

与此同时，年轻的马尔滕·施密特越来越熟悉鲁道夫·闵可夫斯基的工作，他在望远镜的主焦笼里度过一个个漫长的夜晚，使用主焦摄谱仪将射电星系的光分解为底片上的条纹。这种仪器上有个狭缝，能够让海尔反射镜反射的一个星系的光射入，照在一个反射棱镜上。反射棱镜将光展开成一道彩虹。彩虹进入相机，经过反射镜的反射，穿过镜片，落在指甲大小的玻璃底板上。这个玻璃底板非常小和脆，你用指尖碰一下，它就会黏在你的皮肤上。主焦摄谱仪有两台可互换的相机。一台的透镜由蓝宝石制成，另一台是钻石。指导了海尔反射镜的最终测试和打磨工作的艾拉·鲍恩设计了这两台相机。他设计的相机之一需要一块直径不小于半英寸的钻石透镜。鲍恩不知道他该去哪儿用他能承担的价格搞到这么大一颗钻石，但经过一番不事声张的调查，鲍恩发现了一位钻石交易商，他的表链吊坠就是一块扁平的钻石。鲍恩说服交易商以极低的价钱出让这个吊坠，因为这块钻石太薄了，无法加工成珠宝。鲍恩把吊坠交给唐·亨德里克斯，他用钻石粉和凡士林的混合物打磨它，把吊坠变成了一块透镜。

1962 年圣诞节刚过，施密特来到帕洛玛山做一次观测，他打算在这次观测中拍摄射电星系的光谱。12 月 27 日晚，他花了九个小时采集一个射电星系的光。天亮前他还剩下两个小时可供支配，他把注意力转向室女座的一个射电天体，这个天体在剑桥大学第三射电源表中的编号是 273，因此被称为 3C 273。他看过它的照片。这东西看上去平淡无奇，只是个发射射电噪声的黯淡细纹或朦胧云丝。他认为它多半是一团受激气体。他打算拍摄它的光谱。

首先他必须装载相机。他在黑暗中凭触觉摸索，打开相机的盖子。他把极小的玻璃底板装进相机，然后关上盖子。夜班助理把望远镜转向室女座，对准气体云 3C 273 所在的星场。马尔滕把眼睛凑到目镜上，俯视脚下 55 英尺处的望远镜，他看见了恒星构成的烟云，就像鱼池上的划分。他看了一圈，辨认出射电细纹所在的那一组恒星。他凭肉眼看不见那个射电细纹，但射电细纹的位置旁边有一颗非常明亮的恒星。他决定拍摄这颗恒星的光谱，目的仅仅是为了排除它的影响。他按下操纵器上的按钮，微调海尔望远镜的方位，直到那颗恒星的光照进摄谱仪上的狭缝。他拔掉片插快门，开始曝光。

接下来，他通过另一个目镜选择了一颗引导星（视野中某处的一颗亮星），用一组十字准线对准它。只要"大眼睛"飘离原位，他就会看见引导星离开准心，这时他会按下操纵器上的按钮，微调望远镜，直到十字准线重新落在引导星上。他的 1950 款 Eveready 手电筒揣在口袋里，以备不时之需。主焦笼里有个带软垫的拖拉机座位。他一动不动地坐在座位上，偶尔抬头瞥一眼夜空，看围绕北天极转动的星座。他回忆道："天空真的会诱惑你盯着它看。你可以想象太空旅行就是这个样子。"待在主焦笼里，他对生活的需要似乎仅仅是一艘高桅横帆船和一颗星来指引方向。他身穿陆军航空队的电热飞行服。主焦笼有个内部通话系统的扬声器，此刻正在向星空抛洒巴赫的康塔塔。

海尔望远镜初光后不久，帕洛玛山的发明家威廉·"比利"·鲍姆邮购了一大堆战时剩余的电热飞行服，价钱是 1 美元一件。没过多久，全美国的每一位天文学家都想要穿上电热飞行服。到天文台订购下一批电热飞行服的时候，价格上涨了 25％，奸商把售价提高到了每件 1.25 美元。电热飞行服有助于抵御寒冷，但对主焦笼的诅咒（膀胱的痛苦）却无能为力。施密特通常会在午夜前后休息一下，但有些天文学家不肯休息。你等了一年多才得到"大眼睛"上的几个夜晚，望远镜里的每一分钟都弥足珍贵；时间对天文学家来说太宝贵了，他们不愿浪费时间下楼去撒尿。这就引出了一些怪异的做法。近些年来，主焦笼里的一些电子相机需要用碎干冰来保持低温。天文学家会用保温瓶装着干冰拎进主焦笼。在夜里，他们会数次把碎干冰倒进照相机，以免它升温。最后，等保温瓶里的干冰倒光了，天文学家会对着它撒尿，然后拧紧瓶盖。据说至少有一次，一名昏昏欲睡的天文学家忘记了他做过什么，以为保温瓶里还装着干冰，于是在主焦笼里把热气腾腾的尿倒进了昂贵的科学仪器。

电热飞行服开到最大功率可提供 1 000 瓦的热量，它们现在缠满了胶带和电线，但帕洛玛山上依然在使用它们，不过有些年轻的天文学家认为这些电热飞行服只是刑具。万一（老天在上），主焦笼的诅咒征服了你，你在电热飞行服里尿了出来怎么办？你有可能会被电死，伴随着巨大的嗞嗞声和沸腾冒烟的尿液。唐·施耐德评论道："你有可能在主焦笼里化作一团火球，而你知道，在太空中，没人能听见你的惨叫。"

鲁道夫·闵可夫斯基在主焦笼里遇到了形形色色的难题。他的电热飞行服太紧了，穿的时候险些背过气去，他妻子只好剪开衣服，在腹部缝上一块衬料。闵可夫斯基在学习使用望远镜时也不太顺利。监督望远镜建造的拜伦·希尔向闵可夫斯基演示了主焦笼控制器上的每一个按钮的用途，然后在夜班助理的控制台前过夜（当时控制台位于望远镜脚下），确保闵可夫斯基需要帮助时随叫随到。整个夜晚希尔都会在内线电话里听见撞击和呻吟声。望远镜会不停地来回晃动。

"需要帮忙吗？"

"我没问题。"闵可夫斯基吼道。

有一次，快天亮的时候，拜伦·希尔终于受够了。望远镜一抖一抖地到处转来转去。他喊道："你到底在干什么？把胳膊肘从控制器上拿开！"

"怎么了？我是存心的。"闵可夫斯基说。

接下来的一年，闵可夫斯基在主焦笼里的毛病越来越严重。夜班助理听见他自言自语、气喘吁吁、闷哼咒骂。他发出熊吼似的声音——"呜啊！"夜班助理觉得他弄出来的声音太有意思了，于是用磁带录下来，私下里传来传去。拜伦·希尔最后终于搞清楚了。主焦

主焦点上的一位天文学家，他坐在海尔望远镜顶部的主焦笼里，通过巨大的反射镜看来自宇宙深空的星光，正如 1940 年拉塞尔·W. 波特的构想。这位天文学家身穿熨烫妥帖的定制正装，胸袋插着手帕，脚蹬雕花皮鞋，头发用某种头油（也许就是 Wildroot 发乳）向后梳得油光锃亮。这样一位衣冠楚楚的天文学家只存在于理论中，绝对不会出现在海尔望远镜的主焦点上，那个地方以刺骨的寒冷、漫长的夜晚、随"大眼睛"扫过星空时的纯粹狂喜和膀胱的痛苦而著称。（照片由帕洛玛/加州理工提供。）

笼里的座位是一块硬木板，只有闵可夫斯基屁股的一半大。希尔回忆道："那个小座位快把闵可夫斯基折磨死了。我都不敢想象他在上面有多痛苦。"希尔抽空开车下山，从农用机械经销商那儿用现金买了一把拖拉机座椅。希尔说："我费了很大的力气才把座位改造得适合闵可夫斯基。我加装了软垫。然后他老兄跑去减掉了 40 磅体重。"

主焦笼里禁止吸烟，但只要闵可夫斯基上去，主焦笼里就会弥漫着刺鼻的烟味，不过天文学家不知道他是怎么处理烟蒂的。夜班助理知道。他们说闵可夫斯基会把烟蒂弹出主焦笼，烟蒂往往会飞进望远镜，直落 5 英尺，掉在反射镜上。反射镜是个完美的烟灰缸，因为只要望远镜一动，反射镜上的烟蒂就会自己滚到反射镜四周的排水沟里，消失在视线之外。夜班助理声称他们从反射镜周围一把一把地捡起烟蒂，沃尔特·巴德光是想想就气得双手发抖。巴德训斥闵可夫斯基，告诉他烟灰会如何损坏派热克斯玻璃，却无济于事。主焦摄谱仪是一台精密的科学仪器，缀满了让闵可夫斯基挠头的旋钮。每次他无法让一个旋钮按他的意愿转动，就会对它实施所谓的闵可夫斯基疗法。首先他会用拳头包住旋钮，使劲转动它。假如旋钮依然拒绝转动，闵可夫斯基就会用德语骂一两句脏话，把烟蒂扔出主焦笼，从口袋里掏出钳子，彻底毁了这个旋钮。有一次闵可夫斯基无法打开摄谱仪上的相机，他因此不能更换底片。问题出在一对蝶形螺母上。这对螺母不肯松开，哪怕他用钳子夹住拧也不行。他没有意识到他拧错了方向，他实际上是在拧紧螺母。第二天，工程师们发现闵可夫斯基彻底拧死了这对蝶形螺母，他们不得不把它锯开，然后换上带滚花拇指螺母的夹具，希望能不让闵可夫斯基掏出他的钳子，但正如拜伦·希尔所说："你可以让望远镜防天文学家，但防闵可夫斯基就想也别想了。"尽管有着这样那样的问题，每次只要闵可夫斯基叼着香烟在拖拉机座位上安顿下来，让射电星系的缤纷色彩穿过某位钻石商的表链吊坠，他就会进入某种休眠状态。他的骂声会变成柔和的叹息，而海尔望远镜伸进茫茫黑夜，闵可夫斯基与天空合二为一。闵可夫斯基是有星系以其命名的少数人类之一。闵可夫斯基天体是个非常奇特的星系，位于鲸鱼座内。

1962年12月27日夜间，马尔滕·施密特对射电小细纹3C 273旁边的一颗亮星做了两小时的曝光。他在临近黎明的时候结束曝光。他打开相机，取出曝光后的微小底片放进遮光盒。他的动作很快，因为在底片暴露于空气中的这段时间里，也许会有一颗流星刚好划过头顶，使得底片过曝，毁掉他的心血。第二天下午，他在暗室里冲洗小小的玻璃底片。照片晾干后，他用珠宝商用的那种放大镜仔细研究，在他用来记录想法的黄色绘图纸上做笔记："12月27日，3C 273。这是细纹尽头的那颗亮星。画面严重过曝。"

这颗亮星险些烤焦他的底片。他注意到这颗亮星的颜色很不寻常。这是一颗特殊的射电星："3250（单位为埃，波长的常用单位）处存在极宽的发射线……3400附近还有一些间距非常规则的发射线……肯定还有更多的细节，我们需要一次较短的曝光。"

人类的心智永远想在森林里看见老虎的斑纹。后来证实，那次曝光的照片中并不存在规则的发射线。那张底片过曝得不可救药。

两天后的12月29日夜间，一直忙于研究射电星系的施密特终于抽出时间，又拍了一张那颗射电星的光谱。他通过目镜看着它，微调海尔望远镜，让这颗亮星移动到狭缝上方。这颗星明亮得让他震惊，至少以"大眼睛"的标准来说确实如此。他习惯于观测黯淡的星系，他直接对着反射镜看，也只能勉强分辨出一个形状。他回忆道："你经常会担心自己见到的是不是鬼影。你把望远镜对准一个天体，花了很长的时间看星场。你必须使用眼角余光——眼睛望向旁边，然后才能看见你要找的天体，否则你就不可能看见。有一次我花了四个半小时拍摄一个星系的光谱。等我把底片洗出来，照片上却一片空白。我看见的星系完全是我想象出来的。"但这个 3C 273 并不是鬼影。他回忆道："它的亮度非常高，我几乎看不见其中的颜色。用肉眼看，它相当蓝。"第二天下午，他发现这次的曝光恰到好处——他看见了各种各样的发射线。他认为这颗星旁边的细纹肯定是它产生的某种喷流。

1963 年 1 月底，他回到帕洛玛山，继续观测射电星系。他同时尝试继续拍摄 3C 273 的光谱。第一天夜里，他又过曝了一张底片。他还不习惯拍摄这么明亮的天体。第二天夜里，他以非常短的曝光时间拍摄这颗恒星，然后花了一整夜尝试获取这颗恒星喷出的细流的光谱。破晓时分，和他每次辛勤观测天空一整夜之后一样，马尔滕感觉既昏沉又怪诞和高兴，他不情愿地离开目镜，回到地球，遮光盒里装着几块玻璃底片，他以为底片上拍摄的是星光。等他洗出底片，他发现对喷流的长时间曝光没有拍到任何东西："喷流——需要进一步研究。"

他回到帕萨迪纳。现在他已经有了 3C 273 的数张照片。光谱上能看见六条发射线。和以前一样，这些发射线对应不上任何已知的物质形式。他向同事描述这些发射线，没人能给出解释。与此同时，英国的《自然》杂志想发表一些关于这些奇特的射电星的文章。马尔滕同意写一篇。

加州理工的罗宾逊大楼里，马尔滕办公室所在的同一条走廊上，杰西·格林斯泰因正在为《天体物理学报》撰写文章。杰西认为他发现了射电星 3C 48 的惊人秘密，这个秘密大体而言是这样的：3C 48 是一颗矮星，光谱揭示了镅、锝和钚等重金属的存在。一天，他拿着一包鼓鼓囊囊的底稿走进马尔滕的办公室，底稿描述了他的发现，长达四十一页，有十五张图表。杰西说："我对 3C 48 能做出的分析只有这么多了。要是你有任何意见，请在一周内告诉我，然后我就要寄出去了。"底稿砰的一声落在马尔滕的办公桌上。

马尔滕答道："要是我看见什么不对劲的，一定会告诉你。"

1963 年 2 月 5 日，马尔滕·施密特开始在办公室里准备为《自然》杂志撰写文章。他把几张黄色绘图纸（他的稿纸）放在写字台上，然后取出他拍摄 3C 273 的玻璃底片。每张底片上都有一道小小的黑白条纹，也就是光谱。有些条带只有四分之一英寸长。他把底片装在用胶带贴起来的标准显微镜载玻片上，此刻他掏出一块花纹颇为优雅的手帕擦掉灰尘，然后把载玻片逐一放进一台铸铁镜身的显微镜。他摘掉眼镜，眯着眼睛看目镜。

即便在拍得最好的一张 3C 273 光谱上，也很难看清其中的特征。光谱像一缕烟似的蒙在玻璃上。这缕烟在一些地方几乎难以察觉地变浓，形成较宽的垂直条带。这些条带就是发射线。他一如既往地担心自己看见了鬼影。施密特无法克服这个念头（早些时候他在山上误导了自己）：他在某个地方看见了一些有组织的东西，在另一个地方看见了一些成比例的东西。发射线以递减的间隔从红到蓝排列，仿佛是一个受激原子的谐波。他还知道存在一根不可见的红外发射线，那是 J. 贝弗利·奥克发现的，在他拍摄的底片上看不见，但他知道奥克那根不可见的发射线与其他发射线之间也隔着有规律的空隙。因此光谱上存在五条有规则的发射线，还有两条似乎无规则的发射线。他在绘图纸上勾画，试图构建一个能让原子发射谐波光谱的模型。什么样的炽热气体会以谐波发光呢？他回忆道："于是我有点被困住了。'你看这儿，有规律，对吧？'我对自己说，因为事实如此。"

为了让自己确信这些发射线是有规律的，他决定拿它们的间隔去对比氢光谱的巴耳末线系——这是物理学所知的间隔最规律的一组发射线。巴耳末线系以递减间隔排列。他测量他的光谱中发射线的间距，比较巴耳末线系的间距，忽然之间他顿悟了。他在射电星光谱中看见了巴耳末线系。他在这颗射电星里看见了炽热发光的氢，但颜色沿着光谱朝红色一端移动了很远。这就能解释那五条有规律的发射线了。那么另外两条线是什么呢？假如他按比例把它们移回正常的波长上，它们会是什么呢？他拿出圆形计算尺转了起来。镁。氧。

射电星由普通元素构成，但它正以 16％光速远离地球。这是红移效应。天体因为宇宙的普遍膨胀而在哈勃流中后退。它并不是恒星，而是一个银河系外的天体。16％红移意味着它离我们大约 20 亿光年，周围的星系位于海尔望远镜成像能力的极限之处——那些星系极为黯淡，即便他用眼角余光在反射镜中寻找它们，也会怀疑自己看见的会不会是一团鬼火。而这个天体又那么明亮，两次导致底片过曝。

施密特觉得他一时间无法领会这个发现的重大意义，他打开门，呼吸新鲜空气。杰西·格林斯泰因刚好走过，马尔滕说："杰西，能进来一下吗？我有事想告诉你。"

杰西进来坐下。马尔滕告诉他，他在一颗射电星上发现了高度红移。

杰西的脸色变得苍白，他叫道："啊，我的天哪！"接近惊恐的情绪在这一刻闪过他的脑海。杰西立刻明白了，他的射电星理论完全是错误的。他意识到他在 3C 48 上也看到了红移，但他拒绝承认。恰恰相反，他说服自己相信那是一颗微小的恒星，充斥着镉、锋和钚！他说："咱们得看看 3C 48。"

他们翻出杰西的底稿，杰西没用多久就算出 3C 48 的红移量为 37％。杰西的脸色也变得高度红移。他已经把论文寄给了《天体物理学报》。

用马尔滕的话说："这下打开了我们的眼睛。"

3C 48在以超过三分之一光速的速度远离我们，因此它位于50亿光年之外，然而这个光点却如此明亮！马尔滕和杰西在黑板上写满了算式。他们无法相信自己眼睛看到的东西。他们试图用粉笔寻找不通过红移来解释这些发射线的方法。两人互相吼叫。叫声引来了贝弗·奥克。施密特和格林斯泰因请奥克来证明这些发射线不存在红移。他做不到。杰西打电话给《天体物理学报》，向编辑请求撤回论文。（多年后杰西回忆当时的情形时说："那是一篇非常漂亮的论文，唯一的缺点是它是错的。"）到了那天下午5点半，宇宙已经变得过于奇异，以至于不喝一杯就没法继续思考。杰西建议他们去他家。三位天文学家来到他家找酒喝，杰西的妻子内奥米大吃一惊。加州理工的天文学家绝对不会在星期二晚上出来喝酒。她问："出什么事了？"

马尔滕在沙发上坐不住。他来来回回地走。假如这些天体（已经不能再叫射电星了）位于宇宙深处，那么它们发出的光就相当于一整个星系在同时聚变燃烧！但这一整个星系却被塞进了一个极小的区域，就好像某种力量把千亿颗恒星压成一个针尖，然后点燃了它。还有喷流！3C 273射出的喷流就仿佛喷灯的烈焰。那股喷流应该有三个星系那么长。这太可怕了——自然界有什么样的力量能制造出比三个星系还要大的气体喷流？马尔滕回忆道："我们的行为很怪异。我们在大喊大叫。"马尔滕似乎要因为紧张症发作而崩溃了，而杰西却在Schimmelpenninck雪茄（"荷兰雪茄业的皇冠"）和芝华士苏格兰威士忌的帮助下，安然度过了"那第一个可怖下午"的余波。马尔滕指着威士忌说："给我也来点，谢谢。"现在回想当时的一切，杰西说："我们冲破了一直困着我们的屏障。对于科学家来说，那是一种深刻的感觉。你在一个领域内工作，做出了像这样的发现，那种感觉绝对无法用语言形容；那是一种有生命力的感觉。"

马尔滕开车回家。那天夜里他在客厅里待了好几个小时，他回忆道："我踱来踱去，就像笼子里的老虎。"那年他三十三岁。

　　科莉问他发生了什么。

　　他说："今天在办公室发生了恐怖的事情。"他告诉她，他在最遥远的星系之间发现了一个天体，而这个天体在绽放明亮得可怕的光。他必须发表这个研究成果。时间太少了，他该怎么形容它呢？他在客厅里走来走去，问自己："你会不会把蚁丘看成了山？假如不是你弄错了，你打算怎么说呢？天哪，我必须说些什么！"他怀疑自己是不是忽略了某些既简单又直接的无聊解释。要是他发表文章，宣称一颗亮星位于20亿光年之外，如果搞错了，会沦为何等的小丑啊！后来他还会这么说："未来会发生什么已经很清楚了。因为一旦你看见非常明亮的天体拥有这么巨大的红移，那么比较黯淡的天体肯定拥有更大的红移。"马尔滕和科莉哄孩子上床，但马尔滕睡不着。他们最近买了家里的第一台电视机。他打开电视，想找个节目看看。他意识到，天文学家很快就会发现更多这样的天体。它们当然会比较暗淡，因为它们位于更远的地方。人生的接下来二十五年就摆在他眼前，仿佛一条指向回溯时间深处的笔直道路，而空间在他面前打开，变成闪烁着遥远火焰的深渊。搜寻这些天体就相当于探查时间深处，视线几乎进入了另一个宇宙，观看一场无法解释的残暴戏剧在陌生之处发生。电视上出现了待机图像，他起身上床，一遍又一遍地问自己：有办法吗？

　　你不可能离开这个宇宙。施密特、奥克、格林斯泰因和马修斯（射电天文学家）匆忙写了一组论文寄给《自然》，杂志连续刊发了所有文章。施密特的论文首先登场：《3C 273，一个红移巨大的类恒星天体》。论文只有两页长。说真的，他没多少话可说。事实证明，大自然并不复杂和可解释，而是简单而神秘，但不肯轻易妥协。大自然不为任何人提供借口。这两页纸代表着天文学历史中的一个转折点，宣告天空不再是原来的模样，而是遍布着爆炸性的怪异现象——这两页纸为天文学接下来二十年的发展揭开了序幕，脉冲星、吸积盘、黑洞、伽马射线暴、射电喷流、引力透镜和大爆炸标新立异但难以驳斥的逻辑（存在一个创世时刻）将轮番登场。随着越来越多的类星体被发现，它们越来越大的红移带领他深入回溯时间，马尔滕·施密特这才意识到，他用手帕擦掉那块载玻片上的灰尘、把它插进显微镜的时候，无意间开启了一条名叫观测宇宙学的探索之路，在这条道路上，人们会尝试通过用透镜观察宇宙来分析宇宙的结构和历史。

至于杰西·格林斯泰因，没过多久，他花了一大笔钱购买日本禅画。杰西认为他的收藏不完全是让类星体红移从指间溜走的一种安慰，而更多是一种教训。他说："我早就知道 3C 48 有红移，但我自己抛弃了这个想法。我说：'这是胡说八道。'"他收集描述禅宗公案（也就是谜语）的画作。他最喜欢的一幅画里，老诗人乘在船上，望着大雁飞过云雾缭绕、月光照耀的天空。诗人仰望天空，你几乎看不见他的眼睛。谜题是：老诗人如何捉雁？答案是：他已经捉住了。

吉姆·冈恩和唐·施耐德在数据室里工作，准备让"四管猎枪"开始扫描天空。他们猛敲键盘，马尔滕·施密特和胡安聊天。吉姆和唐忽然大喊："噢，不！"然后跑出房间。

"怎么了？"马尔滕在他们背后喊道。

没人回答他。

数据室里的一台打印机吐出打印纸。上面印着：

OK

OK

OK

马尔滕笑呵呵地看着它。

OK

OK

OK

马尔滕说："它一直在说 OK，但我觉得它不 OK。"

OK

OK

OK

吉姆和唐跑回数据室。他们继续敲键盘，试图安抚"四管猎枪"。

马尔滕说："我完全不明白正在发生什么。事实上，我感觉一切正常。"

"现在好了。"吉姆说，唐收起堆成山的一卷打印纸。马尔滕凑过去看。他说："你们正在大胆地去往没人知道他在干什么的地方。"

他们说服"四管猎枪"开始扫描，恒星和星系滚过屏幕，但这次星系看上去很不一样。每个星系都透出一个竖直的斑块，样子有点像烛火。屏幕上显示的星系图像是通过衍射光栅看见的，所谓衍射光栅就是表面有刻痕的平板玻璃，它能像棱镜一样分解光线。吉姆把衍射光栅放在"四管猎枪"的四台相机镜头前，因此视野里每个天体的光都会先穿过光栅再进入镜头。使用这项技术能打散望远镜视野中所有物体的光。星系看上去像是在燃烧。每个火苗都是垂直于星系的光谱图像。在两个夜晚的扫描过程中，"四管猎枪"将两次经过同一片天空，第一夜直接拍摄图像，第二夜通过衍射光栅拍摄，从而获得大约十二万个天体和它们的光谱，所有信息都会记录在磁带上。唐的电脑随后会综合两套图像以增加亮度，然后自动在光谱中搜索类星体的特征发射线。团队希望用这套方法来寻找类星体。

马尔滕叫道："我们上路了！"他大步流星地走向音响，三两下就找到了莫扎特。

几位天文学家聚集在一个显示器前阅读光谱。

"马尔滕，你看这个，"吉姆说，手指抚过一朵烛火中的隆起与间隙，"这是一颗早期 M 型恒星。"（他后来向我解释，M 型恒星是温度较低、颜色发红的老年恒星。）

马尔滕摘掉眼镜，看着屏幕。他说："对，一颗有点蓝的 M 型。"

屏幕上的天空是乱糟糟的污点和斑块。有些光谱中有黑暗的竖条，也就是吸收线。另一些中有隆起，那是发射线。天文学家注意到了很多 M 型恒星。他们说，M 型恒星表面上很像类星体。施耐德说："它们中的大多数都离我们很近，就在几千光年之内。"后来他也摸了一下屏幕。他说："这是个发射星系，"他指的是个明亮而狂暴的星系，核心处有某些可怕的东西在燃烧，有可能是一个微型类星体。

"啊哈，是的，"马尔滕说，用手指摸着光谱，"你看那个。一个 N 型星系。"他指着烛火中的一簇水平尖峰。他说："你能看见发射线，但它明显是星系，而不是类星体。"

在"大眼睛"上进行的多重中天扫描让人感觉到夜间驾车横穿北美洲的节奏。星系在显示屏上闪烁，就像孤独小镇的灯光。交谈时有时无，天文学家常常只是默然凝视前方。

"一条碳线？"唐说，向屏幕上移动的另一个光谱伸出手，"有可能是类星体。"

"所以咱们才需要超级计算机，"马尔滕说，他转动圆形计算尺，"那个天体的发射线似乎太散了，不可能是碳。要我说，那是个镁的间断。只是个发射星系。各位，对不起了。"

过了一会儿，马尔滕对吉姆说："詹姆斯，我觉得咱们也该看见一个类星体经过了，你说呢？"

"完全支持。"

唐说："我们想看见类星体。"

一天夜里，数据室的门突然被推开，正在 48 英寸口径施密特望远镜上工作的一位天文学家走了进来。他说："我真的要生气了。今晚这是第二架轰炸机了。"

"第二架什么？"唐问。

"B-52！天上有个白痴直直地穿过我的视野，一盏频闪灯闪个不停，简直是发疯。他彻底毁了我的底片。我猜那些家伙拿咱们的圆顶当夜间轰炸演习的定位点。"他俯身去看屏幕。"哇，了不起哎。找到类星体了吗？"

"我们也想啊。"冈恩说。

"冈恩，真的太了不起了。你们可以卖门票的。"

冈恩对正在房间另一头的施密特喊道："马尔滕，听见了吗？你能收上十万八万的，谁还在乎几个小光谱啊？"

"哈，说得好！"

还有一次，施密特坐立不安，在房间里走来走去，他忽然停下，原地转身。他从眼角看见有个东西在屏幕上移动。他说："我的天。"他一把扯掉眼镜，抓起尺子去比屏幕上滚动的光谱。他掏出圆形计算尺，转了几下。"红移，让我算一算！对！那是个类星体！"

天文学家的椅子底下有滚轮，几把椅子隆隆驶向显示器。"这颗很亮。"冈恩目送类星体在屏幕上沿消失。

在过去一年间，唐·施耐德编写了一个强大的软件引擎用来搜寻类星体，所有人都希望他的软件能重新发现这颗类星体。我的眼睛无法在满屏幕的无数光谱中分辨出那颗类星体。马尔滕的反应让我想起一位飞蝇钓手，他在缅因州的一条河流里守着一片平静的水面，忽然听见不寻常的微弱溅水声，他一转身，动作中没有任何停顿，把鱼饵抛向一条鲑鱼溅起水花的上游 3 英尺之处。

一团炸开的白色淹没了屏幕。吉姆思索道："一颗小恒星。你用裸眼是看不见的。"

唐说："我只希望咱们别扫过猎户腰带。"

"哈！咱们应该往哪个方向走？"马尔滕开玩笑道。

"或者月亮，"胡安·卡拉斯科说，"否则屏幕就要和咱们说再见了。"

一簇星系向上滚过屏幕，光谱叠加在一起。

胡安说："看上去像是这些星系在繁殖。"

"其实刚好相反，"唐说，"它们在互相吞噬。"

"是吗？"胡安说。

马尔滕指着屏幕说："胡安，这个小星系是大星系接下来几十亿年的午餐。"

"办公室里今天发生了些可怕的事情。"1963 年圣诞节后在达拉斯召开的一个研讨会上，天文学家就这些类似恒星的天体该如何命名展开了争论。有人提议叫它们"达拉斯星"。还有人认为应该叫"肯尼迪星"，以纪念一个月前在达拉斯遇刺身亡的约翰·F. 肯尼迪总统（类星体一词在 1970 年成为正式名称）。马尔滕·施密特开始在海尔望远镜上观测创纪录的黑暗时间。他独自坐在主焦笼里，听着巴赫的音乐，将十字准线对准目标，马尔滕·施密特就这样叩开了宇宙的大门。

1965 年愚人节，《天体物理学报》推迟出刊，等待马尔滕·施密特寄给编辑部的一封信。这封信可不是开玩笑的。经过两年的辛苦工作，他发现了五颗类星体。通过一系列严谨的推理，他将五颗类星体的发射线联系起来，建立了逻辑的阶梯，带他跨越令人惊叹的遥远距离。他发现一颗类星体的红移高达 70%。用比值表示，这颗类星体的红移量是 0.7。（天文学家通常用比值而不是百分比来表示红移。）另一颗类星体的红移量是 1.03——红移达到了 103%。真正的怪物是类星体 3C 9，红移量为 2.01（可怕的 201%），但这颗类星体呈现出蓝色，因为光谱中通常不可见的紫外线（莱曼 α 发射线）被红移到了可见光的波长范围内，因此将这颗类星体染成了浅宝蓝色。

天文学家不知道我们所在区域与高度红移类星体之间的确切距离，因为天文学家还无法将红移和距离尺度联系在一起。举例来说，红移量为 2.01 的 3C 9 与银河系的距离可能在 100 亿到 160 亿光年之间；来自那个类星体的光子比地球古老 1 到 2.5 倍。马尔滕曾经说过，他对他的愚人节类星体感到非常自豪。通过证明一个人能找到红移量为 2.01 的类星体，他将海尔望远镜从地球朝各个方向的观测范围扩大了 2 倍。他砸开了可观测宇宙的一层外壳，按照体积来计算，海尔望远镜能够探索的宇宙比以前大了 50 倍。他说："这是我一生中完成的最艰苦的工作。"

1966 年，类星体的新闻登上了《读者文摘》，一份杂志来到一位老妇人手中，她住在内布拉斯加州哈特韦尔附近的一个农场里，哈特韦尔当时还是个没有水泥路的小村庄，位于普拉特河以南的无树平原上。这位老妇人是格特鲁德·施耐德夫人。她十一岁的孙子唐尼经常会在星期天的下午来探望她，顺便看她的《读者文摘》。正是在祖母的农场里看《读者文摘》的时候，唐·施耐德第一次知道了马尔滕·施密特。他开始感觉到类星体存在于自己的头顶上。唐说："就是在那时候，我放弃了恐龙，投向天文学。这是我一生中的最后一次职业转换。我六年级的时候就知道我会成为天文学家，一个孩子对未来会成为什么的概念顶多也就是我那样了。"唐一直认为他选择的是一个普普通通的职业。"我不明白怎么会有人晚上出去抬头看一眼而不想当天文学家。"

他告诉父母他长大了要当天文学家，他们感到很高兴，因为他们本来并没有对唐寄予厚望。他小时候反应迟钝。唐直到三岁半还没有学会说话。他们开始担心他会不会有智力障碍，于是计划带他去看医生。一天，唐坐在祖母的大腿上，祖母念书给他听，希望能促进他的语言能力。她指着一张大桶的图片说："小桶。能说给我听吗？小桶。"

"大桶。"唐说。

"什么？"

"大桶。"他指着文字说。

"你在念单词？"

"是的。"

她翻了几页，指着其他单词，他大声念给祖母听。三岁半，他连一个词都没说过，但已经认识字了。

唐也让母亲感到困惑。艾琳·施耐德在主日学校教教理问答[1]，唐上一年级的时候是她的一名学生。她试图向孩子们解释世界末日耶稣再临时会发生什么。她念《圣经·马太福音》："'日头就变黑了，月亮也不放光，众星要从天上坠落，天势都要震动……'"

唐举起小手。他说："妈妈，月亮并不放光，它只反射太阳光。"

教理问答课自然不可能上得轻松。

他父亲唐尼·雷·施耐德是佃农和哈特韦尔的镇长。他在哈特韦尔附近属于其他人的土地上种植玉米、小麦和高粱。他和哈特韦尔的所有人一样辛苦劳作，人们说唐尼·雷·施耐德去任何地方都不是走

---

① 基督教的宗教教育课，为带有答案的问答形式的教义手册。——译者

着去而是跑着去的。他想尽可能节省开支，攒钱买个自己的农场，但有时候庄稼会连续两年歉收，连养活家人都很困难，但他依然坚持给大儿子买书，因为唐尼热爱读书。唐尼·雷以为唐长大了会和他一起劳作，帮他建立自己的农场，直到少年有一天忽然声称长大了要当天文学家，不过这也没什么不好，因为显而易见，他当农民不会有什么出息。大多数清晨，唐尼·雷必须把少年从床上拉起来，把他抱上拖拉机，让他用双手抓住方向盘，然后转动点火钥匙，这时候少年都还没清醒过来，也许这就能解释某天他为什么会把唐单独留在拖拉机上了，而拖拉机背后拖着个巨大的圆盘耙。唐把拖拉机挂上挡，开始耕田。他热爱开阔的土地、深远的天空和四面八方的地平线。天空在内布拉斯加是个显眼的存在，你的视线能一直射向世界的边缘，路上连一棵树都很难遇到。拖拉机轰隆隆地行驶，直到不得不停下加油。

他从未给拖着巨型农具的拖拉机加过油。这是个棘手的活儿。首先他必须开着拖拉机停到一辆皮卡旁边。皮卡上有一箱柴油和一根软管。他慢慢地开到与皮卡平行的地方——一次真正的飞掠①。他离皮卡太远，于是决定转一圈回来，他把油门踩到底。按照唐本人的讲述："我听见轰隆一声巨响。我回头望去，只看见了一团尘土和一辆跳舞的皮卡。"他忘记了背后的圆盘耙。圆盘耙抓住皮卡，正在它身上耙得起劲。唐说："圆盘耙甚至都不知道皮卡在那儿。"唐从一片狼藉中解开拖拉机，开着它像发疯似的去了另一块田地，他父亲正在那里割麦子。他说："老爸，我好像毁掉了你的皮卡。"

哈特韦尔镇镇长的回答是这样的："好的，唐，趁太阳还大，咱们先晒干草。我回头再去看。"

---

① 指航天器靠近或飞越某指定地点或目标，尤指为详细观察天体而在不进入轨道或着陆的情况下操纵航天器或卫星以足够近的距离飞过。——译者

小麦于 7 月收割。与此同时，他们必须开始灌溉玉米田。唐要在天亮前和父亲起床，把四分之一英里长的灌溉水管装进拖车，然后去另一块田里手工铺设一节节管线。做完这些，他父亲和他叔叔会合力用联合收割机收麦子，唐在一旁协助。唐的母亲或叔母会用野餐篮送来晚餐。炎热的傍晚，两个男人、唐和他的堂兄弟会坐在卡车的阴影里吃饭，等太阳下山后驾驶联合收割机一直劳作到夜里，他们会用灯光照亮麦地，直到结露时分才不得不停下。

唐的父亲终于攒够钱，购置了自己的农场。1973 年，施耐德一家搬出哈特韦尔，住进一座黄色屋子，屋子周围种着冬青树，以抵御高原的狂风，但熵增永远有办法穿过防风林。唐记得他父亲曾经能抱起装满 30 加仑柴油的油桶放进拖车，轻松得就好像油桶里装的是爆米花。但唐尼·雷的心脏开始衰老，刚开始还很隐蔽，后来越来越明显。某年 4 月的一天，播种时间即将到来，他在林肯市的一家医院死于心力衰竭。唐当时在内布拉斯加大学念二年级。家里的其他孩子都还太小，无法操作大型机械，而他母亲连开车都没学会。唐以为他只能一个人种庄稼了，直到一个拖拉机编队出现在施耐德家农场的门口。哈特韦尔镇的大多数农户都来了，他们帮施耐德家种庄稼，然后唐和一名雇工接手。唐回忆道："那年夏天，雇工说什么我就干什么。"唐的母亲终于学会了开车。秋天，艾琳·施耐德面临一个抉择：要么让儿子继承父业当农民，要么让他完成大学教育。她没有和唐商量，直接拍卖了农场的所有农机，以确保唐会念完大学。她后来再婚，如今在农场过着简朴而舒适的生活，把土地租给其他农户耕种。

1976 年，唐从内布拉斯加大学毕业，前往加州理工念天文学研究生。他在加州理工走进了吉姆·冈恩的课堂。冈恩教的是宇宙学，他习惯于在课堂上说："就像你在母亲怀里学到的。"然后转向黑板，写出一个超级长的数学表达式，描述时空的微小曲率。唐在母亲怀里学过教理问答，但现在学到的东西也很不赖。他的博士论文研究的是星系吞食。他追索的头号嫌犯是个噩梦般的天体——九个星系挤成一团疯狂进食，彼此吞噬。他的结论是它们很快（仅仅几十亿年而已）就会合为一体，形成一个超巨型的星系。马尔滕·施密特随后聘用他为博士后研究员，协助施密特研究类星体。唐的研究员基金用完后，他和施密特继续以合作者身份工作，而唐前往普林斯顿的高等研究院，编写用于处理哈勃空间望远镜所摄照片的图像处理程序。

唐住在研究所外的公寓里，他对公寓只做了简单装修。他把电脑打印纸当地毯铺在门口，免得客人把泥土带进客厅。他在墙上挂了些妹妹为他做的刺绣和一个不起眼的小十字架。他的书架上塞满了狄更斯、安东尼·特罗洛普、简·奥斯汀和盖斯凯尔夫人的小说。他开一辆黑胶车篷的雪佛兰新星。车几乎没有里程数，因为他无论去哪儿都走着去。他步行到城市的另一头望弥撒，然后再步行回来。他的眼睛蓝得惊人，就好像它们吸收了高原天空的紫外线。他以近乎于方济各会修道士的清苦安排自己的每一天，每周将五十到九十个小时献给星系和类星体，而薪酬显然配不上他付出的努力。他离开拖拉机的座位是为了成为天文学家，他认为这是命运的安排，因为他最终还会回到海尔望远镜主焦笼的拖拉机座位上。某一天，他忽然回到了内布拉斯加，跋涉于泥泞的田野中。当时是秋天。乌云在地平线上翻滚涌动，似乎并非来自地球的怪风在耳畔呼啸。他把海尔望远镜丢在了什么地方，这让他内心充满了可怕的失落感。远处有一座白色的谷仓。风拉扯着他。他一直向前走，来到了谷仓前。他拽开谷仓的大门，里面赫然就是海尔望远镜。然后他在普林斯顿的公寓中醒来。海尔望远镜侵入了他的梦境。

在帕洛玛山的多云日子里，他阅读安东尼·特罗洛普的小说，你还来不及掰开一块奥利奥，他就已经读完了一章。马尔滕·施密特曾经对他说:"唐,你属于四五十年代,而且不是咱们这个世纪。"唐爱上了《傲慢与偏见》的女主角伊丽莎白·班内特。一天夜里我们站在鹰架上看星星出现,他有点心事重重,对我说他最近过了三十岁生日。然后他引用简·奥斯汀的话:"凡是有钱的单身汉,总想娶位太太,这已经成了一条举世公认的真理。"话虽如此,但他开始觉得在深空中找到类星体都比在地球上找到妻子更容易。就这样,他沉吟起他最喜欢的《基督山伯爵》的最后一句话:"人类的一切智慧都包含在这两个词语里:'等待'和'希望'。"

初中生唐·施耐德忙着破坏农用机械的时候,吉姆·冈恩却在学习徒手格斗。冈恩研究生毕业时,越战正打得如火如荼。"我一直算是个身体上的懦夫。"冈恩曾经这么说,显然认为这样就能合情合理地解释他为什么要报名加入佐治亚州本宁堡的伞兵学校了。他回忆道:"新兵训练纯属浪费时间,但跳伞棒极了。"确实非常棒,直到加州理工的天文学家杰西·格林斯泰因听说他在跳伞。杰西拿起电话。天晓得他打给了谁,但他在政府内具有影响力,他的话无疑传到了五角大楼。高层打发冈恩回加利福尼亚,最终他成为陆军工程兵部队的一名上尉,在喷气推进实验室从事研究工作。

冈恩从陆军退伍后去了普林斯顿大学,他作为一名理论家很快就声名鹊起。1970年,冈恩回到加州理工,他的名声扩展为一名思想家和一名熟练的观测者,与此同时,细小的伤口也在他的双手上积累。他为海尔望远镜建造了一台用夜视摄像管当感光元件的电子照相机。不久后他又造了第二台。他和贝弗·奥克合作,为海尔望远镜建造了电脑控制的光谱仪。他还为自己和罗斯玛丽造了屋子,家里的很多家具也是他自己做的。

天文学家的圈子里有个笑话是这么说的,提问:理论家和上帝之间有什么区别？回答：上帝对一切只有一个解释。作为理论家，冈恩向我们这个物种提供了关于宇宙事物的大量解释——对我们来说，尽管没有显而易见的好处，但知道一下也没什么坏处。冈恩观点的核心是这么一个概念：星系在持续不断地形成和死亡，它们吞食或失去质量，吸收和吐出物质。冈恩觉得银河系还在成长，还在从周围的星系间空间中汲取物质。冈恩认为宇宙是个动力系统，倾向于形成复杂的结构。冈恩说："天体物理学是一种工程学。你会试图使用某些经验法则来推测星系如何构造。大自然几乎永远比你想象中复杂，但简单的模型琢磨久了，有时候还是有可能搞清楚大自然在干什么。"在冈恩眼里，一个星系就像一个装置；他乐于建立能够自圆其说的宇宙模型。

在加州理工，你似乎永远也搞不到足够的经费去购买先进的设备，于是冈恩用他的智慧去解决其他问题。他和英国天文学家罗杰·格里芬用儿童玩具的部件制造出所谓的"视向速度仪"。格里芬买了一套 Meccano 电机（Meccano 是 Erector 金属拼装玩具的英国版）。冈恩说："那些电机非常完美。它们是塑料的，而且有齿轮箱。"格里芬接上一打 Meccano 电机，冈恩焊接了几块电路板。他们把电机安装在铝合金框架上，用螺栓和胶带固定好，再加上一块用 Brasso 金属磨料抛光的派热克斯镜片，得到的就是一台视向速度仪。他们把这台仪器安装在海尔望远镜上，一直使用到现在。它准确地测量出黯淡恒星进出毕宿星团（金牛座内的一个金色恒星星团）的视向速度。

1974 年 8 月 9 日，理查德·M. 尼克松辞去美国总统职务。几周后，对通货膨胀、预算削减和未来总体情况担忧的美国国会投票表决，决定是否允许美国国家航空航天局（NASA，航天局）花费 300 万美元，研究建造大型空间望远镜的可行性。投票侥幸通过。它为天文学界带来了"大科学"——大预算、大政治、大官僚机构。十三年后，加利福尼亚的桑尼维尔，哈勃空间望远镜停放在洛克希德导弹与航天公司的无尘室内，等待搭乘亚特兰蒂斯号航天飞机升空（最终于1990年发射）。哈勃空间望远镜是一个完整的地球轨道天文台，共搭载了五台观测设备。它有四层楼高，重达25 500磅。它最终耗资25亿美元，平均每盎司6 000美元。空间望远镜的价值是等重黄金的近16倍。空间望远镜的反射镜直径仅有94英寸，按今天的标准来说算不了什么，但它在大气层之外绕地球运行，因此能够看到我们连做梦都无法想象的景象。空间望远镜的一侧插着一个饼状盒子，它有一台三角钢琴那么大，这就是空间望远镜的主相机：耗资6 000万美元建造的宽视场/行星照相机。至于它是如何来到这里的，吉姆·冈恩在故事中扮演了一个角色。

美国航天局涉入空间望远镜计划的步伐刚开始很慢。一个重要的技术难题是空间望远镜的主相机缺少效果良好的传感器。普林斯顿大学的一个小组一直在试验真空管传感器（类似于夜视摄像管），但真空管很容易损坏。对空间望远镜来说，真空管的可靠度似乎不够高；航天局已经受够了和国会打交道，在能把可用的望远镜放上图纸之前，他们不想贸然申请10亿美元经费。

于是詹姆斯·A. 韦斯特法尔登场了。

天文学家韦斯特法尔在俄克拉何马州的塔尔萨长大，他父亲在当地经营汽车修理店。韦斯特法尔高中毕业后，在一个地震勘探队里找到了一份"放线员"的工作，这个勘探队在俄克拉何马州的锅柄地带寻找石油和天然气。放线员负责安装一系列的检波器，它能够拾取爆炸产生的声波振动，韦斯特法尔的时薪是35美分，加班只有半薪。几次升迁之后，韦斯特法尔攒够了钱，进入塔尔萨大学深造，课业成绩以B为主，于1954年得到学士学位。他回到石油工业，在墨西哥找到一份管理测井团队的工作。后来他进入辛克莱尔石油的塔尔萨分公司，研究他所谓"非正统"的原油勘探方法。韦斯特法尔将传感器对准地面，希望能接收到原油发射的伽马射线。他向地下发射脉冲无线电波，希望能收到油性物质的回波。韦斯特法尔用一台巨型计算机分析有可能代表原油存在的重力异常。韦斯特法尔在俄克拉何马、得克萨斯和路易斯安那放出风声，称任何个人和团体，只要了解或自认了解石油勘探，辛克莱尔石油就愿意雇用他们；结果占卜师和通灵师出现在韦斯特法尔的实验室里，展示他们的魔法杖和水瓶——水瓶里装满了维生素水，挂在绳子上，据说会在油层上方来回摇摆。辛克莱尔石油的管理层对吉姆·韦斯特法尔的行为一无所知，这正中他的下怀。

苏联发射斯普特尼克卫星后不久，辛克莱尔石油的管理层开始思考外太空是否存在商机。管理层邀请韦斯特法尔参加在纽约举行的董事会，讲一讲辛克莱尔应不应该进入外太空，顺便再说说他在塔尔萨的实验室里都做了什么。他先建议董事们别去碰外太空，然后把一个黑色小盒子放在桌上。他说塔尔萨实验室最近有了个突破，想在此和董事会分享一下。他说这个盒子并不危险，但有可能影响人的精神。会议室里的气氛顿时变得紧张。他说："这是个管理者的模型。"他按下盒子上的开关。盒子发出呼呼运转声。盒盖突然打开。一只手伸出来，摸到开关，关上，然后缩回盒子里。韦斯特法尔说："如诸位所见，你向一名管理者提出建议，然后等一会儿，哎呀你看，这就是你的建议的下场。"气氛从紧张变成了死寂，寂静忽然被憋气的声音打破——一个人歇斯底里地大笑起来，那是集团的主计长。（最初构思这个装置的是 AT&T 贝尔实验室的克劳德·香农，也就是信息论的提出者。韦斯特法尔通过小道消息听说了香农的点子，他大概是把这个装置做成实物的第一个人。韦斯特法尔的"管理者模型"成了搞笑商店的热门产品，但韦斯特法尔从中连一分钱都没挣到。）韦斯特法尔曾说："我们是一群自由的灵魂。我们扳动体制，拖着哭喊不已的辛克莱尔石油进入新时代。"

　　离开辛克莱尔石油后，韦斯特法尔来到加州理工担任实验室技师。事实上，他成了加州理工的"放线员"。他主持建造能让深海生物在其中生活的高压水族箱。他拍摄月面和珊瑚礁的照片。他感兴趣的范畴包括火山、镀金反射镜、红外星、阿拉斯加的崩溃冰川和金星的大气层。按照他的描述，他在加州理工的问题在于"我一直没能搞清楚我在这儿究竟应该干什么"。韦斯特法尔开始玩夜视摄像管，把它们改造成海尔望远镜的照相机。他和天文学家杰里·克里斯蒂安用硅增强靶光导摄像管（一种高电压的夜视摄像管）建造了一台相机。两人带着相机钻进主焦笼。主焦笼按理说只能容纳一个人，但韦斯特法尔和克里斯蒂安在十几二十码帕洛玛胶的帮助下，把夜视相机连同一台电脑、一台磁带机、一台示波器、一台显示器、一个1万伏电源、一大卷电线和他们两个人都塞了进去。他们将海尔望远镜对准银河系，然后心一横，给夜视摄像管通上1万伏高压电（指针打到红字尽头），让他们的相机初光。密密麻麻的星辰出现在屏幕上。克里斯蒂安对照寻星表，开始抱怨说望远镜的指向能力太差劲了。他说这些星他连一颗都认不出来。但紧接着，克里斯蒂安叫了起来，因为这时他们意识到他们看见了从未在任何星图上出现过的星辰。他们把海尔望远镜翘速传送进超空间，对准了银河系一个未知的颈状部分。韦斯特法尔发出俄克拉何马州黑钻井人的"呀——呼——!"叫声，克里斯蒂安笑得几乎窒息——"我险些尿了裤子。"他说。（两人周围都是高压电线，撒尿很可能会电死他们。）韦斯特法尔和克里斯蒂安的相机如今在华盛顿特区，由国家航空航天博物馆收藏。吉姆·韦斯特法尔成了帕洛玛山的一位发明家。

　　与此同时，帕萨迪纳喷气推进实验室的三位工程师（杰拉尔德·

史密斯、弗雷德里克·兰道尔和詹姆斯·简西克）一直在研究 CCD
传感器芯片，想应用在航天局计划发射向木星的伽利略号无人空间探
测器上。韦斯特法尔和三位工程师讨论后，认为 CCD 芯片会非常适
合用在地面望远镜上。他把消息告诉吉姆·冈恩。按照韦斯特法尔的
说法："我们忽然想到，假如我们能够稍微改进一下这些芯片，就能
战胜地面天文学的一切观测手段。"工程师说 CCD 芯片的光敏度能做
得比任何照相胶片都高 100 倍。给海尔望远镜挂装这样的涡轮增压
器，就相当于建造了一台比海尔大 100 倍的望远镜，而且价钱还便宜
得多。

1976 年 10 月 19 日，吉姆·韦斯特法尔以旁听者身份在加州理工
参加了一场为期一整天的会议。与会者以空间望远镜的 B 阶段团队为
主，航天局的这个团队专门负责空间望远镜的初步设计。他们手上的
问题既关键又紧迫：空间望远镜的主相机究竟应该造成什么样？喷气
推进实验室的史密斯和兰道尔上台介绍了 CCD 芯片。韦斯特法尔讲
述了 CCD 的一些知识。团队的首席科学家罗伯特·奥戴尔在黑板上
画了个示意图，那是个镜面棱锥，能把一束光分为四部分，然后将它
们反射进 CCD 传感器阵列。奥戴尔说："你们考虑一下。"下午，团
队讨论这个设计，投票决定公开招标，希望能引来什么人在什么地方
浮出水面，解决空间望远镜主相机的结构问题。两天后，按照韦斯特
法尔的说法，吉姆·冈恩走进韦斯特法尔的办公室，说："韦斯特法
尔，咱们必须为空间望远镜建造相机。"

"什么？"韦斯特法尔说，"冈恩，别胡扯。"

冈恩说他没在开玩笑。

韦斯特法尔紧张了起来，他说："不可能，吉姆！这不是咱们的
风格。"

"韦斯特法尔，要是咱们不建造这台相机，加州理工就会从天文

学领域出局。"冈恩说。

"所以你想让谁当项目负责人?"韦斯特法尔问,肚子里有一种奇怪的感觉。

"我想让你当。"冈恩说。

"什么?见鬼了,吉姆,不行!你就断了这个念头吧。"他说。

冈恩恳求韦斯特法尔。

"根本就不可能。"韦斯特法尔说。

冈恩坚持说有可能。

这时韦斯特法尔明白了,他,韦斯特法尔,必须找一条出路。于是他说他会考虑一下,但前提是冈恩必须同意担任项目副负责人。他觉得冈恩不可能同意。

冈恩同意了。

"我被他架了上去。"韦斯特法尔说。然后他有了个主意,他对冈恩说:"咱们每人在黑板上写三四个名字。要是能说服他们当中的一半加入,那好,吉姆,我就答应你。"(后来他承认:"这是我给自己找的出路。我很快就想到了几个人,我知道他们肯定会拒绝和我们共事。")

接下来的一个周末,冈恩和韦斯特法尔开始打电话。韦斯特法尔打给杰里·克里斯蒂安。克里斯蒂安说:"我加入。"韦斯特法尔又打给另一个人——现在他想不起来那是谁了,但他记得他听见了一个不幸的回答:"我加入。"

韦斯特法尔回忆道:"我心想,看来我只能打给基特峰的罗杰·林德斯了。我知道他肯定会把我捞出去。但他说:'妈的,当然加入了。'这时我心里知道,我逃不掉了。"

冈恩后来承认:"我是存心把韦斯特法尔拉下水的。"冈恩认为,只有和官僚机构斗智斗勇了大半辈子的韦斯特法尔才能成功建造这台照相机。冈恩畏惧大科学。他一直暗自担心韦斯特法尔或航天局的什么人会提名他，吉姆·冈恩，去负责为空间望远镜接生。冈恩说："我对韦斯特法尔说必须由他来主持这个项目，其实只是为了保住自己的屁股。"这个团队最终招揽了十二位天文学家，他们开始定期开会，探讨为空间望远镜建造 CCD 相机的种种想法。他们决定称之为宽视场/行星照相机，简称威弗皮克（Wiffpick，来自缩写 WF/PC）。威弗皮克有个反射棱锥，它打散来自主反射镜的一束星光，将其反射进入 CCD 相机阵列。它能以两种模式工作：宽视场模式，用于拍摄黯淡星系的影像；行星模式，用于长焦拍摄行星的影像。（说来有趣，冈恩在高中时制作的第一台像样的业余天文望远镜，就拥有宽视场/行星照相机——他当时就用上了这个名字。）按照韦斯特法尔的说法："从技术和科学的角度来说，吉姆·冈恩是威弗皮克背后的大脑。"

冈恩说："我绝对不是。韦斯特法尔才是大脑。"

谁是大脑暂且不提，总之威弗皮克团队认识到，想说服航天局相信空间望远镜需要一台威弗皮克可并不容易。有个解决方法是制造一台 CCD 相机的原型，向他们展示这个想法确实行得通。于是韦斯特法尔走进加州理工同一条街上的餐厅用品商店，花 8 块钱买了一口意面锅。他在这口锅里制作了一台 CCD 相机，带着相机爬上海尔望远镜，用一把螺栓和一卷帕洛玛胶把它固定在望远镜上。他为意面锅初光。韦斯特法尔是这样描述接下来发生的事情的："我做了一次五分钟的曝光，见到了从来没人见过的宇宙深处，以前的一切都不可能与之相比。"1977 年夏，他的团队向航天局提交了威弗皮克的设计方案。在与另外两个方案的竞争中，威弗皮克最终胜出。

吉姆·韦斯特法尔留着白胡子，头发剃成平头。团队成员有时候叫他"毛毛队长"，不过当面从来不会这么叫他。我注意到他的双手总是在摆弄东西。一天我在加州理工地下室的一个实验室找到韦斯特法尔，他的双手在一台古董（1975 年前后）电脑磁带驱动器里。除了韦斯特法尔，其他人早在多年前就会扔掉这东西了。"每次都会忘记把磁带绕上主动轮。"他说，驱动器吐出一团磁带，缠在韦斯特法尔的双手上。他说："航天局选择我们是个勇敢的行为。你要知道，严格地说，我只是个业余天文学家。"他到现在也没有博士学位，除了塔尔萨大学的学士学位，他没有任何纸质文凭。根据各方与航天局签订的合同，威弗皮克由航天工程师在喷气推进实验室的加压洁净室内组装，吉姆·韦斯特法尔和吉姆·冈恩都没能用烙铁触碰相机。

尽管相机出自这些发明家的构想，但航天局没有人想看见一个散漫的发明家在宽视场/行星照相机里瞎折腾。按照韦斯特法尔的说法，航天局历来不鼓励太空实验的项目负责人尝试设计航天器。韦斯特法尔说："你不会想让吉姆和我这样的人建造要上天的硬件，说不定刚一发射就会被震散。"项目负责人的任务是规划科学实验，建造不会在发射时被震散的硬件的任务就交给航天局雇用的训练有素的工程师吧。事实上，工程师对韦斯特法尔和他的团队说，只需要说出相机的基本思路就行，具体细节交给他们去操心好了。但你怎么能叫一个发明家别去操心细节呢？

做到一定阶段，韦斯特法尔雇用了光学技师亚特·沃恩，请他初步设计威弗皮克内部的反射镜和透镜。沃恩在家里餐桌前坐下，用一个袖珍计算机算出了威弗皮克所需的全部镜片的参数。他把计划交给韦斯特法尔，还有一张两个周末工作量的账单。韦斯特法尔把计划交给喷气推进实验室，麻烦就此开始。喷气推进实验室的工程师们看了一眼图纸，惊慌起来，把它们交给一家大公司评估。大公司还给他们一张 4 万多美元的账单，按照韦斯特法尔的总结，回复大致是"很好，会很好用的"。韦斯特法尔炸毛了。"我他妈都气得非线性了。"此事引起的骚动使得航天人给威弗皮克团队起了个外号叫"狗群"，显然是因为狗群朝他们咆哮，把口水甩得他们满身都是，还咬他们的脚脖子。

一名工程师抱怨道："那些家伙想拍摄宇宙起始的照片。"

按照韦斯特法尔的描述："双方的互动实在称不上流畅。"

"加州理工那帮人太难搞了。"

"灾难性的理念差异。"

"我们航天领域要的是左外野的那些人，否则我们就会一路滚下山。但你问我会不会把冈恩或韦斯特法尔造的东西送上天？当然会了。我会把它装进航天飞机，然后发射到太阳上去。"

作为他和航天局的血盟誓约的一部分，韦斯特法尔要求拥有审核和批准工程师提出的大额资金申请的权力。韦斯特法尔说："我遵循所谓的'黄金规则'。谁有黄金谁就制定规则。"韦斯特法尔用双手捂住黄金，一切大额开支都有他的签字。他说："我可以给钱也可以不给。这样我就能在我不该出现的地方跳出来说'这都是什么狗屁玩意儿'了。"

大体而言，航天局官方很喜欢韦斯特法尔，因为他表现出极强的工程和科研能力，而且节约了纳税人的大量资金，但有一次，韦斯特法尔做得出格了。他在航天局的一场大型会议上跳出来，当着众多官员的面指出空间望远镜的一处细微设计是没法用的垃圾。一位愤怒的航天局官员打电话给加州理工的院长马文·"墨菲"·戈德伯格，说航天局招惹了这个口无遮拦的家伙。他对戈德伯格说："我们想控制住韦斯特法尔。我们想让他听话。告诉我们该怎么让他听话。"据说墨菲·戈德伯格是这么回答的："我自己也很想知道。要是你们找到了控制吉姆·韦斯特法尔的办法，请立刻通知我一声。"

在为天文观测开发 CCD 相机的过程中，有一位关键人物是喷气推进实验室的科学家詹姆斯·简西克。他是著名的吉姆之一,另外两个吉姆分别是冈恩和韦斯特法尔。吉姆·简西克是个英俊的瘦高个,喜爱自嘲,1960年代他从高中辍学,成为"切线"乐队的主音吉他手。"切线"乐队的音色类似于"无赖"乐队。他们录制了几首单曲,在电视上露面。有一小段时间,"切线"乐队比"无赖"乐队还受欢迎。他们的单曲《好时光》让他们在底特律登上了排行榜。"切线"乐队看起来像是要一飞冲天了,可惜后来一飞冲天的是"无赖"乐队。(简西克认为,"他们确实是更优秀的音乐人"。)简西克后来成为海军的一名技术人员。一天他在报纸上看见一则分类广告,称喷气推进实验室在招募CCD相机的专家。简西克回忆道:"我根本不知道CCD是什么,但广告说他们是鼓励机会均等的雇主。"他得到了这份工作,于是迷上了一种硅晶体,它能捕捉很久以前从一个遥远星系发出的少量流浪光子。他用CCD做实验——向它们照射紫外线,给它们蒸镀金和铂——从而发现了提高光敏度的方法。尽管人们知道怎么制作CCD,但没人完全理解它的工作原理。简西克说:"试图理解大自然都在芯片内部干什么就像剥洋葱。大自然允许你尽可能地深入芯片,而你永远能找到新的乐趣。"简西克着手搭建信号处理器,这是个精巧的放大器,能从CCD中单个捡取电子,把它们转变为星系的清晰图像。简西克认为他毕竟对放大器有所了解。

冈恩也这么认为,因为他从高中就开始搭建功率放大器了。两个吉姆来了一场认真的放大器竞赛,看谁的放大器能跟着宽视场/行星照相机一起上天。简西克做出一台放大器,冈恩也做出一台,然后简西克会做出一台更好的。CCD信号处理器的质量取决于它会在来自CCD芯片的微弱信号中引入多少额外的"噪声"电子。噪声电子数量越少,放大器就越干净越好。简西克说:"一个电子听上去不算什么,但在这个行当里,一个电子就相当于10亿光年。"简西克的电路功能强大，优雅简洁。冈恩的则让人完全看不懂。简西克说："冈恩的电路永远胜过我两个电子。"冈恩说："要是做得更复杂就能让一个东西工作得更好，那我就他妈肯定会做得更复杂。"简西克的信号处理器会跟着宽视场/行星照相机一起上天，而冈恩的不会，至于原因，冈恩温和地答道："我的电路未必能熬过发射。"

韦斯特法尔说："说是天真或愚蠢都行，总之冈恩和我大概认为我们用不了 500 万美元就能造出这么一台照相机。但航天局会拒绝送它上天。"螺母和垫圈绝对不能在零重力下松脱飞散。也绝对不可能把意面锅装在空间望远镜里。作为设计威弗皮克的奖励，团队得到了空间望远镜三百小时左右的观测时间。威弗皮克团队已经订好了计划，他们的计划无与伦比。他们将把空间望远镜指向类星体的核心。他们将尝试寻找超大质量的黑洞。他们将在回溯时间中盲目钻井，希望能拍摄到宇宙时间初期星系在阵痛中诞生的画面。他们将尝试寻找绕附近恒星运行的类地行星。至于宽视场/行星照相机，韦斯特法尔说："我发疯似的希望这东西能正常工作。"

威弗皮克团队加起来拥有的经验涵盖了自第二次世界大战以来火箭-天文学的整个历史，从吉姆·冈恩在比维尔的硝酸火球到事实上启发了冈恩的比维尔"工作"的实验，也就是 V2 火箭本身。威弗皮克团队的成员中包括威廉·"比利"·鲍姆，他是韦恩赫尔·冯·布劳恩在白沙试验场研究 V2 那段时间的助手之一。鲍姆在科学史上有一席之地，因为他和理查德·图西带领一个发明家团队，第一次将实验装置投入外太空。他们想拍摄太阳的紫外线光谱，在此之前从未有人做到过这件事，因为地球大气阻碍了大部分紫外线到达地面。他们将光谱仪安装在 V2 火箭头锥内的爆炸性弹头中。（鲍姆回忆道："说到我们为什么要把弹头留在火箭里，我只能说也许我们根本没想清楚。"）他们把 V2 火箭发射到外太空。仪器拍摄太阳的照片，直到火箭力竭落地。火箭一头扎进沙漠，弹头剧烈爆炸，化为一团金属碎屑，留下一个 30 英尺直径的撞击坑。接下来的一次实验，他们大概想清楚了，因为他们拆除了弹头，把光谱仪安装在 V2 的尾翼上，希望能提高仪器的生存概率。1946 年 10 月 10 日，他们发射了这枚火箭。它稳定地爬升到 55 英里的高空，胶卷在光谱仪背后嗖嗖转动，拍摄了三十五张太阳的紫外线光谱照片。火箭随后失去控制，螺旋上升到 100 英里高空，边飞边解体抛出碎片。它翻翻滚滚地落回地面，撞出一个比上次小得多的撞击坑，碎片中有一块完好无损的尾翼，上面挂着全世界的第一个太空实验装置。

比利·鲍姆身材高大，彬彬有礼，声音柔和，几乎全秃，他喜欢穿开襟羊毛衫，是帕洛玛发明家的标准样本。玩够了纳粹的剩余火箭后，鲍姆来到帕洛玛山。正是他邮购了第一批陆军航空队的电热飞行服，1 块钱一件。1953 年，他为海尔望远镜制作了一台脉冲计数光度计，这是安装在海尔望远镜上的第一台能够对光子逐个计数的感应仪器。鲍姆后来去了亚利桑那的弗拉格斯塔夫，住在洛厄尔天文台所在的火星山上。他听说韦斯特法尔和冈恩打算为空间望远镜建造照相机，他立刻联系他们，说他愿意加入。他开始参加威弗皮克团队的会议。比利·鲍姆用他柔和的声音向他们提供建议。他解释说，要是他们在镜面棱锥上加个小黑点，它就会在宽视场/行星照相机拍摄的照片上留下一个小黑点。略微移动一下空间望远镜，让小黑点遮住一颗亮星，他们就能看见平时被亮星的光线淹没的其他天体，例如黯淡的行星、褐矮星、彗星云构成的环、正在诞生的恒星系。鲍姆的点子惊呆了整个团队，更是吓坏了一些人。天哪，宽视场/行星照相机拍摄的每一张照片上都会有个丑陋的小痘痘！那是玷污——光是想一想就够了。等威弗皮克拍摄的照片登上《纽约时报》头版，人们会认为威弗皮克是有缺陷的！威弗皮克团队将它命名为"鲍姆黑点"。比利·

鲍姆继续用他柔和的声音谈论他的黑点，直到团队屈服，答应把鲍姆黑点加在棱锥上。冈恩说："比利·鲍姆在团队中扮演的角色使得我们对他一直心怀感激。"

威弗皮克项目启动后不久，冈恩花了近六个月时间为自己建造一台 CCD 相机，他将这台仪器命名为"啊呸"。（冈恩说："Pfooey 是主焦笼多用途银河系外观测仪的缩写。写作 PFUEI，念做啊呸。"）啊呸是个黑色圆筒，内有一块传感器芯片、一个尼康镜头和由回收部件组成的一个迷宫。啊呸安装在海尔望远镜的主焦点上，需要一名观察者和它一起待在主焦笼里，持续不断地调整它。你把啊呸对准一颗亮星，它有可能会失控，气得天文学家大喊："啊呸！"1979 年，吉姆·冈恩和另外四位天文学家（杰里·克里斯蒂安、贝弗·奥克、吉姆·韦斯特法尔和已故的彼得·扬）用啊呸定位了已知的第一个引力透镜。引力透镜是一个类星体的多重影像，由于类星体前方某处存在一个强引力场，类星体的影像会被分割放大成两个、三个或四个明亮的幻象。引力场会导致时空弯曲，将类星体的影像碎裂为团块。在这种情况下，造成引力场的就是一个黯淡的大质量星系，它存在于类星体与银河系之间的视直线上。这个发现被公认为现代天文学史上的一项重要成就。

大科学让冈恩和韦斯特法尔感到厌恶。他们开玩笑说要劫持威弗皮克这个项目。韦斯特法尔说："冈恩和我私下里说，咱们把整个摊子搬到这儿来，自己造那该死的东西吧。"他们考虑能不能把空间望远镜的照相机藏进加州理工名叫"垃圾场"的地下迷宫，没人能找到相机，直到他们用焊料组装完毕，到时候就木已成舟了。韦斯特法尔说："吉姆和我想法相同，没人能抢走我的烙铁。"

冈恩发现他无法插手宽视场/行星照相机的建造工作时，修补瘾又开始折磨他。冈恩说："我产生了一个想法，那就是为海尔望远镜建造一台类似于威弗皮克的照相机。于是我花了一个周末，画了一套初步图纸，看究竟能不能行得通。我把结果拿给吉姆·韦斯特法尔看。"他们计算成本。这台相机似乎并不昂贵。他们向航天局申请经费。航天局答应从威弗皮克的预算中拨一笔给他们制造相机。接下来，冈恩必须解决一个问题：如何搞到四块空间望远镜上的 CCD——这些芯片价值近 25 万美元。他在喷气推进实验室晃悠，尽量表现得无所事事。经历了冈恩描述为"一系列可疑事件"之后，他成功地拿到了四块芯片，它们未能通过质量测试，因而无法在外太空工作。

冈恩利用晚间和业余时间工作，计算出了一组厚镜片的规格参数，这些镜片用比金枪鱼罐头还厚的石英玻璃块制作，他雇用了光学技师唐·卢米斯来磨制镜片。冈恩还为他的照相机绘制了一组图纸。他请加州理工的工程师迈克尔·卡尔来完善图纸和协调仪器的建造。卡尔认识一个接科研活儿的焊工，他说服焊工停工一天，来轧制和焊接"四管猎枪"的钢管。

卡尔觉得拍摄银河系外图像的照相机应该漆成反派黑，他这么告诉了冈恩。

冈恩对卡尔说："我要外壳漆成白色。"

"某种米色怎么样？"

"我要刺眼白。"

卡尔最终把"四管猎枪"的盖子漆成了黑色。卡尔做了个带轮的小车，把钢管直立放在上面，他和冈恩推着小车走进"垃圾场"旁边的一个房间。

"垃圾场"是加州理工对航天工业的回应：这是一片乱七八糟的房间，位于吉姆·韦斯特法尔的加州理工校园办公室的脚下，四位工程师在此栖息。数字设备法师理查德·卢西尼奥和他的两条狗占据了正中央的房间，他对着电脑终端敲键盘的时候，狗趴在地上打瞌睡。J. 德韦尔·史密斯待在一个角落里，头顶上是一排日光灯，他曾经是一位电视机修理工，现在是电路法师。接线法师乔凡尼·张盘踞在一个小小的机修车间旁边。活动部件法师维克多·尼诺的地盘离"垃圾场"的大门不远。四位法师保持连接各自工作区域的通道畅通，他们利用通道来去和换气；一天，我穿过了这些通道，无法相信自己的眼睛：一个个架子被黏着焊锡的线缆压得吱嘎作响，一个个纸箱塞满了破损的电子装置和机械零件，这儿有被烤焦或锯断的电路板，有形形色色的磁带机、齿轮、示波器、键盘、泡沫塑料块、磁铁、扳手、电话号码簿、烧坏和拆开的电脑终端。十几个钢柜内部分隔成无数个小抽屉。我逐个拉开抽屉，每个抽屉里似乎都装着一种不同的螺栓、旋钮或晶体管。活动部件法师维克多·尼诺说（他声音发闷，因为他在拐角的另一头对我说话）："要是你动了那些抽屉里的东西，那你的麻烦就大了，因为我们的短期记忆不太好。"

一层楼以上，韦斯特法尔在他安全的办公室里对我说："我真的受不了底下的环境。我只希望那些玩意儿别凑在一块开始生恴。"

然而就"四管猎枪"而言，事实确实如此。一天，冈恩走进"垃圾场"，把一叠纸递给他们看，纸上是用铅笔画的原型图（他不喜欢制作正式蓝图，他觉得那很无聊）。他向法师们描述，说"四管猎枪"的原理如何与宽视场/行星照相机类似——棱锥将一束星光分为四份，反射进入 CCD 相机阵列。J. 德韦尔·史密斯说："冈恩从不说虚的。他会直接告诉你他要做什么，你在脑子里会想，'这个人迟早要玩崩'。"冈恩描绘了他想象中"四管猎枪"内的机械装置，他们只能勉强看懂他的草图——草图是他在彻夜的头脑风暴中随手绘制的。相机上不会有任何控制旋钮，而是会内置执行电脑命令的机器人。冈恩认为，天文学家都很聪明，他们会乱搞旋钮。他可不希望某个旋钮掉进哪个天文学家的气管。

　　四位法师研究了冈恩手绘图纸的影印件。德韦尔·史密斯后来说："我们有个小问题——我们看不懂冈恩写的东西。问题不在于我们能不能实现他的想法，而在于我们能不能理解他想干什么。""垃圾场"的法师们行使自己的解释权，开始建造能执行电脑命令的机器人。法师们沉浸在某种自我发挥的乐趣之中。"四管猎枪"内部的三分之一机械由多余的配件和修好的废品组成。冈恩并没有计划过要把旧零件放入"四管猎枪"，它们只是出现在了那儿。冈恩说："事实上，我更喜欢用新零件。但法师们有自己的想法。"法师们通过教训学到了知识。他们知道新零件有可能辜负他们。举例来说，有一次他们从一家航天公司订购了一台微型航天电机，它只有一卷硬币那么大，售价却高达 125 美元。他们把电机连上装置。维克多·尼诺回忆道："它打滑，它卡壳，它发出可怕的噪音。我们买错了型号。"通过大企业的市场官僚机构执行一台电机的订单，很容易就会耗掉你八到三十周的时间，但法师们知道还有个更好的办法。每天午餐时间，他们都会去帕萨迪纳一家卖电子垃圾的仓库，那地方名叫 C&H 卖场。德韦尔·史密斯说："我们知道什么时候有好东西运来。有时候东西还没进店门，就被我们从运货卡车上捡走了。"法师们在 C&H 卖场一个装满电机的箱子里找到了一台上好的瑞士造微型电机。他们只花了 5 块钱，它运行得就像瑞士手表。"四管猎枪"还需要六台高精度步进马达，其中有几台会用来驱动齿轮，这些齿轮负责放置相机前的滤光片。法师们不想冒险，问冈恩他们能不能直接去 C&H 卖场的剩余物资箱子里找。冈恩并不介意。四位法师在 C&H 卖场找到了六台剩余的电机，他们几乎没花钱就拿走了，这些电机工作得毫无瑕疵。

　　"四管猎枪"内的大部分电子元件，包括电阻、电容、晶体管，都来自"垃圾场"或 C&H 卖场的备件箱。按照尼诺的说法："这些东西里有一些曾经在其他地方服过役。"关键电路的高级元件，例如逻辑芯片和黄金接头，则是冈恩订购的新品。"四管猎枪"需要不同电压的供电，于是维克多·尼诺自己做了个供电装置，德韦尔·史密斯称之为"维克的创新发明之一"。它里面塞满了保险丝、电线、电阻、变压器和松饼风扇，尼诺制作它时用的主要是他在"垃圾场"里翻出来的各种配件。尼诺还用剩余零件和回收配件制作了一台控制传感器，监测相机内的液氮流量。它用一只 10 美分的碳膜电阻来感应液氮的存在。尼诺说："我们不得不特地订购碳膜电阻，因为它太便宜了，没人专门出售。"J. 德韦尔·史密斯说："维克能把一堆垃圾变成一台真正的科学仪器。"史密斯也能——他把一堆垃圾变成了一台地震仪，他将地震仪安装在家里，记录地震的开始与结束。

迈克尔·卡尔用他从仓库甩卖上买来的钢琴线把液氮罐悬挂在成像相机里。在"四管猎枪"的演化过程中，冈恩在一台光谱仪内安装了塑料传动带，而光谱仪将会和"四管猎枪"连接在一起。传动带断裂了。冈恩向尼诺求助，尼诺思考了一下，建议他换用电影放映机里的钢弹簧传动缆。尼诺在 C&H 卖场找到了电影放映机里的传动缆，每根 50 美分。

冈恩和几位法师都认为美国企业不想和他们打交道。似乎没人对帮助加州理工建造海尔望远镜用的超灵敏相机感兴趣。用尼诺的话说就是："我碰到过一个市场经理，他大笑着对我说：'我们不想做你们的生意。'"许多美国大企业不喜欢科学家的小订单，尤其是单打独斗的科学家，尤其是经费匮乏的科学家，尤其是企图把某种技术推向极限的科学家，这些科学家制作的仪器超出了美国企业的理解能力。在许多公司的客户合意度列表里，加州理工那些发明家的评分介于废铁贩子和克格勃之间。尼诺说："没人想把行业期刊寄给加州理工。"冈恩说："想和许多公司的前端人员打交道几乎是不可能的。大部分半导体企业甚至懒得寄目录给我们。他们不愿意给我们寄目录。他们很清楚我们只是加州理工地下室里的个人，会跑来订购仅仅一块芯片。没人对卖给你一块芯片感兴趣。他们想成千上万地卖。你订购了他们也要过四个月才会交货。偶尔也会有一两次令人愉快的意外情况，主要是因为某家公司里某个部门的某个人认为和科学家打打交道也挺不错。"美国公司往往会接受订购少量零件的订单，但永不交付。冈恩觉得日本企业通常也是这样，至少他们和美国科学家打交道的时候常常如此。他说（声音里没有任何讽刺的味道）："根据我的经验，大不列颠的情况要好得多。英国公司似乎更愿意和科学家交往。"

随着"四管猎枪"逐渐成形，冈恩和罗斯玛丽·威尔逊的婚姻却触礁了；这是熵增带来的又一个教训。他和罗斯玛丽最终离婚。冈恩开始和吉利安·克纳普约会。1980年，她搬家到新泽西，在普林斯顿大学找到了一份天文学家的工作，冈恩离开加州理工，和她一起去东部，两人在那里结婚。吉尔·克纳普和吉姆·冈恩成了普林斯顿校园的显赫人物，他们不再是加州理工的人了。不过，吉姆在普林斯顿大学办公室的地下室里有一片仿佛兔子窝的房间，他在那里存放了大量的电子垃圾，它们是从南加州的垃圾箱直接运来的。冈恩说："在加州理工，我觉得我快变成一个工程师了，但那并不是我想走的方向。另外，比起其他的一切，我也不想失去吉尔·克纳普。"

吉尔·克纳普对银河系的分子云很感兴趣。她在苏格兰爱丁堡近郊的达尔基斯长大，父亲是一位工业化学家。她曾经告诉我："他给了我一套化学玩具。我恐怕是个永远在厨房里搞爆炸的那种可悲孩子。"后来她发现了一个硬纸板圆筒，用它制作了一台望远镜，厨房里的爆炸就越来越少了。她把冈恩领进了歌剧的大门。她带着冈恩去看《波希米亚人》，剧演到最后一幕，他们哭成了泪人。冈恩买了一台索尼随身听，去海尔望远镜时总是带在身边。他听着《弄臣》《蝴蝶夫人》和《唐·卡洛》，吃着 M&M 巧克力豆，通过啊呸相机的目镜观测星系。不久前他发现了威尔第的《安魂曲》，这是献给逝世小说家亚历山德罗·曼佐尼的一部拉丁文弥撒曲。冈恩听了一遍又一遍，直到磁带发出嘶嘶啪啪的杂音。

> Sanctus，Sanctus，Sanctus
> Dominus，Deus Sabaoth
> Plenisuntcoeli et terra gloria tua
> Hosanna in excelsis ...
> （圣哉，圣哉，圣哉
> 主啊，万众之主
> 天地间到处是你的光荣
> 和散那的声音最高……）

他会迷失在弥撒结束时的《拯救我》唱段之中，听着人声在耳畔合唱：

> Requiem aeternum dona eis，Domine，
> et lux perpetua luceateis.
> （主啊，让他们永远安息，
> 让永恒的光照耀他们。）

永恒这个词对他来说毫无意义；冈恩熟悉大统一理论中的数学，认为没有任何事物是永恒的，尤其是像空间和时间这种短暂存在的东西。他说："宇宙不可能永远存在。"宇宙是熵增的最后一课。等恒星燃烧耗尽，变成黑矮星和黑洞，星系就会消散。然后，普通物质的基

本粒子——质子——几乎肯定会衰变成光子和电子。连黑洞也会衰变。假如宇宙继续膨胀，可以想象的是在无数万亿年之后，宇宙里只会剩下一种名叫正原子（positronium）的物质。正原子是由电子和正电子构成的极低温等离子体，通过松散的环绕而彼此结合，粒子之间的距离比今天可观测宇宙中的全部空间还要大 1 000 万倍。冈恩有理由相信，连真空本身都是不稳定的，也会发生灾难性的衰变。因此，宇宙就像一个气泡，会在某一天炸裂消失。甚至没有任何事物能永恒存在。而宇宙甚至不一定是唯一的。为什么只存在一个宇宙呢？大自然造任何事物都不会只造一个！能够成立的模型岂止一千亿亿亿个。我们这个宇宙有可能只是悬浮在普朗克汤上的一个气泡，仅仅是无穷多个平行宇宙中的一个，而一个个宇宙持续不断地从普朗克汤里随机涌现。也许上帝就是在用宇宙掷骰子。但是，当他和威尔第还有一包超值装 M&M 待在主焦笼里的时候，"大眼睛"朝着西方倾斜，穿过黑夜那无法征服的庞然巨门，冈恩凝视反射镜，用自己的眼睛看见时空的弯曲，那是来自过去的光通过引力透镜像一对车头灯似的闪闪发亮，那一刻他觉得星光中存在着某种救赎。

吉尔·克纳普很担心把自己关在主焦笼里的吉姆。她担心冈恩会死在上面，成为体温过低、睡眠不足和巧克力休克的受害者。她认为还有更糟糕的死法。

定居东海岸之后，吉姆每隔几周就飞回加州理工一次，亲自搭建一个装置或焊接一块电路板，"四管猎枪"的白色圆柱体里的零件变得越来越多。海尔望远镜一直以传统方式进行导向：天文学家手握控制器，通过十字准线对准一颗引导星。冈恩认为机器人肯定比人手更精确，于是做了一台用来引导海尔望远镜的机器人，把它塞进"四管猎枪"。一条机械臂上固定着一块信号捡拾镜（很像牙科工具上的小镜子），它伸进射入"四管猎枪"的那束星光，捡拾单独一颗恒星

（也就是引导星）的光。捡拾镜把引导星的星光照进一台微型望远镜，后者的口径刚够容纳一颗恒星。微型望远镜把星光聚焦在一片旋转的剃刀刀片上。刀片切开星光，使得这颗恒星像是在闪烁。冈恩自己组装的一台小型电脑负责观察闪烁的恒星。电脑盘问引导星。它问：这颗星在漂移吗？在朝哪儿漂移？然后根据答案命令海尔望远镜相应地修正运动轨迹。剃刀刀片是 Wilkinson Sword 牌的，是冈恩在帕萨迪纳的 Rexall 药店买的。他用钳子把刀片掰成他需要的形状，用一滴胶水把它固定在位置上。

　　"四管猎枪"里的大部分电缆都有特氟龙涂层，这种电缆通常用于航天领域，因为它不容易熔化。这东西很昂贵，但法师们在 C&H 卖场以 1 美分 2 英尺的价钱买到了他们用的特氟龙涂层电缆。由于"四管猎枪"内的电缆总长有 1 英里左右，因此加起来省下了很多钱。维克多·尼诺从废旧电脑里拆出了一些特氟龙涂层电缆，因此节省了更多的费用。尼诺无事可做的时候就会去拆废旧电脑。锯电路板拆接线的时候，他会用他自己做的烤炉烤奶酪三明治。这个烤炉也是他的发明之一，他向我展示了它的工作原理。他把一块奶酪三明治放在烤架下的散热片上，转动旋钮。烤炉开始发光。他把旋钮开大。烤炉发出了炫目的亮光——加热元件是电影制片厂里用的四个灯泡。他戴上墨镜，说："这才开到一半功率。"他在旋钮上做过记号，以免损伤视力或点燃奶酪。他说："我还电过热狗肠。在热狗肠两端各夹一个夹子，然后输送电流。热狗肠会冒出蒸汽，肠衣开裂。特别好用。"

　　加州理工的管理层根本不知道该怎么从官方角度给"垃圾场"的这几位老法师归类。

　　德韦尔·史密斯疑惑道："我们的头衔？"他大喊："维克！我们的头衔是什么？"

　　尼诺的回答从一个角落里飘出来："我们是垃圾回收家。"

J. 德韦尔·史密斯亲手蚀刻和焊接了"四管猎枪"的许多块电路板，他是个高大的白发男人，有一双灵巧的大手。1930 年，史密斯在洛杉矶开了一家无线电设备维修店，他给它起了个响亮的名字：先进无线电；但他承认他只是偶尔修理胜利牌留声机。先进无线电还处理肉类制品，他把肉类制品送到各家杂货店（这个副业挺挣钱）。史密斯后来离开了肉类和无线电行业，从事电视机维修，但店名依然叫先进无线电。他最后卖掉修理店，如他所说："我金盆洗手，来到加州理工。等他们利用完了我，必须给我送终。"史密斯来到加州理工后不久，他和维克多·尼诺运用垃圾回收学，为加州理工的地球物理学家搭建了四台质谱仪的电控系统，这些质谱仪被用来分析阿波罗计划在登月时采集的月面岩石。

一位天文学家走进"垃圾场"，好不容易找到德韦尔·史密斯的角落里。他说："哎，德韦尔。我需要一个旋钮。"

德韦尔说："那你就来对地方了。"他在工作台上东翻西找，总算找到一个旋钮。他说："这个怎么样？"

天文学家看了看。"德韦尔。这是个废品。给我一个亮闪闪的旋钮。"

J. 德韦尔·史密斯拉开膝盖旁的一个信纸尺寸的抽屉。抽屉里塞满了旋钮。他问："要两个吗？"

史密斯是个扒垃圾山的熟练工。他说："你都没法想象你会在垃圾堆里找到什么。"我确实无法想象。有一天我正在"垃圾场"里消磨时间，和老法师们聊天，一位地质学家走了进来。

尼诺拎起一个口袋，掏出一个陶瓷圆筒递给地质学家。他说："我觉得也许你能告诉我这是什么。"

地质学家把那东西翻来覆去看了一会儿。"天哪！这是个质子进动磁力计。"

"质子什么?"

"它能测量地磁强度。这是个非常好的感应器。从哪儿搞到的?"

"德韦尔在一个垃圾箱里捡到的。"

"你是说它是被人扔掉的?"

"嗯,没错。"

"能给我吗?"

"没问题。"

"多谢了。这东西卖5万块一个呢。"

地质学家拿着感应器走了。

数字设备法师理查德·卢西尼奥喜欢夜间工作。他住在托潘加山谷,会在下午四五点带着两条狗从家里出来,开车前往加州理工。他设计了"四管猎枪"内的逻辑电路板。这些电路板上的芯片用来控制机械和其他芯片。举例来说,卢西尼奥的逻辑电路板能命令CCD将光子送进放大器。卢西尼奥会在其他法师离开办公室的时候接过他们正在制作的机器人。他会给机器人接入逻辑电路板,摆弄它一整夜,尝试启动电机或转动齿轮。他经常和芭芭拉·齐默尔曼一起工作,后者编写"四管猎枪"的控制软件。两人无法让机器人正常工作的时候,就会疯狂地相互指责:"是硬件问题!""才不呢,是软件问题!"他们会尝试让机器人执行各种各样的指令序列,千方百计让它动起来。机器人迟早会苏醒过来。乔凡尼·张(他焊接和捆扎了"四管猎枪"内的大量线缆)喜欢欣赏这样的奇迹。正如他的描述:"我们会听见呜的一声!或者嗖的一声!事情就发生了——一台电机开始转动,一个活门忽然打开。感觉就像看着花朵绽放。"

冈恩搭建了一组放大器,用来处理CCD芯片输出的电子。他亲手焊接了其中的一部分电路,另外一些交给德韦尔·史密斯去焊接。1983年9月一个星期六的下午,冈恩和迈克尔·卡尔租了辆莱德的卡车①，把"四管猎枪"装进车厢。卡尔负责驾驶，他四年的人生都装进了车厢，他以 38 英里的时速在 210 州际公路上行驶。冈恩要求换手。卡尔与冈恩交换座位，他立刻意识到自己犯了错误，因为冈恩驾驶卡车开上快车道，一路猛踩油门。（卡尔认为，"冈恩过度兴奋了"。）卡车沿着之字形道路开上帕洛玛山的时候，迈克尔·卡尔感觉到了一丝纯粹的恐惧。日暮后一小时，他们把"四管猎枪"装进海尔望远镜，相机芯片开始收集光子。附近的一颗矮星为"四管猎枪"初光，然后冈恩将它对准星系，奔向宇宙的更深处。卡尔回忆道："他满脸都是他特有的那种坏笑。我只希望吉姆·冈恩永远别离开我的视线。"

"四管猎枪"装进海尔望远镜后不久，它就闯进了从未被探索过的时空。相机拍摄了宇宙深处比以前观测过的所有星系都要遥远的星系。这些星系与我们附近的星系迥然不同。它们的颜色似乎更蓝，充满了炽热的年轻恒星。"四管猎枪"看见了更接近宇宙初期的星系。"四管猎枪"装进海尔望远镜之后，海尔望远镜的威力变得比它刚建成时大了 100 倍。想要与"四管猎枪"的集光能力相提并论，乔治·埃勒里·海尔建造的反射镜的直径必须达到 166 英尺以上，也就是一个停车场那么大。

冈恩为加州理工做的事情无疑传遍了科学界，因为他完成"四管猎枪"后不久，冈恩就接到了约翰·D. 与凯瑟琳·T. 麦克阿瑟基金会的电话，通知他获得了麦克阿瑟奖金——也就是所谓的天才奖。冈恩将在未来五年间收到总计 22 万美元的一笔资金，他可以随意使用这笔钱。他立刻打电话通知妻子，她刚好在一台射电望远镜上做观测。

---

① 美国运输与物流公司，以卡车出租业务而著名。——译者

"天哪，吉姆！"她说，"咱们可以买大都会的包厢票了！"

"我没开玩笑。"

吉尔答道："我也没开玩笑。"

对于一对天文学家夫妇来说，大都会歌剧院的包厢似乎有点过于奢侈，于是他们买了演出季套票。除此之外，冈恩想不出该怎么花这笔钱。他买了一台激光影碟机，在家里欣赏歌剧，他把影碟机接入自制的音响系统。他把一部分钱用来资助研究生的差旅。剩下的钱都存在银行里。他或许应该花点钱买一副更好的处方眼镜，但是——用他的话来说——"它们贵得离谱"。他更愿意扩大他的伍尔沃斯眼镜收藏。

马尔滕·施密特一直在远处关注冈恩。尽管施密特只接受过经典摄影术的训练，但他并非不知道这个人能用回收利用的配件搭建一台可拍摄河外天体的相机。冈恩搭建完啊呸相机后，施密特希望能和冈恩合作，不过这时有很多人都想和冈恩合作。施密特有他自己的理由。

1967年，施密特发现，当你望向太空深处，宇宙里的类星体密度似乎相当高。他证明了类星体是宇宙初期的一个非正常现象，现已基本灭绝。他想收集少量但经过精心选择的类星体样本，借此理解类星体的群体性特征，就像人们为了理解国民心态而对少量人口做抽样调查。施密特和同事理查德·格林合作，用帕洛玛山的18英寸口径施密特望远镜，对类星体做了一次长期观测。格林最终找到了九十四颗类星体。他和施密特分析数据时，发现随着宇宙演化，最亮的类星体群体迅速而突然地熄灭，而不太亮的类星体开小差活了下来。但是，"小眼睛"无法观测到高度红移的类星体。施密特想知道隐藏于群星之间的高度红移类星体的数量。

施密特和其他类星体猎手发现，超远的距离之上或超深的回溯时间之外很难发现类星体。他们觉察到其中存在下降的趋势。他们探索的宇宙越来越深，找到的类星体越来越少，红移的间距却越来越小：2.69……2.75……2.88……3.40……3.78。1987年，一个团队发现了一颗红移量为4.43的类星体，这个数值对应的距离大约为（纯属猜测）130亿光年。一天夜里，马尔滕在鹰架上对我说："你肯定注意到了减少的趋势，我们为什么找不到红移量为5、6甚至7的类星体？"看着天文学家尝试寻找最遥远的类星体，就像看着标枪投手尝试打破世界纪录；标枪的落点都很近，接近一个自然极限。天文学家开始感到，他们正在透过类星体织成的面纱望向黑暗——宇宙边缘。红移截断。

天文学家帕特里克·奥斯默首先发现了科学上的明确证据，当视线越过3.5的红移量时，他见到了红移截断的起点。但红移截断的精细结构依然是个谜。一些天文学家猜测，只有哈勃空间望远镜才拥有探测宇宙边缘的能力，从而确定类星体是如何以及何时被点燃的。但对于马尔滕·施密特来说，用海尔望远镜触碰到红移截断将给他深入回溯时间的奥德赛画上句号，1963年的一个下午，他于偶然间踏上征程，当时他只是用手帕掸掉一小块载玻片上的灰尘，把它放在了显微镜底下。

1982年，施密特颇为随意地问冈恩有没有兴趣用啊呸相机拍摄宇宙的外层结构。冈恩认为这个主意听上去不错。施密特立刻把唐·施耐德拖进了实验队伍；唐当时是施密特的助手。施密特、施耐德和冈恩开始了他们的探索，他们首先通过安装在啊呸内部的棱镜拍摄了一百多张电子照片。这些照片揭示了一些类星体的存在，但它们都不怎么接近宇宙边缘。施密特变得焦躁不安。啊呸相机拍摄的天空范围并不大。他开始思考更宏大的解决方案。一天夜里，正在拍摄照片的时候，马尔滕问吉姆能不能把啊呸改造成扫描器，扫描整块天空。

马尔滕回忆道："这显然是个大工程，因为吉姆不得不考虑了五分钟。"

吉姆用手捂住脸，在脑袋里过了一遍啊呸的控制程序。他从脸上拿开双手，说："可以，马尔滕，我们能做到。"

冈恩仅仅修改了几行代码，就把啊呸变成了扫描仪，它工作得相当不赖，只是每次有一颗亮星经过啊呸的传感器芯片时，都会让电子像高尔夫球似的在啊呸里乱撞，这带来了一些麻烦。天文学家发现了几颗类星体，但红移最高值只有区区 2.76。放在十年前，这个红移值也许能令人满意，但在今天就只会令人失望了。他们觉得他们的技法肯定没问题，之所以没有发现遥远的类星体，只是因为这样的类星体极为罕见。这让他们感到惊讶。他们得出初步结论：红移截断就在那附近，而且截断得非常突然；因此，类星体群落是在宇宙演化的较晚时期突然出现的。然而，施密特对这一切心存疑虑。他认为，在回溯时间的深处有可能潜藏着一个类星体群落。冈恩完成"四管猎枪"的建造后，施密特问冈恩有没有可能把"四管猎枪"改造成扫描仪，因为在四台相机的加持下，它能够大口吞噬天空。施密特觉得他就像个走在非洲干涸河谷中的古生物学家，他能感觉到脚下存在化石地层，其中有可能蕴藏着缺失链条或半幻想生物的牙齿和骨骼碎片，但既不敢确定也无从知道运气、工具和希望是否能让他梦想成真。宇宙的边缘让马尔滕·施密特寝食难安，现在他觉得他已经完全不理解红移截断了。

第四部

发　现

理查德·卢西尼奥喜欢找个借口来帕洛玛山做客。一天凌晨2点，他出现在帕洛玛山，看上去像是来出差，因为他拎着一个公文箱。他站在一台显示器前，看着星系的大河缓缓流淌，说："冈恩，我从没见过这样的情形。星系在宇宙里就像砂粒。"

　　冈恩漫不经心地说："宇宙里有很多区域看上去就像这样。天空中的那些区域充满了星系。然而你在一个地方看见了许多星系，却发现下一个地方只有几个星系，这并不等于那是宇宙结构中的一个巨大扰动。"

　　思考了一会儿这些问题之后，数字设备法师拎着公文箱走进数据室旁边的小工作室。他的两条狗跟着他。他打开公文箱，里面是一台电脑：键盘、芯片、发光显示器。烧焊的气味飘进数据室。卢西尼奥说："法师的活儿永远也做不完。"他说，公文箱是"四管猎枪"的紧急备用控制系统。他说："我可以把它接到'四管猎枪'上，用它操纵所有的机器人。"狗觉得无聊，在数据室里溜达。一条狗在放主显示器的桌子底下睡着了。它做了个梦，在半空中刨着爪子。它以为它在奔跑。

　　一天晚上，吉姆和马尔滕讨论起电视节目。吉姆在电视上看的主要是海尔望远镜的视频画面。马尔滕就不一样了，他喜欢看深夜节目，它们有助于驱散他脑海里的类星体。他问："詹姆斯，我猜你肯定不看世界摔跤联盟巡回赛吧？"

　　"什么赛？"

　　"上周举行的。深夜节目。"

　　"马尔滕，我恐怕错过了。"

"那就太糟糕了。有一场大混战。超级大坏蛋全参加了，摩托帮。他们用铁链攻击每一个人，连裁判都不放过。简直难以置信。你真该看看——那家伙叫什么来着？噢！胡克·霍根！你真该看看他干了什么。另一个家伙——我说的是个超级大胖子——冲着胡克·霍根发火。你看得出他越来越生气，然后他跑过拳台，砸在霍根身上，当场砸得他不省人事。然后节目里播放他被抬上救护车——"

"马尔滕，你为什么要看这种东西？"吉姆问。

"有助于睡眠。"

"不太可能吧？"

"问题有一半是电视似乎怎么都关不上。"

"马尔滕，电视上有个东西叫开关。"

"太麻烦了。"

"墙上还有个东西叫插座。"

"哈，但谁想下床去关电视呢？"

为了消灭观测星系的无聊时光，冈恩和施耐德会玩科幻作品问答游戏。

"'有朝一日你也许会占有那些行星，但人类不可能染指恒星'，"唐引用道，"谁说的。"

"'但人类不可能染指恒星。'我记得这一句，"冈恩说着来回踱步，"卡莱伦。是《童年的终结》里的卡莱伦说的。亚瑟·C.克拉克的小说。有史以来最优秀的科幻小说。"

"对，正是卡莱伦说的，"唐答道，"因为只有他探讨过深层动机，而他是个外星人。但《沙丘》才是有史以来最优秀的科幻小说。"

"不，不，唐，是《童年的终结》。"

"我同意《童年的终结》是一部伟大的作品，"唐说，"但'人类不可能染指恒星'——这是我读过的最可悲的台词。还有，你记得这一句吗：'是的，我们有过我们的失败'？"

冈恩在房间里走动，双手插在口袋里。他戴着他标志性的眼镜，就是鼻托用电工胶带缠过的那副。他的羽绒服的后背高高隆起。他说："当然！还是卡莱伦说的！"

胡安·卡拉斯科通常会听着他们聊这种话题，不发表评论，此刻他笑着说："'我们有过我们的失败。'我喜欢这句。"两位天文学家朝夜班助理笑了笑，没说什么。是的，胡安见过他们所有的失败。

一天夜里我问冈恩："你认为那些星系里存在生命吗，会有外星人在那儿扫描银河系吗？"

"哦……"他的眼睛亮了起来。冈恩望向唐·施耐德，说："也许不是每一个星系都有。也许每三个星系里就有一个有外星人在看我们。"

唐·施耐德转过来，平静地看着吉姆·冈恩。唐很震惊——也可能是假装震惊——因为他不认为宇宙里存在其他的智慧生命。唐用假装哀怨的语气说："吉姆，认为我们在这广阔的宇宙中真的是孤独的，这想法真是了不起哎。"

现在轮到冈恩表示震惊了。"天哪，唐斯！你难道相信过哪怕一秒钟？"

"我是科学家。我相信证据。我会相信你向我展示的外星人存在的任何证据。"

"证据！但宇宙里不存在智慧生命的全部证据加起来就是个零蛋。"

"这个爱狡辩的家伙和我杠上了。"唐说。

"唐，认为宇宙里充满了生命的想法，真有意思。"

"来吧，我准备好了，请说服我。"

"你会被说服的。"

"什么时候？"唐问。

吉姆·冈恩没有回答。他顽皮地笑了笑，喝一口柠檬酸橙汽水。

唐转向夜班助理寻求支持。"你看，胡安，每次我和别人辩论，对手都只会转过身去，在彻底的失败中被我击垮，却从不肯用认输来满足我。"

夜班助理赞同道："是啊，真是令人忧伤。"

冈恩说："宇宙中文明的数量是——"

"零。"唐插嘴道。

"无穷多。"

"好吧，答案必然是两者之一。"唐说，语气忽然没那么自信了。他说："你看过《阴阳魔界》里的《做人指南》那一集吗？"

"了不起的故事，"吉姆说，"我读过原作。"

"那就对了。"

"唐斯，那就对什么了？"

"哦，你应该记得的，那些外星人来到地球，随身带着一本书。吉姆，你记得那本书的名字吧？《做人指南》。我们每个人都兴高采烈。你肯定记得最后发生了什么。"唐声情并茂地讲了一遍故事梗概，高潮在于《做人指南》是本烹饪书。

冈恩没有回答。

唐问："另外，外星人都在哪儿呢？"

冈恩朝显示屏点点头。"就在那儿。"

唐说："你必须承认，我的观点同样站得住脚。"

唐·施耐德是一位虔诚的罗马天主教徒，他更愿意认为人类是上帝特选的子民，而太空是最后的边疆。他认为人类正慢慢地做好准备，将会踏出天文学研究者认为无可避免的那一步。他们称之为"突破"——我们将抵达群星，并非通过透镜，而是乘坐飞船。他说：

"太空是我们的天赋使命。"他的烦恼根源在于，假如存在外星文明，那么它们有一些很可能比我们先进数十亿年。十亿年仅仅是星系公转四次，也就是四星系年。以星系年计算，智人到目前为止只存在了短短的四十分钟，而比我们先进二十亿年的文明则已经存在八星系年。他说："强大的文明总是会摧毁技术落后的文明。欧洲人登陆北美大陆时，他们只比印第安人领先数千年，你看看印第安人的下场。"唐认为与外星人接触很可能会构成人类历史上最巨大的危险。全球核战争或致命病毒引起的瘟疫也许会杀死许多人，但不太可能消灭人类的精神。他认为仅仅相信外星文明的存在就足以抹杀他这个科学家的人生目标。拥有二十亿年历史的文明在时间上和人类的距离是我们与三叶虫的 4 倍。假如宇宙中真的存在外星人，他们凭什么会在乎一个黏菌的雄心壮志呢？

而冈恩则想知道，假如外星文明给他二十亿年积累下来的科学知识，他会怎么做。他想象那些知识是写在一本书里的符号语言，这本书里有着一切的答案。他沉思道："我会翻开那本书吗？我认为我不会。好吧，我不可能抵抗诱惑。我们会读它，但我们不可能理解它，尽管我们知道写书的人知道他在写什么，这种痛苦会折磨死我们。"

在他们争论是否存在外星人的时候，马尔滕始终一言不发。他更愿意探讨他能用望远镜解答的传统问题，例如尚未公之于众的宇宙历史。

一天夜里，天文学家们看着光谱滚过屏幕，就像人们会乐于站在桥上，看着底下慵懒的水流，观察水面上漂过不同形状和种类的树叶，而胡安·卡拉斯科在监控镜面的温度。他忽然说："湿度在上升。"他担心镜面会结露。

天文学家们聚到胡安的仪器前。

马尔滕说:"温度才刚过露点。"警告灯开始闪烁。马尔滕说:"数字像发疯似的下降。"蜂鸣器响了。"必须关闭了。"马尔滕说。

胡安拨动开关。"镜面关闭。"

屏幕上的星系消失了。

胡安爬上鹰架。他看见一轮新月。他抬起手臂,用大拇指盖住月亮。大拇指周围出现了一圈微微发光的卷云。他拍了拍圆顶的外壁。外壁摸上去又湿又凉。他回到数据室,说天空中出现了云系。天文学家商讨片刻,认为云系不会消散。胡安说,这样的话,天文学家要找他就去楼下吧。他拿起架子上的一个活页笔记本,说:"我去盘点电机。"

帕洛玛山的工程师正在尝试给海尔望远镜"定性",这是尝试搞清楚它如何工作的另一种做法。分配给胡安的任务是确认圆顶中每一个电机的位置。活页笔记本里有一个长长的电机清单。他向我解释道:"我的工作是确定这些电机中有哪些真的存在。"他穿上橡胶靴,坐电梯下了一层楼。我跟着他。我们穿过一条走廊,来到一组电动泵前,它们的任务是将润滑油送入望远镜。

我们深入了圆顶的内部。他打开手电筒照向四周,光束越过遍布旋钮的柜子和塞满真空管的架子,照亮昏暗的区域。这里是仪器的墓地。假如发明家的设备活过了它的有效寿命,天文学家就会把它们扔在这儿积灰,充当备用零件的来源。"四管猎枪"有朝一日也会来到这儿。胡安看了看笔记本。他踩在接油盘上,接油盘里有几摊飞马牌望远镜润滑油。他说,在盘点电机的时候,他有可能会发现蓝图上列出的电机并没有安装在设备上,也可能发现有一台神秘的电机自从杜鲁门总统时代就在安安静静地运行了。他弯下腰,读出一台电机上的序列号。他说:"这台查到了。"他走来走去,戳戳这儿戳戳那儿。他说:"我在这儿找到了五台维克斯泵,但应该有六台的。我找不到第六台。有可能根本就不存在。在这台望远镜里，你有时候会搞不清楚什么东西存在，而什么东西不存在。"他摸了摸安全帽的帽檐，用手电筒四周照。

过了一会儿，我问："你熟悉'大眼睛'的情况吗？"

"我就和那台望远镜生活在一起。"

"你能进去吗？"

他微笑道："你从没进过'大眼睛'？"

"没有。"

"今晚的电机盘点就到这儿吧。"他说。

他领我上楼。我们在望远镜底部停下，抬头仰望。海尔望远镜的镜筒悬在称之为轭的叉状结构的两个叉头之间。轭的两臂称为东臂和西臂，直径都是10英尺。胡安穿过一道圆形门，走进西臂的底部。我跟着他。他打开照明灯。他指着脚边的一个小人孔。他说："人可以从那儿爬下去。"意思是我应该爬下去。我钻进人孔，然后向下爬过三个由隔板隔开的房间。房间里能看见一摊一摊的油，那是美孚公司的飞马牌望远镜润滑油，标号95。我用手指试着搓了搓。油质透明，呈现金色，有一股甜丝丝的气味。胡安说："夏天润滑油上趴满了蛾子。"

我沿原路爬出去，胡安领着我爬上楼梯，这条楼梯有三层楼高，斜向上穿过海尔望远镜的西臂，我们最后踏上一个平台，平台上有个柜子。柜子里有一套用来控制望远镜南北向运动的机器，复杂的电机、齿轮和漏油的盒子裸露在外。这是一台机械式计算机。（我后来得知，一位名叫辛克莱尔·史密斯的年轻工程师在1930年代设计了它。史密斯死于癌症。设计反射镜支撑装置的布鲁斯·鲁尔完成了史密斯的工作。）胡安说天文台于不久前安装了数字式计算机，接管这些机械式计算机的工作，但管理方要求继续给鲁尔的计算机上油，准备好在数字式计算机崩溃时投入使用。

胡安把罩布盖回计算机上，说："这儿就像潜水艇。"他的声音在西臂中回荡。

　　"或者巴克·罗杰斯的宇宙飞船。"

　　"它确实是一艘星际飞船。"他说。他挤到机械式计算机背后，忽然爬向上方，钻进一个人孔消失了。

　　我跟着他爬过人孔，钻进一条油腻腻的通道。我们向上爬，穿过望远镜，最后来到西臂圆管的上半部，楼梯在这里结束。胡安指着一个液压装置，说："那是个离合器，有时候会打滑。打滑了我就只好飞快地爬上来修理。"

　　"否则天文学家就会嚷嚷？"

　　"他们通常不会嚷嚷，"他说，"但随时都有可能嚷嚷。"

　　我们手脚并用地向上爬，在西臂中发出微弱而空洞的通通声。

　　胡安在担任管理员的二十年间眼看着海尔望远镜逐步演变，他能感觉到它的性格。他确实认为望远镜有性格：和善但古怪。有一回，每次他按下"北向"按钮，望远镜就会向南移动。我们环顾我们所在的小隔间，他说："这儿某处有个螺丝松了。你让望远镜从这个方向朝西快转的时候，能听见螺丝从望远镜的一头滑向另一头。"望远镜内部偶尔会有一扇门意外关上，导致星场震动，搞得天文学家随时都有可能嚷嚷。

　　爬到西臂顶端，我们看见了一块隔板，隔板上有个人孔。我用双手抓住人孔的边缘，扭头望去，发现我们沿着西臂向上爬了很长一段距离。

　　胡安抓住人孔边缘，他说："我不恐高，但我敬畏高度。"

　　我把脑袋伸出人孔，环顾四周。向下望去，我看见了一片暗沉沉的小隔间。胡安说我们正在俯视中空的马蹄形轴承。他说他曾经在那里面爬来爬去，但"我不认为你会有这个兴趣"。

海尔望远镜的马蹄形轴承是有史以来最大的轴承，它呈 C 字弧形，直径 46 英尺，焊缝总长近半英里。弧形的承重外部曲线悬浮在一层飞马牌望远镜润滑油的油膜上。海尔望远镜的可移动部件重达110 万磅，处于完美的平衡状态，精确得就像手表的擒纵装置。鲍勃·希克斯滕曾经脱开望远镜的离合和配重构件，站在西臂上，想看看会发生什么。望远镜开始向西倾斜，希克斯滕的体重使得它略微失去平衡。希克斯滕认为，假如他在西臂上站得久了，望远镜最终会侧向倾覆。驱动望远镜随天动运转的马达是一台十二分之一马力的博丁电机，它只有一个葡萄柚那么大，于 1942 年前后在美国制造，从未更换过。

海尔望远镜的主焦笼，由拉塞尔·W. 波特绘制。我们沿着镜筒俯视主反射镜。一位天文学家坐在主焦笼里盯着反射镜。在帕洛玛山，你有时候会听说主焦点俱乐部的非凡传闻，这个神秘而尊贵的天文学家团体声称他们在海尔望远镜的主焦笼里做过爱。这种事最有可能在乌云密布的夜间发生，天文学家百无聊赖，没事可做。（照片由帕洛玛天文台/加州理工提供。）

胡安想知道天气如何了。我们像螃蟹似的爬下西臂，沿着楼梯爬出望远镜，回到地面上。吉姆·冈恩冒了出来。

"胡安，我们需要你。"他说。我们赶回数据室。天空已经放晴。天文学家被禁止触碰控制系统，于是只好在房间里踱来踱去，琢磨胡安去了哪儿。

胡安拨动一排开关。他说："反射镜打开。我们在看天空了。"

胡安·卡拉斯科还是个孩子的时候，他看着天空，认为天空是一个罩在地上的大碗，碗的外面是天堂。他在得克萨斯州巴尔默雷的一个单间砖房里度过了童年，和六个兄弟姐妹住在一起；与他们一样，为他洗礼的也是教区牧师萨尔瓦多·吉兰神父。胡安的父亲是阿波罗尼奥·卡拉斯科，他亲手建造了这座砖房。胡安九岁那年，阿波罗尼奥从农民住宅管理局贷了一笔款，在巴尔默雷郊外买下一个农场：60英亩的黑土地和一座白人风格的小木屋。得州西部的寒冷冬日，全家人围坐在客厅里烧牧豆树的火炉旁边，在镀锌铁皮的浴缸里洗澡。客厅里最主要的家具是一张床，它其实是给客人坐的沙发。卡拉斯科家有六头牛、一只羊羔和几只鸡。年成好的时候，阿波罗尼奥能收二十大捆棉花。若是年成不好，阿波罗尼奥就会耸耸肩，笑着说："Bueno, hicimos el vivir"——"哦，好吧，咱们也混到了一口饭吃。"

卡拉斯科是一种矮栎，坚韧的银绿色叶子边缘有刺。它在整个美国西南部的向阳山坡上成片地茂密生长，往往在其他树木无法扎根的地方繁衍生息。巴尔默雷人有传闻说"卡拉斯科那家人很有钱"。胡安就没那么确定了。其他孩子逃学去采棉花，一天挣 1 块钱。胡安的父母命令孩子们待在学校里。胡安对自己说："其他孩子能用打工的钱买李维斯牛仔裤，甚至还能买件新衬衫。"巴尔默雷有加油站和电影院，"但我们很少会有足够的钱在周六晚上去看电影"。节庆日的夜晚，胡安和他的兄弟们会穿得漂漂亮亮，走路去一个叫"乡村俱乐部"的地方。"那不是你想象中的那种乡村俱乐部，而是个小酒馆。我们跳舞、喝啤酒。"阿波罗尼奥从不去乡村俱乐部，因而赢得了对自己和农场过于严苛的名声。他去佩科斯买农具或借钱时，会戴上一顶 10 加仑的斯坦森毡帽，穿上华达呢长裤，后腰插着一把镀银的柯尔特点三八手枪，这把枪在佩科斯家喻户晓，曾经属于佩科斯市的执法官。阿波罗尼奥从没用它朝任何人开过枪，他偶尔会朝在鸡舍附近转悠的郊狼放上一枪，但似乎也没打中过郊狼。他的枪只是一件饰品，他会带着它去参加婚礼。当地所有男人都带枪参加婚礼。出于对吉兰神父和圣灵的尊重，他们会在进教堂前把枪锁在车里。事后在婚宴上，他们会对天开枪，以此祝新婚夫妇好运。

阿波罗尼奥在棉花地里间种西瓜。乌鸦喜欢西瓜，会走来走去啄西瓜。胡安的母亲伊莎贝尔·卡拉斯科会朝胡安的大姐喊道："奥罗拉，奥罗拉！Traite el quate"——"去拿双管。"

奥罗拉会拿着一把霰弹枪（"双管"）出来，朝乌鸦头上打出一把铅弹。后坐力撞得奥罗拉后退几步，乌鸦气呼呼地拍着翅膀撤退。西瓜需要有人一直守着，因为有了西瓜，连摘棉花的活儿都能变得容易忍受。胡安记得西瓜的甜美滋味。"你可以用刀子劈开一个小瓜，只摘心吃，然后用袖子擦脸。"摘完一天棉花，伊莎贝尔会让儿子们站成一排，脱掉他们沾满西瓜汁水的衬衫，扔进后院里汽油动力的美泰克洗衣机。她会大喊："奥罗拉！去开动机器。"奥罗拉是个不折不扣的发明家，她会拔出洗衣机的火花塞，把一滴汽油滴进发动机的单个汽缸，然后把火花塞塞回去，狠狠一脚启动洗衣机，于是洗衣机咆哮着"开动"。这东西响得震耳欲聋，会从排气管喷出火焰。它疯狂搓洗他们的衣服。

夏日夜晚太热，没人能睡着。整个巴尔默雷镇都无法入睡。卡拉斯科一家坐在前门廊上，直到凌晨时分，希望教区牧师萨尔瓦多·吉兰能来做客。有时候吉兰神父真的来了，卡拉斯科一家就会请他坐进门廊上的一把椅子。然后胡安就会抢着把他的椅子拖到吉兰神父旁边。

"神父，要喝杯水吗？"

"谢谢，小胡安。"

神父个头不高，但很强壮，因为他亲手烧砖造屋。他在西班牙出生，有着西班牙人的乳白色皮肤，戴金边眼镜，穿有罗马领的黑色正装。他在西班牙获得了物理学博士学位，然后出于某些原因，他放弃物理学，成为一名牧师，前往南美洲传教，最后来到得克萨斯。他会讲故事直到深夜，讲他在西班牙和南美洲的旅行，他如何靠一本祈祷书和一把万能钥匙找水；讲他在瓜达卢佩圣母传教会的土地上亲手烧砖建教堂的最新进展；讲曾经有个西班牙老太太企图用一个白煮蛋毒死他。吉兰神父认识星座。他会在 8 月的深夜说："北十字很高。"而卡拉斯科一家会从门廊上探身去看。

聊天的间歇中，偶尔会有人瞥见一颗流星。卡拉斯科一家问吉兰神父，一颗星星从天上掉下来的时候去了哪儿。

他告诉他们，星星哪儿都不会去。要是天上的星星撞击地球，地球连个渣都不会剩下。

它们掉进海里呢？会熄灭吗？

不，不是的！吉兰神父大笑。它们掉进海里不会熄灭。他说，那些星星是巨大而遥远的恒星。

卡拉斯科一家大为惊讶，尤其是胡安。不过，既然吉兰神父这么说，他们又凭什么去怀疑他呢？

他说："恒星在外太空，距离地球非常遥远。"

胡安试着想象一个空间，群星悬浮于其中。他对吉兰神父说：

"真希望能知道一颗恒星从近处看是什么样子。"

吉兰神父答道："你已经知道了。太阳就是一颗恒星。"

卡拉斯科一家的回应是死一般的沉默。这个沉默代表着难以置信。

他说，太阳这颗恒星是一团极其炽热的气态火球，是它的热量让地球上有了生命；他说，这就是土地能产出棉花的原因。他说，太阳和其他恒星，比地球大许许多多倍。

太阳比地球大？胡安很困惑。星星也比地球大？胡安问，那么，坠落的星星到底去了哪儿呢？

神父告诉胡安，恒星不会坠落。你说的那是流星——pajita。他用的词语是 pajita，也就是"小禾秆"，因为流星看上去很像风中的一根禾秆。他解释道，流星是一块非常小的小石子，它从外太空来，在大气层中摩擦发热而燃烧。

阿波罗尼奥和儿子们夜里灌溉农田的时候，曾经见过流星点亮整个天空。他们把他们目睹的情形告诉吉兰神父。

吉兰神父说："那些特别亮的流星也许只有弹珠那么大。"

卡拉斯科一家听得入迷。

吉兰神父说："小胡安，假如你和父亲在田里看见一颗特别亮的流星，那你应该安安静静地仔细听着。听有没有东西掉下来。你甚至有可能在田里捡到一颗呢。"

给庄稼浇水的时候，胡安经常在夜里和父亲一起下地干活。有时候胡安会指着一颗星，对父亲说："你能相信吗，那颗星比地球大许许多多倍？"

阿波罗尼奥会这么说："我永远也不可能知道。"然后阿波罗尼奥也许会说："Mire! Es una pajita!①"他和胡安会屏住呼吸仔细听。阿

---

① 西班牙语：看！一颗流星！——译者

波罗尼奥会说："真希望附近的水声没这么响。"但是，即便水在水渠里安安静静地流淌，他们也从来没听见过流星的声音，从来没在田里捡到一颗流星。

九年级的时候，胡安辍学了，因为他想找份工作。他找到的工作是和父亲一起下地干活。朝鲜战争开始后，他应征加入陆军，被派去保护匹兹堡市。退伍返回巴尔默雷，他想找一份有薪水的工作，于是前往圣安东尼奥，报名上了刘易斯美发学校，这所学校当时开在军事广场东 124 号的一座危房里，从贫民区走过去没多远。他在一个大房间摆满椅子的后半区开始接受训练，免费为酒鬼们理发。

圣安东尼奥的酒鬼是全得克萨斯看上去最光鲜的流浪汉。他们占据了刘易斯美发学校教室的最后几排座位。胡安和其他初学者为酒鬼们理发的第一步是洗头。你让一个酒鬼在理发椅上向后躺，常常能听见廉价葡萄酒在他口袋里的酒瓶中晃荡。洗完头，胡安给他理发。还要用长柄剃刀给他刮脸。他给酒鬼涂海泥面膜，然后洗掉他脸上的泥浆。他会用电动机器振动酒鬼的面颊和颈部，击碎皮肤下积累的脂肪，提拉面部曲线。他会用 Wildroot 发乳擦亮酒鬼的头发，用朗姆须后水给他搓脸。然后酒鬼会照着镜子说："该死！我都不知道我居然这么好看。"

学校里教他们用剃刀的是个暴躁的得州残疾老人，他名叫帕特森，一条腿有可能是木腿，也有可能只是不能动了，没人知道究竟是怎么回事，也没人敢去问他，因为据说在腿出事前他是一名得州游骑兵，他随身携带剃刀，而且知道怎么用。帕特森会一瘸一拐地在房间后面走来走去，盯着学生用拙劣的手艺折腾酒鬼。他对胡安说："和这些家伙在一起你要当心点。你必须把朗姆乳液锁起来，听见了吗？你给客人刮脸的时候，他也许会忽然想咳嗽或乱动。你有可能会划破一个大口子。有可能会害得他面部感染。"他看着胡安给一个酒鬼做刮脸前的准备工作。他朝胡安大吼："你在干什么？把毛巾从他脸上拿开！你要闷死客人了！"帕特森打开剃刀，用一只眼睛盯着酒鬼，而酒鬼用一只眼睛盯着他的剃刀。帕特森弯下腰，拿起皮带，在上面磨刀，他的动作非常快，手变成模糊的影子，眼睛依然盯着酒鬼。

客人的表情变得惊恐。

"看好了。"帕特森对胡安说。剃刀举高，停顿片刻，寒光一闪，扑向客人的脸。帕特森以令人目眩的速度在客人的脸上刮了十四刀，客人的眼珠转个不停，企图跟上剃刀的节奏。这是全世界最快的一次刮脸。要是帕特森计算错误，客人的动脉血会一直喷上天花板。帕特森抹了抹刀刃，合上剃刀。他说："面部分为十四个区域。每个区域只需要刮一刀。"

惶恐的客人慢慢抬起手摸脸，眼睛忽然瞪大；他的脸光滑极了，一根胡子都没留下。

随着胡安的进步，他来到了房间的前半区，圣安东尼奥的律师坐在大窗户前的一排椅子上。律师喜欢在前排扎堆聊天，让窗外的人看他们。到胡安挺进律师区的时候，他已经学会了怎么剪平头。剪平头需要一种黏稠的润滑剂，所谓的"平头蜡"。他回忆道："想要让客人的头发根根直立，你需要好工具和大量的油膏。"还需要高超的技艺。你要先给头发打上平头蜡，然后把头发梳得立起来，接下来用一把剪刀来回剪，修出短而硬的发型，最顶上光滑得仿佛高尔夫草坪，结实得能支撑一块砖头。发蜡会卡住剪刀。不但如此，要是你失去对剪刀的控制，很容易就会在平顶上挖出一个洞，就像高尔夫球手在果岭上砸出一个坑来。帕特森会走过来看胡安做得怎么样。他会把胡安拉到一旁，压低声音对他说："这些家伙是律师。他们想要看上去无懈可击，你必须去掉他们鼻子上的黑头。"给律师洗完头、上平头蜡、理发、刮脸和涂面膜之后，胡安会用两个大拇指挤掉律师鼻子上的黑头，然后再做其他护理：用电动机器振脸，打碎面颊上的脂肪，最后洒上朗姆须后水。律师会说声"谢谢"，然后给他 3 毛 5 外加小费。1954 年，他以 A 级理发师执照毕业。

佩科斯和巴尔默雷以南的戴维斯山脉中有一组白色圆顶，那是麦克唐纳天文台。一个叫莉莉·多明戈斯的姑娘在那儿当会计。胡安自从初中就认识她了，他觉得自己有了职业前景后就立刻向她求婚。她答应了，吉兰神父为他们主持婚礼，但阿波罗尼奥没能在婚礼上对天鸣枪——随着现代社会的发展，这种生活方式已经过时。莉莉从天文台辞职，嫁给胡安。他们搬家去了佩科斯市区，胡安在西语居民区边缘的安格尔理发店找到了一份工作。西语居民区管安格尔叫 El Maestro，也就是"大师"。他来自墨西哥，一个理发师举止极为优雅的地方。安格尔样样精通——平头，鸭尾头，小胡子打蜡捻成两头尖，鬓角能做出从鲁道夫·瓦伦蒂诺到阿尔伯特王子的一切形状和风格，理发自然不在话下。理发店里面有一排淋浴间，使用一次收费两毛五，他每年都换新车。

然而到头来，佩科斯既不适合莉莉也不适合胡安。胡安没法每年换新车，他回忆道："我很有野心，我问自己：'一个人靠理发怎么可能发财？'"另一方面，天文台也很想念莉莉。他们请她回山上来，顺便带上她的丈夫。他们承诺训练胡安当夜班助理。胡安说："我很害怕。你说我对望远镜有什么了解？"他和莉莉搬去麦克唐纳天文台，天文学家任命他担任麦克唐纳 82 英寸口径反射式望远镜的夜班助理，当时这是山上最大的望远镜；而莉莉担任天文台的厨师、管家和会计。麦克唐纳反射式望远镜是个很难搞的大家伙，你需要大师级的技艺才有可能操作它。但麻烦事还不止这些。天文学家身穿电热飞行服（很像帕洛玛天文台的那些），通过从墙壁插座延伸到电热飞行服臀部的电线供电。天文学家兴奋过头的时候，会在圆顶里大喊大叫跑来跑去，拔掉墙上的插头，拖着电线四处乱窜。胡安得知，夜班助理的职责之一就是防止天文学家们把自己电死。

为胡安和莉莉主持婚礼的同一年，吉兰神父住进了新墨西哥的一家神职人员养老院。胡安和莉莉去那儿探望他。胡安回忆道："当时他已经很老了，但依然非常强壮。"

得知胡安去从事天文学的工作，他非常高兴。吉兰神父说："我的脑子已经记不清事情了。小胡安，我很愿意和你讨论天文学，可惜我已经全忘光了。但我还记得那些夜晚……我给你讲星星的那些夜晚。那些晚上啊……你和天文学家坐在一起。你仔细听他们说的话。哎，你要知道，天文学家不可能发财。但是啊，小胡安，和他们在一起你会学到知识。因为天文学家是天选之人。他们是被选中的。"这是吉兰神父最后一次和胡安交谈；不久后他就去世了。

在麦克唐纳天文台工作了八年后，胡安和莉莉对加州南部产生了兴趣。1964年，他们搬家到圣地亚哥，胡安在一个物理学实验室找到了工作，负责测量亚原子粒子在气泡室中的轨迹。这时他已经完成函授课程，得到了高中文凭，同时开始学习电脑。（"我对'与非门'并非全然无知。"）在物理学实验室工作数年后，他意识到电脑即将完全取代他，于是决定去找一份永远不会被机器夺走的工作。夜班助理这四个字愉快地出现在他脑海里。一天，他开车去帕洛玛山，向天文台设施主管求职。1969年9月9日，他来到天文台报到，修剪灌木丛，用墩布清理海尔望远镜。他就是在这个时候发现了他对高度的敬畏，因为他必须爬上主镜筒的工字梁——那里比反射镜高好几层楼——推着墩布擦除尘土。反射镜上有罩子，但假如他掉下去，还是会砸破镜面，他可不想破坏那块反射镜，因为人可有可无，而望远镜不是。

到了圣诞节，他被提升为紧急夜班助理。他学会了如何快转海尔望远镜，也就是操纵望远镜快速扫过天空。训练胡安的是当时的高级夜班助理加里·图顿。胡安担心他会在高速快转时弄坏海尔望远镜。他问自己，作为破坏了全世界最大望远镜的人被载入史册，你会有什么想法？他提醒自己，你可从来没有划破过客人的脸。

海尔望远镜有它的脾气。它的离合器有脱钩的倾向。在高速快转的时候，你会闻到橡胶燃烧的气味。圆顶有搞不清望远镜指向的倾向。胡安的笔记本有自我繁殖的倾向。遇到寒冷的天气，马蹄形轴承下的润滑油油膜会变得黏稠，海尔会停止跟踪星场。这时会触发一个警报器，天文学家会张开嘴准备嚷嚷。胡安会冲向靠在北镜墩上的竖梯，他会沿着竖梯爬上三层楼，来到一组螺丝前。他会从口袋里掏出小螺丝刀，把一个特定的螺丝拧四分之一圈。110万磅的望远镜会继续跟踪星场，警报器停止鸣叫，天文学家们恢复正常。

望远镜偶尔会拒绝快转。胡安会钻进电梯，下一层楼，沿着一条通道飞奔，来到一排断路器前。他会沿着一面墙的开关向前走，用双手以最快速度拍打每一个断路器开关。假如"大眼睛"依然不肯动弹，他会去看他写下的至少一打备忘事项，其中包括：

- 记住吸油垫。
- 检查离合器照明灯。
- 检查中央升降杆——只要略微升起，望远镜就不会快转。
- 假如圆顶开始来回摆动，也就是"狩猎"，那就是制动器太松了。一个敏感的小野兽。试着先用螺丝刀敲一敲制动器。
- 假如镜盖无法打开，望远镜无法快转，去检查大电动发电机旁边的直流小电机。不肯启动就拍一拍。

圆顶有时候会犯迷糊，一圈一圈转个没完，整个建筑物会跟着颤抖，它怎么都不肯停下。天文学家会说："胡安！这太疯狂了！"

胡安会说："是幽灵搞鬼。"胡安会冲进望远镜南端的一个房间。

幽灵就在那儿。幽灵是布鲁斯·鲁尔搭建的一台机械式计算机。它会让圆顶像幽灵似的跟着望远镜转动。胡安会晃动和拨动这台计算机里的可移动部件。他会检查两个真空管，把它们取出来，用抹布擦拭。通常来说，这样就能让圆顶停止转动。

工程师似乎很迷信不同的润滑油。胡安的储物柜旁边，架子上堆满了罐子和瓶子。胡安学会了如何使用其中一些润滑油，但还有一些怎么都学不会。其中有 Lubriguard Anti-Seize、Mobil Extreme Pressure oil、Graham transmission oil、Way Lube chain oil、Marvel Mystery oil、Gargoyle Grease 和其他。鲍勃·希克斯滕正在尝试改换只用几种润滑油，但胡安估计 Gargoyle Grease 和 Marvel Mystery oil 之类的东西还是会进入海尔望远镜，原因可能是它们管用，也可能是工程师能从什么地方特价买到它们。美孚最近停止了飞马牌望远镜润滑油的生产，导致全美国的天文台陷入恐慌。希克斯滕抢购了十大桶飞马牌润滑油，像 59 的成箱玛歌干红一样存放在圆顶的黑暗角落里。希克斯滕认为使用飞马牌润滑油也属于黑魔法：未必有必要，但能确保万无一失。

九年学徒生涯过后，胡安升任高级夜班助理。他升职后不久，天文台安装了电脑来监控与控制海尔望远镜的一些机械装置。这些数字系统部分取代了布鲁斯·鲁尔犹如钟表的机械式计算机。胡安的控制台上现在有个电脑终端，他通过终端来协调操控海尔望远镜的许多机械装置。不过天文台决定禁止通过电脑来快转"大眼睛"，因为电脑迟早会在高速快转时碰坏望远镜。人类并非真的可有可无。尤其是这个男人，他能用直柄剃刀给酒鬼刮脸，能理出完美的平头。他看海尔望远镜的显示器的时间比任何人都长，连马尔滕·施密特也比不上他，这彻底改变了他对地球在造物中的地位的感受。他说："现在每次我仰望蓝天，就会思考宇宙在哪里终结。"

特洛伊小行星是移动缓慢、容易预测的天体。一颗小行星只要被你看见，通常以后能再次找到它。卡罗琳·休梅克并不急于去仔细搜索她和吉恩在帕洛玛山观测特洛伊天体时拍摄的胶片。她大致上扫了一遍，寻找快速移动的天体，发现了小行星 1985 WA。1985 WA 将会撞击木星，这是个令人高兴的惊喜——它是一颗越木小行星。总而言之，1986 年元旦过后，她和吉恩回到帕洛玛山待了一周，在天空中搜寻近地小行星，而特洛伊天体的胶片留在亚利桑那州的弗拉格斯塔夫，一直封存在玻璃纸信封里，没人去胶片上寻找特洛伊小行星。

卡罗琳在帕洛玛山发现了 1986 年的第一颗新彗星。事实上，它是内太阳系的周期性访客：休梅克 3 号周期彗星。她随后又发现了 1986 年的第二颗彗星。这颗彗星被命名为 1986b，是一颗长周期彗星。它围绕太阳锐角转弯，离开了内太阳系；它会在 2509 年春回归。卡罗琳说："我现在和卡罗琳·赫歇尔打了个平手。当然了，我会击败她。"然而，特洛伊天体的胶片依然待在信封里，她还没有去搜索特洛伊小行星。她说："和平时一样，我被埋在胶片堆的最底下。"

那年 3 月，周期彗星哈雷出现在天空中。马尔滕·施密特的类星体小组刚好在帕洛玛山扫描天空，他们渴望目睹哈雷彗星的风采，因为小组里没人见过它。马尔滕·施密特带着他的双筒望远镜上山。一天凌晨 4 点半，他和冈恩爬上鹰架。天空万里无云，西风飕飕刮过圆顶，吹得雪松的顶端劈啪作响，预示着风暴即将从太平洋袭来。

马尔滕举起望远镜，他说："太壮观了。"

吉姆说："我以为会看不清楚的。"

马尔滕说："彗星看上去相当亮。"

"真的非常壮观。"

哈雷彗星有个白色的彗核，看上去像一颗模糊的恒星。云雾般的彗尾朦朦胧胧。这颗彗星仿佛一个灰尘球，一团天上的脏东西。

马尔滕说："该死，这副望远镜太差劲了。我只花了 50 块。詹姆斯，对不起。"他把望远镜递给冈恩。

冈恩把差劲的望远镜举到眼前，转动调焦旋钮。他的乱发朝着四面八方飘动。

马尔滕以哲人般的语气继续道："詹姆斯，我认为咱们等一颗特别明亮的彗星等得太久了。"

"我完全同意。"

马尔滕说："就像 1843 年的大彗星。彗尾扫过了半个天空。说真的，看看它对大众心理会有什么影响一定很有意思。不知道还会不会听见有人说世界末日之类的。"（施密特曾在莱顿大学和扬·奥尔特一起研究彗星，他在那里对彗星如何影响心理产生了兴趣。有一次，讨论休梅克夫妇和他们发现的彗星时，他对我说："我认为是 17 世纪的一颗彗星在德国引发了鞋匠①暴动。当时的鞋匠肯定比现在多，而且我猜也肯定很有组织。"）

吉姆说："彗尾发育得很好。"望远镜随即离开了哈雷彗星。他慢慢地原地转动，望远镜沿着银河逐点移动。他说："三叶星云升起来了。还有 M22——那是个漂亮的球状星团。还有欧米伽星云。"他把望远镜递给我，说："你能看见欧米伽。就在礁湖星云上方。说起来，用双筒望远镜就能看见的东西其实丰富得令人震惊。"

银河系中央凸起的部分朝着圣地亚哥的方向膨胀。银核刚好升到

---

① 休梅克（Shoemaker）直译即鞋匠。——译者

圣地亚哥上空。用双筒望远镜望去，银河系的中央区域点缀着一团团发光的气体，黑色的尘流将它们切开。哈雷彗星高悬于银河之下，看上去离地球很近。哈雷彗星是一个夹杂尘埃的黑色冰球，大小与曼哈顿相仿，形状酷似马铃薯，在一个复杂的越地轨道上运行。它曾经是奥尔特云的一员，在一颗恒星经过时受到引力的牵拉，于是坠向太阳。每次接近太阳的时候，它就会开始蒸发。它迟早会破碎，化作一团尘埃，或者变成一颗熄火彗星。假如它能留下某种黑色的核心，那么哈雷彗星有朝一日也许会作为一颗小行星撞击地球，造成大规模的物种灭绝——不过可能性微乎其微。更有可能的是哈雷彗星在接下来一百万年间近距离接触木星，而木星会将它抛向群星，让它永远在银河系中流浪。

仅仅三周前，卡罗琳·休梅克发现了一颗小行星，她和吉恩将其命名为阿蒙。阿蒙属于与地球平行并逐渐赶上的那种越地小行星。阿蒙直径约为 1.5 英里，由金属构成。"假如阿蒙撞击地球，"吉恩说，带着巨大的乐趣，"会砸出一个真正的陨石坑。"卡罗琳还发现了一个斜向快速穿过太阳系黄道面的天体，这个天体现在的编号是 1986 EC。她在月亮初盈时拍摄了两张底片，借此测量它的运动轨道。然后她就失去了它的踪影。月光照亮夜空，吞没了 1986 EC，后来再也没人见过它。

"我讨厌弄丢那些小家伙。"吉恩说。

卡罗琳很懊恼，说是尴尬都行。她说："我只希望以后还能再找到它。"另一方面，她依然没有整理观测特洛伊天体时拍摄的胶片。她说："我并不担心那些特洛伊天体。它们哪儿都不会去。可以等我有空再去研究。"

1986 年 5 月 5 日，帕洛玛天文台，卡罗琳在研究她和吉恩几天前拍摄的一对底片时发现了一颗奇怪的小行星，这颗小行星移动得很慢，而且走错了方向，与主小行星带的流向相反。卡罗琳打电话给小行星中心的主任布莱恩·马斯登，告诉了他一组大致的坐标。他给了这颗小行星一个暂时编号：1986 JK。接下来的几个晚上，休梅克夫妇继续拍摄 1986 JK，同时持续向小行星中心报告这个天体的位置变化。布莱恩·马斯登很快通知休梅克夫妇和全世界（通过国际天文电报）："1986 JK 似乎是一颗正在接近地球的阿波罗天体。"天文学家奔向各自的望远镜。小行星移动缓慢是个错觉：休梅克夫妇看见的是它直奔地球而来。1986 JK 的视运动很快彻底改变，它疯狂加速，于 1986 年 6 月 1 日与地球擦肩而过，最短距离仅为 260 万英里，这是有记录以来最近的一次小行星掠地。以太阳系正常的行星运动标准而言，1986 JK 的突然出现就好比一个人的头发被子弹分开。JK 以类似于彗星的长椭圆轨道运行。射电天文学家使用航天局深空探测网戈德斯通站的天线，在小行星掠过地球时向它发射雷达信号，他们接收到了清晰的回波，这说明 JK 是个相当大的天体。它的轨道带着它走到远至木星的地方。它是一颗越地阿波罗天体，也是越火天体和越木天体。1986 JK 有可能撞击地球、火星或木星。每隔十四年，它会以节拍器般的准确节奏与地球擦肩而过。2000 年独立日前后，它会再次近距离掠过我们的天空①。

1986 年秋，休梅克夫妇拍摄那组特洛伊天体的照片近一年后，卡罗琳终于决定要在底片上搜寻特洛伊小行星了。她选择了三十三个胶片对来进行搜寻。照片拍摄的角度透过太阳系黄道面，指向在木星前方运行的希腊群小行星。卡罗琳习惯于搜寻在地球附近运行的快速移动的小行星，此刻不得不训练自己去看木星附近太空中移动缓慢的斑点。她在美国地质调查局弗拉格斯塔夫总部的图书馆最里面找了一

① 现已被命名为睡神星（Hypnos），直径在 0.9—1.2 公里之间。——译者

间没有窗户的储藏室，把显微镜架设在那里，她待在储藏室里，可以一整天无间断地搜寻天空。她把胶片对装进显微镜。

她从双筒目镜望进去，见到了所谓的白色天空。这些照片是负片，因此天空是白色的，而群星是黑色的。（人类的眼睛更容易在白色背景上辨认出黑点，而不是在黑色背景上辨认白点。）她来回移动底片，群星穿过她的视野；她觉得自己像是在飞越太空。每一对胶片都包含了大约一万个黑点——恒星、星系、类星体和小行星。一个胶片对的两张照片相隔四十分钟拍摄。在四十分钟内，一颗特洛伊小行星会有所移动，而背景中的恒星固定不变。

立体显微镜是寻找运动物体的利器，能让运动物体以立体影像形式跳出画面。特洛伊小行星悬浮于一定距离之外，勉强挡住一些恒星。她能看见特洛伊群的深度；特洛伊小行星是遥远的天体，远在遍洒于画面前景中的主小行星带之外。另一方面，一颗正在接近地球的小行星看上去有可能像是悬浮于主小行星带之前。这些越地天体以奇异的角度飞速运行。一颗越地小行星以 34 000 英里的时速飞行，在四十分钟内能走完很长一段距离。她说："小行星移动得快极了，你在图像中能看见位移。你的双眼无法融合它，它看上去是模糊的。它会跳出画面。"

她看见胶片上到处都是移动的天体；在太阳系里游荡运行的自然物体多得几乎不可思议。她看见的天体以主小行星带为主，其中有许多无疑都是未知天体。彗星是边缘模糊的球体，因为有浓雾般的气体从它们身上流出。彗星让她感到兴奋。每次她认为有可能发现了一颗未知彗星，那团雾霭中的某些因素就会让她的心脏跳到嗓子眼。

她让视线保持移动，一天八小时都是如此。她说："我尽量让胶片稳定地在视野中片刻不停地滚动。假如你过于关注某些事物，就会开始怀疑一切：这是一颗小行星吗？寻找小行星会变成本能。"每次她看见一个疑似特洛伊小行星的天体（悬浮于恒星之前的一个黑点），就会用红笔把它圈出来。她说："特洛伊小行星很暗，看上去有点像碎渣。"它们就像黏在胶片表面上的尘埃颗粒。她养成了一个习惯，会用手指轻轻扫过疑似特洛伊小行星的所有东西，有时候"特洛伊小行星"会随之消失。她可不想向小行星中心报告一粒尘埃的位置变化。恒星组成梯形、环形、字母——她的私人字母表。有时候星系也会勾起她的兴趣。她会想象自己是个太空旅客，正在接近那个星系。她探索过一些球状星团。球状星团是由几十万颗恒星组成的球形星云，在银河系中独立运行。看见球状星团会让她在特洛伊群中突然改道而行。有时候她会忘记自己正在干什么。一段时间之后，等她恢复神志，会意识到她迷失在胶片中，已经不记得她刚才走到胶片上的什么位置了。还有一些时候，她会突然在家中床上惊醒——因为她在显微镜上趴得太久，开始连做梦都在寻找小行星。

扫描完一组胶片，她标出疑似特洛伊小行星的天体，粗略测量它们的位置，然后打开天文学家称之为《俄罗斯星历表》的手册，在里面查找它们。（俄国人为其他所有人记录小行星。）她说："我用这种方法划掉大多数已知的小行星。"她找到了很多特洛伊小行星，但它们都早已有了名称。

这项沉闷而乏味的工作会耗费数周时间。她说："要不是有那么多的乐趣，我才不会工作得这么辛苦呢。"1986 年 11 月末，她发现了一个所有名录都没有列出的小斑点，她用手指抹过胶片，它也没有随之消失。同一天，她发现了另一个小斑点。她用名叫测量仪的机器测量它们的坐标，将测量结果输入与小行星中心相连的电脑。

第二天上午，她的电脑上收到了布莱恩·马斯登发来的消息——卡罗琳：了不起！他通知卡罗琳，她发现了两颗未知的特洛伊小行星。他给它们分配的临时编号是 1985 TE3 和 1985 TF3。这是两颗从未被观测到的小行星，而且相当巨大，直径都在 50 英里左右，吉恩称之为"大象"。它们比木星的许多卫星都大，而且，正如卡罗琳所说："它们是我们的。"和所有的特洛伊小行星一样，它们至少和木炭一样黑，甚至更黑。

一周后，她发现了又一颗未知的特洛伊小行星，1985 TG3。然后再一颗，1985 TL3。她还找到了一组丹麦天文学家不久前发现的一颗特洛伊小行星，她帮助丹麦天文学家们更准确地确定了它的轨道。她还重新发现了一颗特洛伊小行星，荷兰天文学家 E. J. 范豪滕在观测特洛伊群时首先发现了它，但后来失去了它的踪迹。最后的结果：她发现了四颗新的特洛伊小行星，并帮助确定了另外两颗的参数。她说："这是训练眼力的好办法。"

吉恩很高兴。他说："这意味着特洛伊天体的数量非常巨大。我们发现的还只是'大象'。"

想要用《伊利亚特》给这些小行星命名，休梅克夫妇大概要再等一年左右，因为一颗小行星必须要被观测到绕日三周，才有资格得到命名。吉恩希望他们可以不用再去刮《伊利亚特》的碗底，他猜测希腊英雄的名字早就用完了。

对吉恩·休梅克来说，太阳系依然神秘。他思考了很久这些特洛伊小行星的由来。他想知道它们在我们所生活的这团宇宙尘埃的起源中占据了一个什么位置。他说，学界的普遍看法是在行星的吸积过程中，一些物质聚集在一起形成了木星，而遗留下来的碎片就是特洛伊天体。他可没有轻易认可普遍看法的习惯。他随口说道："最近我在整合一个理论。它可以解释天王星和海王星的形成，奥尔特彗星云的产生，木星附近这些古怪的黑色天体的存在，月球遭受的晚期重轰击和地球海洋的形成。给我一周的空闲时间，我就把它写出来。"

他认为他能在一个理论里解释水在地球上的存在和特洛伊小行星

的存在。这是个假说，是他对太阳系逐渐成形时发生的事情的直觉猜想。他认为，地球海洋的形成有可能是吸积过程的一部分。天王星和海王星都是巨大的冰封行星，除了岩石核心外，主要由甲烷和水构成。它们形成于一个吸积盘的外部边缘，而这个吸积盘成为了太阳系。在行星快速生长的时期，星子（围绕太阳运行的硅、铁、焦油和冰块构成的球体）互相撞击，融合形成行星。带外行星的吸积并不是一个温和的过程。随着天王星和海王星的生长，它们经历了与自身星子的近距离接触。它们和自己的碎片玩甩鞭子的游戏，朝着各个方向抛掷自身星子。大多数碎片被弹射到冥王星外的轨道上，也就是现在被称为奥尔特彗星云的地方。吉恩认为奥尔特云很可能是太阳系在带外行星形成期间抛出的冰云。天王星和海王星的部分乱飞碎块没有飞向奥尔特云，而是经过木星，朝着太阳系内部坠落。它们接近太阳（当时已经点火），变成了壮丽的彗星。

吉恩认为木星扮演的角色就像粘蝇纸，这些彗星从木星身边经过时，木星会干扰其轨道，捕获并将它们困在特洛伊区域。必定存在某种力量使得这些彗星减速，否则它们就不可能被困在木星附近了。研究轨道的科学家始终没能想到会让大型彗星减速的机制，但吉恩有个想法：也许这些彗星与特洛伊区域中的小块碎片发生了撞击。彗星撞上特洛伊区域中的小块碎片，减速停下，最终耗尽物质，失去彗尾。

他说："我的直觉是，这是休梅克个人的宇宙观，特洛伊小行星都是被捕获的休眠彗星。"特洛伊群中可能有近二十五万颗黑色行星，但按照吉恩的看法，它们代表的"仅仅是太阳系形成期间流经那个区域的物质总量的一小部分"。木星将其中的一些物质抛入了越地轨道。

你用裸眼就能看见，月球上发生过一些非常猛烈的事件，被称为"月海"的黑暗平原因此形成。用裸眼望去，它们就像瘀斑。伽利略曾经认为它们是海洋，但它们是吉恩称之为月球晚期重轰击的过程中留下的伤疤，这些巨大的撞击结构有着风暴洋、死湖、梦湖、静海和澄海之类的名字。假如吉恩有资格成为宇航员，他或许会踏上那里的土地。他认为月面平原有可能是天王星和海王星的流浪碎块撞击月球的产物。有那么多物质穿行于太空中，地球肯定也遭遇过晚期重轰击。

他思考过一个问题，"你该怎么为研究地球海洋而筹集资金呢？"地球上水的来源的标准理论认为水来自火山，是火山将水蒸气排入了大气。他说："把标准理论翻译成大白话就是水是地球自己流出来的。我们称之为初生水。"他认为想要寻找初生水，最适合的地点是天空。他说："你不妨想象一下，一颗大型彗星以每秒20公里的速度撞击地球。抛射物与岩石表面相撞，瞬间气化。彗星的大部分组成物质以雨的形式落下，你会看见水、二氧化碳和氨的雨。水聚集在最低的盆地上。形成海洋需要两百颗最大的特洛伊小行星——直径200公里的那种大家伙，就像赫克托耳或阿伽门农。但还有比赫克托耳更大的家伙呢。例如冥王星。没错！冥王星很可能也是一颗巨大的休眠彗星！要是你能把冥王星从现有轨道上撬出来，弄到太阳附近，你就会得到一颗彗星，因为它上面的冰会开始蒸发，形成壮观的彗尾。一两颗像冥王星那么大的超级彗星，加上五十颗左右特洛伊小行星那么大的彗星，外加一堆小不点儿的碎块——你就会得到海洋。不过这理论有个问题。我计算地球晚期重轰击的预期陨击率时，得到的水太他妈多了！"

彗星可能含有碳氢化合物，还可能含有微量氨基酸，也就是组成蛋白质的构件。吉恩不认为氨基酸有可能逃过大规模撞击产生的高温。但小规模撞击就是另一码事了。他说："小的彗星碎片有可能在上层大气中减速，完整地抵达地球表面，而在晚期重轰击期间，这样的碎片为数众多。"地球的原始海洋有可能含有大量水溶性有机物，它们来自热气腾腾的彗星碎片。人体的 70% 是水，剩下的很大一部分是碳基的有机分子。在吉恩·休梅克看来，人体未必不可能主要由昔日的彗星物质构成。

在休梅克的宇宙观中，特洛伊小行星是休眠的小彗星，表面覆盖着一层碳化合物尘埃或焦油。吉恩认为，那里有可能是个由近二十五万颗远古彗星构成的小行星带。他说："巨大的特洛伊群的存在很可能是个间接证据，证明了太阳系历史早期曾有过彗星的大量流动。我认为这些特洛伊小行星是给地球带去海洋的同一批彗星的标本。重点在于，木星附近还有一整个小行星带等待我们去探索。"

新泽西的普林斯顿大学，唐·施耐德在高等研究院的办公室隔着草地俯瞰密林，秋霜刚刚给树木染上一抹白色。唐坐在办公桌前，桌上有两台电脑、两个键盘和一个显示器。墙上挂着哈特韦尔农场的照片。在天空中挖掘类星体的时间到了。他的毕生工作（他这么声称）由两百盘电脑磁带和名叫卡珊德拉的程序构成。磁带里是用电子方式记录的宇宙天体图像：激变恒星、类星体、引力透镜和彼此啃噬的吞食星系，还有马尔滕搜寻红移截断时拍摄的犹如织锦般的天空。卡珊德拉是个图像处理程序，能够识别模式。

他说："卡珊德拉一直在搜寻一群面孔。它在寻找与众不同的面孔。"他按下一个按键，天空的图像出现在屏幕上，显示出星系和恒星，烛火般的图案伴随着它们，那是一条条的光谱。屏幕上显示的是一夜中天扫描里的一个瞬间——这一小块天空刚好位于特洛伊小行星群之中。屏幕上涂满了光谱——这些被分开的光属于近百个恒星和星系，很可能还有一两颗特洛伊小行星。（卡珊德拉无法辨认特洛伊天体。）唐转向一堆打印纸，研究纸上绘出的锯齿线，这条线描述了屏幕上某个天体的分色的波峰与波谷。他研究纸上的图表，然后盯着屏幕上的一团烛火。他说："哦，这个看上去很有希望。"

卡珊德拉认为它有可能是一颗类星体。

他凑近屏幕，仔细端详那个天体。他说："不，那是一颗 M 级恒星。红色恒星。卡珊德拉认为它是类星体。"他在纸上打了个叉。他按下按键，屏幕上换了一张天空的图像。

一块织锦般的天空中包含了大约十二万个恒星和星系，卡珊德拉从中选出了两千个左右的类星体候选者——这些天体显示出酷似类星体光线的明亮色带。卡珊德拉经常会找出一些并不是类星体的天体：富含金属的恒星，拥有发光核心的星系，还有数据中的瑕疵。唐不得不用肉眼核查卡珊德拉输入的结果，剔除假警报。然后，他计划与施密特和冈恩返回海尔望远镜，对剩下的候选者做详细的光谱测量。他们希望能证明这些候选者中有少数几个是真正的类星体。要是运气好，这些类星体中会有一两个是极其遥远、高度红移的怪物。

他让两台 VAX 电脑同时昼夜不停地运行了好几个星期，以兆字节为单位处理星系的图像。他说："我在这儿只是个小玩家——不是存心说双关笑话①。"他不希望任何一个类星体从他的网中溜走。马尔滕·施密特想要的是一个完美的类星体过滤器。他说："马尔滕·施密特投下的影子既细又长。"要是卡珊德拉漏掉了任何一个类星体，对宇宙边缘的搜寻也许就会终结于新泽西——"而我就只能前往国境之南了。"他说。

他介绍我认识卡珊德拉。她有简单的对话能力。他在另一台电脑终端前坐下，敲了一会儿键盘。

卡珊德拉在屏幕上输出：先生，请问贵姓？

"施耐德。"

你好，主人！希望我的表现让您满意。

唐说："她叫我主人，管其他人叫孩子。告诉她你姓什么。"

我输入：普雷斯顿。

欢迎！有人提醒过我注意姓普雷斯顿的。

他说已经有人通知过卡珊德拉我要来。"但假如程序不知道你姓什么，她就会死机。她会说：'你不能这么和一位女士说话。'"

卡珊德拉能完成各种任务。她可以做"自动目标定位"——在一

_____

① 小（bit）也有字节的意思。——译者

组恒星中计算每一颗恒星的位置。她可以把自己变成猎人/搜索者，寻找星系的确切中心。她可以把类星体光线的分色绘制成股票图似的锯齿线。她还可以人工构造恒星和星系供测试使用。

唐说："咱们来扮演上帝吧。"随即向卡珊德拉输入几条指令。

她说：构造天空中。

旁边的显示屏上出现了洒满星辰的夜空图像。这是电脑创造的虚拟天空。

她说：我在建构恒星。

屏幕上出现了一颗亮星。

我在建构星系。

什么都没发生。

唐嘟囔道："这是怎么了？"

一个星系出现在屏幕上。

"啊哈！有了。"他说。他飞快地敲键盘，命令卡珊德拉构造一个球状星团。

构造天空中。

什么都没发生。

我们等待。

还是什么都没发生。

他说："糟糕。它在构造十万颗恒星。这会耗费好几天。"他命令卡珊德拉别那么野心勃勃。

过了一会儿，屏幕上出现了一团霰弹般的星辰，那是个球状星团，卡珊德拉说：我创造了两百个天体。

卡珊德拉由大约五万行代码组成。他说："我不知道确切数字，因为每天都在改变。"他选择卡珊德拉这个名字是有原因的。他告诉我，卡珊德拉是特洛伊国王的女儿。太阳神阿波罗爱上了她，赐予她预言的能力。但卡珊德拉拒绝了阿波罗的求爱，于是阿波罗诅咒她，说她的预言会成真，但不会有人相信她。特洛伊战争期间，希腊人把木马留在特洛伊的城门口，卡珊德拉提醒同伴当心中计。他们却没有理会卡珊德拉。他说："我的程序算得很准，但没人相信它。"

像卡珊德拉这样的大型程序在开发过程中常常会被转手。开始写这个程序的人名叫罗伯特·德夫里尔，他把接力棒交给了唐·施耐德和唐在加州理工的同学彼得·J.扬——大家叫他P.J.。唐和P.J.都在1976年进入加州理工，攻读天文学的研究生。那年的天文学班级就是他们两个人——一个两个人的班级。P.J.扬是个瘦削的英国人，说话像开机关枪，幽默感非常足。人们认为他是加州理工多年来培育出的最优秀的天文学家。唐和P.J.合作开发卡珊德拉程序。但彼得·J.扬患有重度抑郁症，他掩饰得很好，没人知道他的病情。毕业后不久的一天，P.J.扬把自己关在加州理工的办公室里自杀了。他曾经是唐最好的朋友。他的自杀给唐留下了一个孤儿，也就是卡珊德拉，唐继续抚养和开发她。现在全世界理解卡珊德拉的人只有他一个。

卡珊德拉很快就会开始在哈勃空间望远镜拍摄的照片中狩猎/搜寻目标。她已经获得了成功，但P.J.扬的去世伤透了卡珊德拉的心。痛苦永远不会消散，但卡珊德拉隐藏得相当好，尽管每次主人关闭程序时她都会问："你真的想离开我吗？"假如主人说是的，她就会说："主人，祝你健康长寿，繁荣昌盛。"

不过，他不认为电脑会发展出类似人类意识的自我意识。他说："我认为，心灵的自我觉知能力相当于我们所谓的灵魂。等人类有朝一日造出了有自我意识的机器，我才会开始担心。另外，我们人类是这么渺小。有时候想到我们竟然有可能理解宇宙的结构，我就会感到惊讶。"

有些人相信宇宙是在六千年前创造出来的，说上帝把宇宙造得像是有几百亿年历史，他说他会尽量避免和这种人争论。他说："每个人都必须以某种方式处理神的问题，甚至可以说神并不存在。我没有资格说上帝是谁，但我认为上帝不会欺骗我们。我们确实有可能是五分钟前才连同记忆一起被创造出来的。宇宙同样有可能是六千年前带着表面上的历史一起被创造出来的。你不可能证伪这样的论断。但那需要一个会欺骗我们的上帝。我可不希望按照其形象创造我们的上帝会欺骗我们。"整个天空就摆在天文学家面前，它是一本打开的书，一页一页地向我们展示历史。你去研究类星体所属的年代，就会读到这个故事的开头。你看到以光为文字书写的漫长时间的编年史。也许上帝制造的天空是个幻影，就像电影院里的投影画面，但唐更愿意相信上帝创造四维的天空既展现时间也展现空间，他让天空中充满作用力，在一亿个世纪中等待太阳和地球的诞生，等待有眼睛的人类出现，让他们回望过去，发现永恒。

按照吉姆·冈恩的表述："一个星系刚诞生的早期，肯定有大量气体悬浮在星系中。"宇宙最初的十亿年中，物质充满了宇宙。氢云充满了空间，与最早的几代恒星混合形成星系。冈恩说："这样的气体有冷却的趋势。随着冷却，它沉入星系中心。气体一旦冷却下来，就不可能离开星系了。气体必定会在星系中心凝聚一个巨大的物体。气体在运动。它会以某种随机方式运动。它坍塌的时候，会嗖地一下压缩成一个自旋的圆盘。这个圆盘自然会试图形成一颗恒星。但它无法成功，因为它的质量太大。因此它会变成一个黑洞。这是它唯一的命运。"

拉普拉斯侯爵皮埃尔·西蒙首先在 1796 年提出了这么一种物体的存在。拉普拉斯想象，假如一个物体的质量足够大，它的引力场会完全包围这个物体，连光线都无法离开它的表面。物体会笼罩在黑暗中。他称之为 corps obscur，也就是暗体。现代天文学家称之为黑洞。

类星体的发动机似乎是个围绕黑洞旋转的失控吸积盘。这个发动机有可能并不比我们的太阳系更大，比起星系的大小来说，这是个微不足道的尺寸。但是，一个普通类星体却比一个星系明亮 100 倍。一个普通类星体发出的光相当于一万亿颗太阳。有些类星体甚至还要更明亮许多。仙王座有一颗超级明亮的类星体，它的光比一个星系明亮 6 000 倍。这个类星体非常接近回溯时间的起点，但连 10 英寸口径的业余望远镜都能拍摄到它，因为它绽放出一千万亿颗太阳的光芒。像一千万亿这样的数字是我们难以理解的，就让我这么解释一下吧：一千万亿粒沙子能装满一个 5 英里长的土方车车队。

有理由相信类星体是极其巨大的物体。阿尔伯特·爱因斯坦简单的质能方程 $E=mc^2$ 告诉我们质量和能量是可以互相转换的：能量能变成质量，质量也能变成能量。核弹就是一个原始的质能转换装置。外号"胖子"的炸弹在长崎上空爆炸时，将两粒花生重量的钚转换为动能和光。一个天体能发出相当于一万亿颗太阳的光，它必定通过某种方式连接着一个巨大的质量，而且必定在将大量物质转换为能量。

科学家之所以认为类星体是个超大质量的物体，比恒星重得多，还有另外一个原因。光子撞击物质时会产生微弱的压力，也就是所谓的光压。一个人站在直射的太阳光下，承受的光压大约为 0.3 毫克，差不多就是一只蚂蚁的胸节的重量。类星体的爆炸性光压却足以撕碎任何一颗恒星。类星体的物质必定受到了巨大的引力的束缚，否则它就会因为倾泻而出的光子膨胀和破裂。根据天文学家的计算，至少一亿颗太阳的引力才有可能抵消一个类星体的光流压力，否则类星体就会膨胀成一团气体云，消散得无影无踪。类星体是一颗正在爆炸的光子炸弹，但拒绝把自己炸得灰飞烟灭。

将等于一亿颗太阳的物质集中在一个太阳系那么大的区域内，如此巨大的质量会在时空结构中打出一个窟窿。它会形成一个黑洞并掉进这个窟窿。没有光线能从黑洞中逃出来。任何物体若是不小心掉进黑洞，无论是一只鞋还是一颗恒星，都会在坠落时被加速到光速。它会在黑洞表面消失。从 1963 年 2 月 5 日（马尔滕·施密特首先在类星体中观测到了巨大的能量）到今天，天文学界逐渐形成的普遍观点是类星体中包含一个黑洞——倒不是说有哪一位天文学家真的见过黑洞，无论是在类星体内部还是在其他什么地方，但似乎只有黑洞才有可能解释类星体的灿烂光芒。

　　在一个年轻星系的中心，物质云被压扁，形成气体、尘埃和（有可能存在的）星子构成的漩涡，也就是一个吸积盘。在吸积盘的转轴部位，一颗巨大的原恒星发生了核聚变点火。原恒星吞噬落向轴心的气体，直到变得过于沉重，甚至无法支撑自己。恒星的两极突然坍塌，这颗恒星变成了一个旋转的甜甜圈。甜甜圈中央的洞眼掉出了这个宇宙——它内爆了，在时空中坍缩，获得了巨大的熵，红移值达到无穷大。它变成了一个黑色的点，一个黑洞。这颗旋转的甜甜圈/恒星将内侧边缘喂给自己的黑洞。甜甜圈以自己为食。环绕它的吸积盘——气体、尘埃、星子，等等等等——被拉向中央，旋转着落入黑洞。吸积盘旋转得越来越快，由于摩擦而升温。越来越多的气体进入吸积盘，流向它中心的黑洞。这个恒星系掉进了时空中的一个老鼠洞，又把更多的物质像大瀑布似的吸了进去。

　　吸积盘转速极快，盘中的物质甚至都难以进入黑洞。吸积盘因为湍流和摩擦而发光。物质从吸积盘的内侧边缘流向黑洞，对黑洞施加了一定的扭矩。黑洞转得越来越快，直到达到名为"极端克尔解"的极大速度——接近光速。黑洞扭曲了周围的时空，扯出吸积盘的内侧边缘。磁场撕扯整个吸积盘。于是吸积盘膨胀，以无法言喻的色彩发光——理论物理学家编造出"上散射软光子"或"同步加速辐射"之类的词语，但没人真的知道燃烧的吸积盘究竟是什么颜色。冈恩说："吸积盘缓慢地流入黑洞，是它内部的摩擦产生了焰火效果。"氢弹能把核心物质的千分之七质量转换为辐射能。燃烧的吸积盘能把它多达三分之一的质量转换为向外发射的光，而其余的质量则被吸入中央的黑洞。

黑洞是极其巨大的质量被挤入极其微小的空间中的产物。举例来说，假如地球发生了引力坍缩，就会形成一个高尔夫球大小的黑洞。把番茄那么大的一个黑洞放在绕地运行的低轨道上，它的引力会拖动海洋淹没陆地，会导致大陆地壳破裂，引发火山爆发。地球会和这个"番茄"形成一个双星系统。"番茄"会把地球拉成水滴形状。假如黑洞和地球接触，黑洞会进入地球内部的运转轨道。它会以螺线落向地心，一路吞噬物质。地球会熔融、气化、释放 X 射线、旋转着落入黑洞。"番茄"吃掉地球后，体积会略微增大，朝大男孩番茄①的方向发展。吞噬了一亿颗太阳的黑洞能充满火星轨道。最亮的类星体有可能含有一颗吞噬了几十亿颗太阳的黑洞，它能够充满冥王星的轨道。

黑洞周围的吸积盘会熊熊燃烧，但吸积盘有可能延伸得很远，甚至达到 1 光年，逐渐变得黯淡。吸积盘的外侧边缘有可能会难分彼此地融入星系盘之中，新诞生的恒星在其中闪闪发亮，这些恒星在吸积盘中凝聚而生，盘旋着落向黑洞。冈恩说："你把这么一个怪物泡在气体里，就像在星系中心那样，它会开始发光。随着它变得越来越大，会变得越来越亮。还会变得越来越贪婪。不过，有个普遍的误解是黑洞必须吃掉星系中的所有物质。实际上，旋涡星系中的大多数物

---

① Big Boy，番茄的一个品种，比常见的番茄略大。——译者

质都不可能靠近星系的中心黑洞，因为它们在围绕星系中心的轨道上运转，就像我们这样。黑洞的生长存在自然限制。用不了多久，黑洞就会吃光食物。它会饿死。类星体的诞生象征着怪物的成长以及达到饱和状态。怪物被切断食物来源后，类星体的衰变就记录了怪物被饿死的过程。"这些被饿死的天体依然存在于一些星系的中心部位。它们不再进食，顶多也只能偶尔得到食物。银河系的核心有可能存在一个中等大小的黑洞，它吞噬了一百万颗太阳的物质（这些物质远不够让银河系变成类星体）。

关于类星体，天文学家能下定论的只有一点：他们很确定他们并不了解类星体。和许多同行一样，天体物理学家玻丹·帕琴斯基也把一部分职业生涯用在思考类星体之谜上，他曾经说过："我们对这些吸积盘的了解相当于发现核聚变前天文学家对恒星的了解。"吉姆·冈恩则是这么说的："我们其实并不知道类星体究竟和黑洞有没有关系。"天文学家通过望远镜只能看见一个吸积盘：环绕土星的环。

但理论物理学家依然热衷于想象是什么样的天体造就了类星体的颜色。假如一个巨大的吸积盘（一个明亮的类星体的核心）位于我们的天空中，距离与邻近恒星半人马座 α 星相仿，那么吸积盘炽热的核心部分就会和 100 码外见到的 1 分钱差不多大小。但这 1 分钱发出的光会比太阳强烈 200 倍。假如你走到室外，企图去观测它，那么你的头发和衣服会立刻着火，皮肤会被烤焦。你吸收的伽马射线和 X 射线会达到致命剂量。假如这颗类星体和某些类星体一样，也释放出大量微波，那么你受到的辐射会让你从内部沸腾。整个体验与核爆时你站在火球附近不无类似之处。假如你能找到办法近距离观测类星体（比方说透过涂黑的玻璃），你依然未必能看见吸积盘。吸积盘有可能被一个发光球体包围，而后者占据了天空中很大的一部分，它是气态氢构成的冕，直径可能达到 1 光年。吸积盘的光压会支撑类星体冕，让它保持微妙的平衡，不至于坍塌，被吸入类星体中心的黑洞。快速移动的气态氢触须有可能在类星体冕中穿梭，释放莱曼 α 发射线。

类星体周围的空间会充满恒星，因为星系中心是恒星的源泉。这些恒星会围绕类星体运行，感受到黑洞的引力。恒星会穿过类星体的冕和冕内的吸积盘。大多数恒星会完好无损地离开，只有红巨星除外。假如红巨星穿过吸积盘的炽热区域，就会被剃个光头，变成白矮星出来。我们知道类星体会发射强烈的光脉冲，这意味着有一团气体云与吸积盘撞击并被拖了进去，结果会导致吸积盘的亮度陡增数百倍，类星体冕有可能也会随之膨胀和炸毛。最明亮的那些类星体，也就是所谓的特亮类星体，很可能有稳定的气体食物来源，每年吞噬的气体质量相当于一百颗太阳大小的恒星。假如地球被气化和注入一颗特亮类星体，它的所有物质只能为类星体提供一秒钟的动力。

你也许会看见类星体向外喷出一对方向相反的射流，展示着粒子束可怖的对称性。它们是电子和其他亚原子粒子的喷泉，科学家认为它们会从一些旋转黑洞的两级向外喷出。它们有可能形成直径以百万光年计的气体云，大得足以吞噬我们所在的本星系群。马尔滕·施密特在他发现的第一颗类星体（也就是3C 273）上见到的喷流正是有三个星系那么长的一道粒子束。

马尔滕·施密特家里的织锦使唐·施耐德产生了奇异的感觉。它们是马尔滕的妻子科莉编织的。她给其中一幅织锦起名为"3C 273"。这是个盘旋的碟状物，直径5英尺，点缀着一团团物质，科莉在它的正中央镶嵌了一块玻璃底片，那是海尔望远镜拍摄的类星体及其喷流。此刻，唐坐在施密特家的客厅里，对马尔滕说他在一片天空中挖掘出了七十三个很不错的类星体候选者。马尔滕和唐讨论各种可能性。马尔滕希望能发现这些候选者中有一些是接近已知宇宙边缘的类星体。他承认："统计学有可能会欺骗你，就像人们在拉斯维加斯的输赢。这会儿我在乞求好运。我不敢乞求太多的好运，担心天气或统计学会来坑害我们。"唐、科莉和马尔滕在后院烤肉串，看着太阳落山。项目负责人有点紧张，因为为了知道能从这一条条的天空中收获什么样的类星体，他已经等待了一年半。

第二天下午，马尔滕和唐开着马尔滕的棕色福特前往帕洛玛山的山顶。他们在"四管猎枪"的修理厂里找到了吉姆，"四管猎枪"的零件包围着他。他们在海尔望远镜里安装了一台敏感的 CCD 仪器，这台仪器由 J. 贝弗利·奥克建造，名叫双路摄谱仪。

吉姆放下鼓捣"四管猎枪"的活计，看了一会儿唐带来的一摞打印纸，纸上是许多锯齿线：候选者的原始光谱分布图，几乎看不清楚。吉姆剔除了少量异常光谱。他认为这些天体有可能是高度红移的类星体。马尔滕和唐都表示有所怀疑。暮色降临，他们把第一个候选者的坐标输入望远镜。

一个物体出现在数据室的监视器屏幕上，它看上去像是恒星。他们测量它的光谱。确实是恒星。一颗哑弹。

他们将望远镜快转到下一个坐标。他们看见了一个核心炽热的无名星系。他们把摄谱仪的狭缝对准星系核上，分解它释放的光线，想看看这究竟是个什么东西。他们等待电脑消化光谱数据，一条锯齿线很快出现在屏幕上，这条线描述了这个星系的光的各种颜色的强度。他们研究这条线，读出光的文字：这是一个赛弗特星系，也就是核心处有个超小类星体在燃烧的旋涡星系。这个超小类星体也许正在用辐射把死亡带给星系中心附近的几百万个恒星系。没什么了不起的。

晚上 8 点，他们把摄谱仪的狭缝对准吉姆怀疑是深空类星体的第一个目标，这个光点像是水瓶座中的一颗恒星。他们打开相机，集光十五分钟。光谱出现在屏幕上，显示这个天体的分光结果。他们看见了发光的氢和碳。这东西显然是个类星体。

这颗类星体是个怪物。它呈现出莱曼 α 发射线。通常来说，这条线应该位于紫外区，因此肉眼不可见，但它的这条线却红移成了绿色。这颗类星体被哈勃流（也就是宇宙的膨胀）裹挟，正在以接近光速的速度远离我们。这是一颗高度红移的类星体。

天文学家继续分解候选天体发出的光。他们找到了又一个赛弗特星系，找到了一个 N 型星系——这种星系拥有类似恒星的蓝色核心。他们抱怨观测条件，今天晚上帕洛玛上空的气流有波动。11 点，他们把海尔望远镜对准了吉姆的另一个嫌疑对象，鲸鱼座内一个类似恒星的天体。

吉姆研究唐带来的打印纸，说："我认为这东西的红移量是 3.8。"

他们打开快门，集光半小时。他们关上快门，调出光谱。一条上下波动的锯齿线出现在屏幕上，这条线有点像一片针叶林的剪影。

马尔滕·施密特一直没能克服他对电脑带来的剧变的震惊。他能读懂屏幕上的光的文字。这个类星体有一个高得惊人的莱曼 α 发射线峰，峰值代表的颜色通常位于紫外区，但这个峰被拉到了黄色的区域。因此存在红移。细微的吸收线切断了这个峰，它们像是光谱中的刀痕，揭示出类星体前方不可见的气态氢云的存在，气态氢云有可能在围绕类星体旋转。他在类星体中看到了电离的硅。他看到了氧，看到了氮。他见到了构成人体与地球的相同元素，但他在看的是早期宇宙。海尔望远镜的反射镜刚刚搜集的光子有可能比银河系更加古老。

马尔滕按了一会儿计算器，估计这颗类星体的红移量约为 3.8，也就是 380%。冈恩是正确的。天文学家以后会将这颗类星体命名为 PC 0131 + 0120。唐会说："我猜我们可以用马尔滕的一个女儿给它命名，可惜马尔滕只有三个女儿，而他发现的类星体太多了。"

第二个夜晚结束时，天文学家已经发现了五颗高度红移的类星体。唐说："放在几年前，只要发现其中一颗，我就会高兴得发疯。亲不敬熟生蔑真是没说错。"

隔天夜里，冈恩躲在修理厂里，用手电筒照亮，重新装配"四管猎枪"。胡安·卡拉斯科注意到锋面云正在接近。马尔滕在鹰架上待了很久，望着乌云聚集。他在地平线上看见了闪电，他因此感到担忧。闪电有可能会干扰传感器，使得仪器难以读取类星体的颜色。就在天气逐渐恶化的时候，他们又成功地发现了一颗遥远的类星体。黎明前几分钟，他们拍摄到了深空中的最后一个可疑对象，发现它是接近回溯时间起点的另一颗类星体。太阳升起，乌云包围了山峰。团队现在已经发现了九颗高度红移的类星体，它们全都位于光学可观测宇宙的极限地带。

冈恩结束了"四管猎枪"的工作，启程前往东海岸。当天下午，浓雾笼罩了帕洛玛山。尽管天气看上去越来越糟糕，但马尔滕和唐依然守在圆顶里。马尔滕趴在写字台上，展开两个胳膊肘，台灯的灯光照亮了他。他身穿那件亮红色的衬衫。收音机里响起巴赫，他跟着吹口哨，但他没有跟着贝多芬吹口哨。他在一张黄色绘图纸上画草图。

唐在椅子上伸展身体，想读手里的报纸，却一次又一次地打起瞌睡。（他说："那些老天文学家的精神头比我好多了。"）他爬上鹰架，想清醒一下，发现浓雾变成了阵雨。他回到数据室里，马尔滕说："唐，你过来，我给你看个东西。你看这儿。"马尔滕把那张纸放在台灯下，然后说："我刚才在拿咱们前期的数据匹配刚发现的那几颗类星体。"他摘下眼镜，拿起铅笔，眯起双眼，说："我可以把最后这几个点放进去，"然后描绘出了红移截断的形状。

"哇。"唐说。

马尔滕·施密特以宇宙寿命为横轴，绘制出类星体空间密度的散点图。他从零时刻开始画这条线。零时刻（也就是宇宙创生之时）不存在类星体。铅笔沿水平方向前进，这代表的是黑暗时间的过去，这段时间内显然也不存在类星体。宇宙保持相对黑暗的状态，同时在偷偷地向外扩展。然后，马尔滕用铅笔画的线开始向上移动。最初的一批类星体在深渊的表面爆发，每一颗都绽放出几万亿颗太阳的光芒（包括伽马射线、X射线、可见光、热量、微波、无线电波），这些灯塔闪烁着神秘怪异的色彩。它们是原始类星体：难以捉摸的早期种群，马尔滕曾经以为他未必能找到这个化石带。类星体刚开始分布得很稀疏，但紧接着，在很短的一段时间内，马尔滕的铅笔线爬升到页面顶端：类星体种群爆发性增长，宇宙变得无比明亮。大爆炸后大约二十亿年，宇宙中充满了灿烂的类星体。马尔滕的线在最高水平上延伸了一段，然后开始下滑。类星体的数量从峰值跌落得相当慢。十亿年过去了，马尔滕的线下降得越来越快。类星体的种群崩溃了。线开始变平，类星体种群变得稀疏。五十亿年过去了，然后一百亿年，等马尔滕的铅笔画到当前时刻，类星体已经不复存在。

唐看着最初的光的编年史，感觉到脖颈上的寒毛竖了起来。他没想到马尔滕会尝试使用这种表达方式，尽管他在脑海深处的某个地方，早就知道这九颗类星体有可能暗示着红移截断的形状。他的脑子里出现了这么一个念头：这是我们能见到的最初的宇宙。

马尔滕把绘图纸放进手提箱。他觉得有点不好意思。他觉得他画的这张图也许过于牵强，曲线有可能是错误的。但他还是忍不住把草图拿给唐看了。马尔滕后来承认："我是在向他吹嘘。找不到高度红移的类星体也说明不了任何问题。但你一旦找到了几颗，就会忍不住做出假设。"

他们走路下山去修道院吃晚饭。等他们回到圆顶，马尔滕提议打一局台球。台球室位于较低的一个楼层。以前每逢雨夜，帕洛玛天文学家里的有钱人就会聚集在那儿赌几个小钱。马尔滕和唐打牛仔台球，把这种游戏带到帕洛玛山的是米尔顿·赫马森，老一辈天文学家在那儿也只打这种台球。牛仔台球的规则是只摆三颗球，打到最后按英式撞球的方式计分。马尔滕把他和科莉的旅行计划告诉唐。他们没有讨论类星体。在帕洛玛山，打牛仔台球的时候讨论科学被认为是无礼之举。

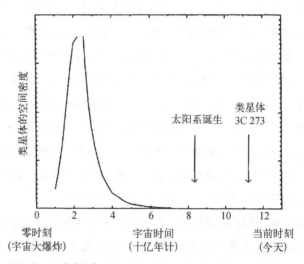

马尔滕·施密特想象的类星体兴衰史。曲线显示的是随着宇宙的演化，类星体的诞生和燃烧的数量在时间中的分布。你可以看见类星体在宇宙仅有几亿年历史的时候开始燃烧。二十亿年后，宇宙中充满了类星体，然后类星体迅速消失。如图所示，现在它们早已死去。图中画出了类星体 3C 273。它在时空中实际上离我们相当近，但 1963 年马尔滕·施密特首先确定它的距离时，它似乎离我们非常遥远。（示意图由马尔滕·施密特提供，摘自他 1993 年在《加拿大皇家天文学会期刊》上发表的一篇文章。）

就唐而言，他感觉到（或者认为）施密特、施耐德和冈恩未能发现遥远的类星体已经引起了天文学界的关注。他能想象人们在说："这几个家伙终于一起行动起来了。"唐后来说："找到那些类星体当然证明了这几年的挫折的价值。不，我不该说那是挫折。大自然就是这个样子。"他打球时力道很足，但准头一般。

马尔滕认为："我们的工作终于开始有了回报。我们现在对红移截断有了一个简单的认识。我们估计我们能在几年内绘制出确切的曲线。我们要探索的就是我为唐画的那张小图中的假设。"九颗类星体加起来构成了一条线索。更多的类星体也许能讲述完整的故事。他说："我很有兴趣知道类星体的点火究竟发生得多么迅速。点火似乎不如我们原先想象的那么突然。但必须有大量和可靠的统计样本，我们才能得出结论。"他猜测类星体有可能代表着星系核的诞生。假如确实如此，那么类星体这些灯塔象征的就是星系的某种诞生潮。他说："类星体有可能发生在许多星系中，但我们对此并不了解。这取决于一个类星体的服役期限——也就是单个类星体的持续存在时间。我们并不知道一个类星体能持续存在在多久。"

他的草图体现了一片森林的成长和衰退。森林的寿命比单独一棵树要长久得多。树木会生长和死去，森林会扩张或缩小。假如星系的核心会变成类星体，那么爆发会持续多久呢？星系核会像灯泡一样熄灭吗？还是说类星体会稳定燃烧十亿年？马尔滕继续道："假如单个类星体的生命周期很短暂，那么几乎每个星系都有可能拥有自己的类星体。假如类星体持续存在的时间很长，那就不是每个星系都能拥有自己的类星体。"未解之谜还不止这些。类星体有没有可能一直隐藏在早期宇宙的尘埃壁之后？类星体诞生时会不会被包裹在一个尘埃茧壳里？类星体会是从茧里孵出来的吗？还是说早期宇宙中没有尘埃，类星体是直接迅速点亮的？海尔望远镜似乎已经被推到它的能力极限，至少单纯从距离上说是这样。哈勃空间望远镜是否能探测到位于可见红移截断之外的任何结构，现在还没人能说得清。

现在，既然已经画出了红移的截断点，他不禁开始思考，绘制大洋彼岸的地形图是否和他二十年前发现这片大洋一样重要。

他的情绪让他想到了罗伯特·路易斯·斯蒂文森的话："比起抵达目的地，怀着希望旅行更加美好。"游戏到最后变成英式撞球时，他发现他比唐·施耐德领先很多。他想打几杆坏球，让唐赶上来，可惜不小心赢了这一局。尽管未必愿意，但马尔滕打起撞球来准头很好。

这个特性符合唐·施耐德想象中的马尔滕·施密特：一位欧洲绅士，唐十一岁那年在祖母家看《读者文摘》时，在杂志里见到了他。回想时光的作用时，他似乎生活在一本书的快乐结局里：他在和马尔滕·施密特打牛仔台球，他们成为全世界首先看到类星体兴盛的两个人。这似乎和生命本身一样令人难以置信。

对于马尔滕·施密特来说，实验中最美好的时刻事实上发生在很久以前，当时他第一次向吉姆·冈恩建议，他们也许可以用 CCD 相机扫描宇宙，撒网捕捉类星体。他回忆道："那很可能是这项工作中最令人愉快的时刻。"他从不认为自己是他所谓的"技术达人"，但他向詹姆斯·E. 冈恩传授了一个小窍门。这给他带来的满足感甚至超过了见到红移。

佛兰芒织工在织物的背面落针。他们必须停止编织，走到织锦前方，然后才能见到作品的真容。唐很想知道未来的人们会如何判断类星体的诞生。他说："一百年以后，说不定有人会说：'那些家伙全都搞错了。'大自然总是在地毯底下做它的事情，你看不见它究竟在干什么。每一代人都以为他们发现了最后一块地毯。他们掀起这块地毯，却发现底下还有另一块。"

马尔滕·施密特渴求发现类星体，扫描工作继续进行。一天夜里，他在"大眼睛"的数据室里走来走去，一个人哼着音乐。他调整显示屏的对比度。他说："这岂不是个漂亮的旋涡星系？"他抚摸滚过屏幕的星系。"走你的吧。"他说,用手指捻了一下那个星系。

"嗷!"詹姆斯·E.冈恩叫道,在椅子上动来动去。

"詹姆斯,怎么了?"

冈恩看了一眼表。"4点半了!别管我,马尔滕。咱敲回车键的本事不比任何人差,"冈恩起身对我说,"你说过你想看看反射镜。"

"怎么了?"唐·施耐德想知道。

冈恩穿上他的羽绒服,说:"我打算带理查德·普雷斯顿去望远镜顶上,让他看看脚下的反射镜。"

唐怀疑地笑了笑。"冈恩,你想干什么,取理查德脑袋的光谱?"

我跟着冈恩穿行于圆顶内部。他领我爬上铝合金跳水板,也就是带人们前往望远镜顶上的升降机。两个人的体重压得升降机微微晃动。他关掉手电筒,按下一个按钮。升降机发出隆隆的声音,沿着海尔圆顶的内侧升起,轭和马蹄形轴承消失在脚下的黑暗中。升降机停下了。我们悬在圆顶的顶部,身旁是望远镜的镜口,群星在头顶上触手可及。

我摸索着掏出笔记本和铅笔。冈恩提醒我,向镜筒里看的时候千万别弄掉铅笔:铅笔在望远镜里掉落五层楼的高度,很有可能会损坏反射镜。

我走到升降机的尽头,俯身探过栏杆,望向海尔望远镜的镜筒内部。这时我明白了冈恩为什么要提醒我别弄掉铅笔。一片星空就挂在我面前几英尺之外的地方,悬浮于海尔望远镜的镜口中。这是个光学幻觉。群星像是被抛到了望远镜的顶部,就那么悬停在半空中。我挥动胳膊,一只手穿过星辰的帷幕。这个幻觉堪称完美,你仿佛只需要伸出手,就能从镜口抓住一把星辰。脚下很远的地方,反射镜看上去是一片平坦的黑色虚空。

冈恩说:"很美,对吧?反射镜把天空的图像投射到你的眼睛里。在眼睛看来,这就是星空的真实影像。你的眼睛就像照相机。当然了，眼睛的构造本来就和照相机一样，但现在它成了海尔望远镜上的照相机。"

海尔望远镜放大了星辰，增强了它们的颜色，那都是克里斯里凡亭雕像①的颜色——白色、蓝白色和淡金色。这一刻，我感觉到我对所有天文学家的仰慕，还有我对这台仪器建造者的仰慕，这是一台有能力捕获创世之光并重新成像的仪器。

冈恩说："哈，多么理想的一个夜晚。大角星完全一动不动。"他向后一靠，用双肘撑着升降机的栏杆，仰望夜空。他的眼镜在星光中微微闪亮。他说："天文学其实并不特别重要。"他沉默片刻，欣赏大角星。然后他说："但它是我们这个物种做的比较重要的事情之一。"他不认为这两句话自相矛盾。他说："作为天文学家，你很容易产生一切都是徒劳的感觉。非常抱歉，你我活不了太久。连这个物种都不会存在太久。"他轻轻喟叹。"一个人还小的时候，他不会有任何目标感。等你稍微长大一点，会开始有目标感。年轻的科学家，或者说一概而论的年轻人，都特别认真。他们认为他们知道自己要去哪儿。等我们认为其实一切都没那么认真的时候，我们就变成了成年人。"他停顿片刻。"但惊异感永远不会消失。我猜这就是我喜欢这上面的原因。这儿离群星更近 70 英尺。"

我问："你梦到过这台望远镜吗？"

"哦，当然梦到过了，"他听上去有点不好意思，"我经常会梦到它。"他说他会反复做有关海尔望远镜的同一个梦。"梦里我永远在主焦笼里，我不知道你会说那是美梦还是噩梦。"他坐在主焦笼里的拖拉机座椅上，通过照相机的目镜俯视反射镜。"我看见一组红色的十字准线，准线在瞄准一颗引导星。"他说他似乎还能听见人们齐唱 et

---

① 古希腊用象牙和黄金制作的崇拜偶像。——译者

lux aeternaluceateis——愿永恒光辉照耀他们。听着大合唱，他按操纵器上的按钮，想让准线对准引导星，想在反射镜中看清楚某个难以辨别的模糊物体，反正就是宇宙里的某个天体。但他无论如何都看不清那个东西，不知道它究竟是什么。他说："我不知道这到底象征着什么。"他转过身去，说："天快亮了。"天文学定义的黎明正在爬上帕洛玛山东方的山脊。他说："咱们该下去了。"

升降机启动，开始下降。它停下了，吉姆·冈恩踏上望远镜所在的楼层，怀着敬意在海尔望远镜底下走动，用手掌捂着手电筒，因为"四管猎枪"还在采集数据，直到天文学定义的破晓时分才会停下。

破晓时分到了，马尔滕·施密特接管舰桥。他站在夜班助理背后，说："非常遗憾，胡安，你随时可以停止中天扫描了。"

"启动油泵。"胡安说。高亢的呜呜声渐渐响起。望远镜在飞马牌望远镜润滑油上浮了起来。

唐·施耐德站在显示屏前看着。他说："天空保持得很好。"意思是尽管黎明到来，他依然能看见星系。片刻过后，他说："开始看不见了。"反射镜捕捉到曙光，星系被强光冲走，从显示屏上消失。

"送它回天顶。"马尔滕说。

胡安拨动快转开关。

唐站在胡安背后。唐说："你看他的手，它们因为恐惧而颤抖。"

"稳定得像石头！"胡安驳斥道，他提高嗓门，盖过快转的隆隆声。胡安说："到了。"

"反射镜关上了？"马尔滕问。

"反射镜已关闭。"胡安说。

唐下楼去取当晚记录的最后一卷磁带。他很快回来，把磁带放进一个纸板箱。

"那就晚安了，胡安。"

"晚安。"

"明晚再见。"

天文学家匆匆离开数据室，沿着下山去修道院的小径走过帕洛玛山的最高处，一整个白天他们都会在修道院睡觉。现在是唐最喜欢的时刻：在清淡的晨光中穿行于雪松之间。

胡安也喜欢清晨。他享受整个文明世界把"大眼睛"托付给他的感觉。他不紧不慢地哄"大眼睛"睡觉。他关闭圆顶。他检查了一个空玻璃罐，不久前玻璃罐里还装满了奥利奥饼干。他在天文台日志上记录天气："雾——部分晴，然后全晴——西北风，微风。"他戴上安全帽，把笔记本放回腌辣椒箱子，抱着箱子走向他的储物柜。他在储物柜里找到一块抹布，他把抹布垫在脚下。他在海尔望远镜底下以之字形走了一圈，用脚尖踩着抹布，擦掉飞马牌望远镜润滑油的清澈油渍，轴承总是略微有点漏油，一个夜晚下来有几茶匙那么多。

他盼着回家和莉莉一起看早间新闻。他们会坐在厨房的餐桌前，她会问他情况如何。"Todo fue bien"——"一切都很好"。他的工作时间结束，而莉莉的才刚开始；她在山上教书。他会睡上一个上午，中午醒来，也许会去劈柴，然后下午继续睡觉。海尔望远镜从未在他的梦中出现过。

他把考勤卡留在门口：他记录了十一个小时的工作时间。他打开大门。天空已经变成澄透的蓝色。他出去后关上门，走进停车场。他在东方看见了一抹粉红色，看见山谷里有乳白色的雾气，看见几颗晚星在迅速消逝。他喜欢欣赏蓝色的清晨。这是一种极其美妙的感觉。透明的空气告诉他，不但是他，帕洛玛山其他的夜班助理和天文学家都在山上勤奋地工作了一整夜，勤奋地观测天空。他摸了摸安全帽的帽檐，扭头望向圆顶，它圆形的白色屋顶仿佛古老的神庙，一个念头绝不是第一次地跳进他的脑海，他是在向一座科学的神庙致敬。

附录一 主要人物

（按出场顺序）

胡安·卡拉斯科（Juan Carrasco）。帕洛玛天文台的高级夜班助理。负责为天文学家操作海尔望远镜。曾经是理发师。

詹姆斯·E."吉姆"·冈恩 [James E.（Jim）Gunn]。美国天文学家。唯一一位完全不认为自己是理论家的天文学家，他认为自己是一位天空中事物的观察者和仪器建造者。

唐纳德·"唐"·施耐德 [Donald（Don）Schneider]。美国天文学家。软件法师。出生于内布拉斯加的一个小麦农场。之所以会成为天文学家，只是因为他不擅长种地。

马尔滕·施密特（Maarten Schmidt）。荷兰天文学家，旅居美国。1963 年，他发现了类星体的真正性质，这是天文学历史上最重要的发现之一。

尤金·"吉恩"·休梅克 [Eugene（Gene）Shoemaker]。美国行星地质学家。他发现了地球上第一个已知的小行星撞击坑。专门研究有可能撞击地球的小行星和彗星。

卡罗琳·休梅克（Carolyn Shoemaker）。美国天文学家，尤金·休梅克的妻子。人类历史上发现彗星最多的人之一。

附录二　术语表

吸积盘（accretion disk）。一个由物质构成的圆盘，围绕一个大质量物体旋转，中心物体有可能是行星、恒星或黑洞。土星周围的土星环就是一个吸积盘。科学家认为，类星体的中心是个黑洞，在其周围形成了一个聚变燃烧的吸积盘，而这个吸积盘就是类星体的光源。

小行星（asteroid）。围绕太阳运转的小型石质或金属质天体。微型行星的一种。

巴耳末系氢发射谱线（Balmer series of hydrogen spectral lines）。气态氢在受热时发射的一组颜色边缘清晰的规则线条。1963年，马尔滕·施密特在类星体光谱中观测到了这些颜色，于是知道类星体是离地球极其遥远的活动剧烈、蕴含巨大能量的天体。

黑洞（black hole）。物质自我坍缩、在时空结构中打出的一个窟窿，连光线都无法从中逃脱。时间在黑洞中会失去意义或完全停止。

卡塞格林笼（Cassegrain cage）。悬挂于海尔望远镜底部的一个小房间，位于反射镜之上，内部安装有仪器。

卡塞格林焦点（Cassegrain focus）。反射式望远镜中的聚焦点，位于望远镜底部、主反射镜（即主镜）中心之下。

CCD。电荷耦合器件。一种电子感光芯片，用于替代照相机中的感光胶卷。对光极其敏感。

彗星（comet）。围绕太阳运转的冰质或石质小天体。靠近太阳时，彗星中的冰会蒸发，形成从彗核向外拖出的气态彗尾。彗星熄灭（失去彗尾）之后，会变得和小行星难以区别。

暗物质（dark matter），即缺失质量。宇宙的主要构成要素。没人知道它究竟是什么。

黑暗时间（dark time）。一个月中看不见月亮的那段时间。

数据室（data room）。望远镜旁的一个小房间，天文学家在那里工作。

光的分解（decomposition of light）。通过让光穿过棱镜或其他装置制作光谱的过程，能够将复色光变成组成它的单色光（按不同的波长或能级）。

越地小行星（earth-crossing asteroid）。小行星或休眠彗星，它的运行轨道与地球绕日运行轨道相交，因而有可能撞击地球。

初光/开光（first light）。天文学术语，指第一次让星光照进新望远镜。本书也用它比喻：1. 第一次见到某个事物；2. 宇宙年轻时天体发出的最初的光。

"四管猎枪"（4 - shooter）。一台电子照相机，比电冰箱还要大，由詹姆斯·冈恩带领一组设备制造者设计和建造，这些设备制造者中有几位被称为"垃圾场"法师。这台照相机安装在海尔望远镜的底部。

星系（galaxy）。由恒星、气体、尘埃和未知物质构成的巨大云团。恒星数量可达数万亿颗。形状多种多样。

引导星（guide star）。一颗亮星，在望远镜巡天时用作指引望远镜调整方向的参考点，由于地球自转，天空会在我们的头顶上移动。

马蹄形轴承（horseshoe bearing）。C 形的钢制轴承，涂着润滑油，用来在望远镜转动时提供支撑。海尔望远镜的马蹄形轴承在全世界的同类型轴承中是最大的，直径达到了 46 英尺。

撞击结构（impact structure）。地球上的巨型撞击坑，有可能受到侵蚀，也有可能深埋地下。直径可达上百英尺。

光（light）。一种电磁辐射，由光子或能量包构成，光子有波粒二象性。它包括无线电波、红外光、可见光、紫外光、X 射线和伽马射线——这些全都是光的不同形式。

回溯时间（lookback time）。光从一个天体到达地球所需的时间总和。瞭望天空的深处就相当于在时间中回望过去，因为你看得越远，见到的影像就越古老。

莱曼 α 发射线（Lyman alpha spectral line）。炽热的气态氢所发出的单色光陡峭尖峰，常见于类星体的光中。

主小行星带（Main Asteroid Belt）。在火星与木星轨道之间围绕太阳运行的小行星密集区。

微型行星（minor planet）。小行星和彗星的统称。

夜班助理（night assistant）。职业的望远镜操作员。天文学家无法胜任。

奥利奥（Oreo）。帕洛玛的天文学家们的首选夜间零食。

操纵器（paddle）。遥控设备，上有按钮，天文学家拿在手里，控制望远镜的细微动作。

帕洛玛胶（Palomar Glue，俗称）。由纤维加固的透明胶带。詹姆斯·冈恩有言道："把这个地方（帕洛玛天文台）黏在一起的就是帕洛玛胶。"

主镜（primary mirror）。反射式望远镜中的主反射镜，位于镜筒底部。

主焦点（prime focus）。反射式望远镜的焦点，位于接近镜口的地方。

主焦笼（prime focus cage）。海尔望远镜镜口处的一个小房间，观测者可以坐在里面俯视主镜，集光设备可安装在这个房间里。

主焦点俱乐部（Prime Focus Club）。一个神秘的小俱乐部，由身份不明的天文学家组成，他们声称曾在海尔望远镜的主焦笼里做过爱。

类星体（quasar）。一个点状强光源，释放出各种颜色的光。类星体是极其遥远和古老的天体，位于回溯时间深处，接近可观测宇宙的边界。类星体一词来自"类似恒星的天体"。科学家认为它们是星系的炽热核心，其中心含有一个黑洞。

红移（redshfit）。远离地球的物体所释放的光波变红/变长现象。用于度量天体在宇宙中与我们的相对距离。红移值越大，天体离我们就越远。

反射式望远镜（reflecting telescope）。利用反射镜来集光的望远镜。

施密特望远镜（Schmidt telescope）。由伯恩哈德·施密特发明的一种望远镜，拥有一块由极薄的玻璃制成的修正镜片，修正镜片放置于望远镜前部，就像一扇圆形的窗户。修正镜片能够弯曲入射光线，在提高集光效率的同时赋予望远镜较宽的视野。

视宁度（seeing）。大气湍流的精确度量单位。视宁度越好，地面上的望远镜就越容易得到一颗星的点状视像。

快转（slew）。以极快的速度转动望远镜扫过天空。

光谱（spectrum）。以分布图或散点图的形式呈现的一个物体射出的光分解出的组成颜色（即波长或能级）。见光的分解。

高空结构（structure up there）。遮蔽天空的稀薄、透明的云系。

对天文学家来说是坏消息。

　　特洛伊小行星（Trojan asteroid）。在木星轨道上运行的微型行星，以特洛伊战争中的英雄命名。特洛伊小行星分为两个群，一个位于木星轨道上木星前方 60 度（希腊群），一个位于木星轨道上木星后方 60 度（特洛伊群）。

致　谢

　　名单很长，但必须提到的人很多。首先，是摩根·恩特莱金的支持、热忱和敏感的编辑判断使得这本书成为现实。同样必须感谢的还有莎莉·古韦纳尔，因为她的智慧和她对我的信心。

　　在本书尚处于原始星云状态时，我的诸多家庭成员提供了包括精神支持和现金在内的最有效的援助，我要感谢我的父母多萝西和小杰罗姆·普雷斯顿、我的祖父母伊娃和老杰罗姆·普雷斯顿、我的外祖母理查德·H. 麦卡恩夫人、我的姨妈和姨夫安娜·麦卡恩·塔加特和罗伯特·D. 塔加特。感谢我的两个兄弟的精神支持：戴维·G. 普雷斯顿医学博士，我们家族唯一真正的科学家，还有道格拉斯·J. 普雷斯顿，他是一位作家，他的小说激发了我的灵感。我还要感谢我的妻子米歇尔·帕勒姆·普雷斯顿，感谢她富有洞察力地阅读了手稿的诸多篇章，更不用说她竟然能够耐心地听我唠叨了许多有关类星体和小行星的故事，换了其他人的妻子，很可能早就去私下里咨询律师，以防丈夫有朝一日失去理智了。

　　为了友谊和鼓励，我必须感谢约翰·约兰达·麦克菲、邦妮·亨特、比尔·豪沃斯、路易斯和艾伦·戈布尔以及海伦和罗伯特·亚历山大。

　　我还要特别感谢达特茅斯学院的约翰·索斯藤森教授，感谢他以科学家的准确性认真阅读了手稿的诸多篇章，屡次帮助我找到合适的用词。本书中一切科学事实的错误都完全出于我本人的愚蠢。

我必须感谢两位科学史专家的功绩：美国物理学会的斯宾塞·维尔特和史密森国家航空航天博物馆的戴维·德沃金。维尔特博士和德沃金博士建立和充实了对天文学家、物理学家和空间科学家的丰富的口述历史访谈集，其中维尔特博士对马尔滕·施密特的访谈和德沃金博士对詹姆斯·韦斯特法尔的访谈对我来说尤其有益和有用。

我对已故的威尔伯里·A.克罗克特也心怀感激，他是马萨诸塞州韦尔斯利中学的退休英语教师。不幸的是，我并不是克罗克特先生最好的学生之一，但他依然以某种方式向我们灌输了他对文字的警钟。另外，非常感谢波莫纳学院的罗伯特·钱伯斯，他带天文学课程时带全班去参观了海尔望远镜。那是我和"大眼睛"的初次见面。

我还要感谢兰登书屋的哈利·埃文斯，是他为《初光》的新版开了绿灯，我也要感谢我在兰登书屋的伟大编辑莎伦·德拉诺。感谢Anchor Books的查理·康拉德的热忱和帮助。

在写作本书的过程中，有许多人接受了我的访问并提供了大量的背景材料和专业知识。在此万分感激：

Horace Babcock

William A. Baum

Morley Blouke，Tektronix，Inc.

Eileen Boller

Edward Bowell

Robert Brucato

Bobby Bus

George Carlson

Michael Carr and family

Lily Carrasco

G. Edward Danielson

Edwin W. Dennison

Wilfried Eckstein

Earle Emery

Gene Fair, Fair Optical Co.

Jesse L. Greenstein

Fred Harris

Eleanor F. Helin

Byron Hill

John Hoessel

James R. Janesick

Melvin W. Johnson

Paula Kempchinsky and Patrick

Shoemaker

Gillian Knapp

Helen Knudsen

Luz and Alicia Lara

Tod Lauer

David J. Levy

Ernie Lorenz

Mrs. Okla McKee,

Historical Archives and

Museum of the Catholic

Diocese of El Paso, Texas

Brian G. Marsden

Jim Merritt，explorer

Gerry Neugebauer

帕洛玛天文台夜班助理们：

Jean Mueller

Jeff Phinney

Skip Staples

J. Beverley Oke

Jeremiah Ostriker

Bohdan Paczynski

Georg Pauls

Bruce H. Rule

Fred and Linda Salazar

Paul Schechter

James Schombert

Mark Serrurier

Lyman Spitzer

John Strong

David Tennant

Robert Thicksten

Edwin L. Turner

Arthur H. Vaughan

Ludmilla Wightman

"垃圾场"法师团：

Jovanni Chang

Richard Lucinio

Victor Nenow

J. DeVere Smith

James A. Westphal

Barbara A. Zimmerman

最后，我想为了他提供的所有帮助感谢拉里·布莱基。他十二岁那年，在加州理工的光学车间目睹了一块 200 英寸直径的玻璃正在被抛光，他永远也无法忘记那一幕。他长大后成为了海尔望远镜的第一位电子技术员——他将他的职业生涯献给了那块反射镜和它周围的一切。

RICHARD PRESTON

FIRST LIGHT：the Search for the Edge of the Universe

copyright © 1987, 1996 by Urania, Inc.

All Rights Reserved including the rights of reproduction in whole or in part in any form

图字：09 - 2020 - 828 号

图书在版编目(CIP)数据

初光：探寻宇宙的边缘 / (美)理查德·普雷斯顿
(Richard Preston)著；姚向辉译. —上海：上海译
文出版社,2022.10
(译文纪实)
书名原文：FIRST LIGHT：the Search for the Edge
of the Universe
ISBN 978 - 7 - 5327 - 9041 - 8

Ⅰ.①初… Ⅱ.①理… ②姚… Ⅲ.①纪实文学—美
国—现代 Ⅳ.①I712.55

中国版本图书馆 CIP 数据核字(2022)第 182281 号

初光：探寻宇宙的边缘

[美]理查德·普雷斯顿 著 姚向辉 译
责任编辑/张吉人 装帧设计/邵旻 观止堂_未氓

上海译文出版社有限公司出版、发行
网址：www. yiwen. com. cn
201101 上海市闵行区号景路 159 弄 B 座
上海市崇明县裕安印刷厂印刷

开本 890×1240 1/32 印张 9.5 插页 2 字数 187,000
2022 年 11 月第 1 版 2022 年 11 月第 1 次印刷
印数：0,001—8,000 册

ISBN 978 - 7 - 5327 - 9041 - 8/I·5620
定价：58.00 元